D0877499

심리학에 물든

부족한
기독교

부흥과개혁사 는 교회의 부흥과 개혁을 추구합니다. 부흥과개혁사는 부흥과 개혁이 이 시대 한국 교회를 향한 하나님의 뜻이라고 믿으며, 조국 교회의 부흥과 개혁의 방향을 위한 이정표이자, 잠든 교회에는 부흥과 개혁을 촉구하는 나팔소리요, 깨어난 교회에는 부흥과 개혁의 불길을 지속시키는 장작더미이며, 부흥과 개혁을 꿈꾸며 소망하는 교회들을 하나로 모아 주기 위한 깃발이고자 기독교 출판의 바다에 출항하였습니다.

심리학에 물든

부족한
기독교

옥성호 지음

부흥과개혁사

CONTENTS

나를 믿고 미국에서 회사가 자리잡아 가도록 모든 지원과 사랑을 아끼지 않은 김일수 사장님 또는 일수 형님께 감사한다. 그리고 묵묵히 땀 흘리고 일하는 모든 위즈도메인 식구들에게도 감사한 마음을 전한다. 내가 미국에서 좋은 스승들을 만나지 못했더라면 지금 어디에 있을까? 회사가 내게 준 기회에 대해 감사할 따름이다. 형님이 언젠가 말했던 인생의 고향에 대한 갈망이 빨리 그 마음에서 일어나길 기도한다.

참으로 많은 신앙의 선배들을 통해 가르침을 받았지만 그 중에서도 내게 중요한 가르침들을 주신 로이드 존스 목사님, 존 맥아더 목사님, 존 파이퍼 목사님, R. C. 스프로울 목사님 그리고 데이브 헌트, 이 다섯 분의 이름을 말하지 않을 수 없다. 비록 만난 적도 없고 그 중에서 로이드 존스 목사님은 이미 천국에 계시지만 이 분들을 나의 스승으로 모시고 배우는 것이 얼마나 큰 축복이자 특권인지 모른다. 나로 하여금 기독교가 유일한 진리인 줄 알게 하신 로이드 존스 목사님을 앞으로 천국에서 만날 것을 생각하면 정말 마음이 설레인다. 또 앞으로 만날 많은 분을 통해 더 많이 배움의 빚을 지고 또 그 빚을 갚으면서 살아야겠다.

난 어릴 때는 아빠가 엄마에게 좋은 남편이라고 생각한 적이 없었다. 그런데 나이가 먹어 갈수록 내가 과연 아빠가 엄마에게 하신 것만큼 나의 아내에게 할 수 있을까에 대한 회의가 든다. 아빠는 큰아들이 이 책에서 하는 주장들에 대해 동의하지 않으실지 몰라도 내가 안심하는 것은 내 아빠는 최소한 '만 명을 달라고, 세계에서 제일 큰 교회가 되게 해 달라고' 하는 그런 기도를 하셨던 분이 아니라는 것을 내가 잘 알기 때문이다. 비록 아빠가 큰 교회의 목사였지만 아마 아빠는 교인이 10명밖에 안 되었더라도 여전히 묵묵히 그들과 함께 제자훈련을 하시면서 하나님이 주신 그 길을 식지 않는 열정으로 걸어가셨을 분이라는 것을 내가 잘 알기 때문이다. 아빠는 이 글의 표현 방식과 분노 뒤에 숨겨진 내용과 진실을 보시고 기뻐할 것이라고 확신한다.

큰아들이 어느 곳에서든 요셉과 같은 사람이 되라고 기도하는 엄마, 난 아무래도 요셉보다는 야곱과 다윗의 단점을 합친 사람인 듯 보인다. 딸이 없어 남자들 네 명 속에서 외로우셨을 엄마에게 앞으로 더 딸 같은 아들이 되고 싶다. 내가 내 전심으로 주님을 받아들이지 않았을 당시, 엄마는 전화로 요셉 얘기를 해 주시곤 했는데 그 때마다 얼마나 괴로웠는지 모른다. 그러나 하나님은 엄마의 기도를 들으셨고 그 기도는 앞으로 나로 하여금 나의 남은 생을 요셉과 같이 살도록 하는 데 채찍이 될 것이다. 내가 지금 우리 부모님을 존경하는 것처럼 나도 내 아이들이 컸을 때 그들에게서 존경을 받을 수 있는 부모가 되었으면 좋겠다.

고등학교 때 한 젊은 개척교회 목사님이 전한 요한복음 15장의 "포도

나무와 가지" 설교를 듣고 예수 그리스도를 영접한 후 학교 성경 선생님께 물어물어 그 목사님이 목회하던, 자장면 냄새 진동하는 한 상가 교회의 어른 예배를 다니던 전통적 유교 집안의 딸은 지금 내 아내가 되었고 그 때 그 소녀를 통해 나는 그나마 조금씩 나아지는 야곱이 되어 가고 있다. 가장 존경하던 목사의 아들에게 기대가 컸던 만큼 아픔도 많았던 아내에게 감사하다는 말 외에 무슨 더 할 말이 있을까? 그리고 이 세상의 수고와 눈물은 이 세상에서 보상받는 것이 아니니까! 아내의 격려가 내게 어떤 의미를 주는지는 아내 자신도 잘 모르고 있을 것이다.

생각이 깊고 마음이 따뜻한 내 딸에게 사랑을 전한다. 아빠에게 항상 날카로운 질문을 던지는 똑똑한 딸이 자랑스럽다. 또, 세상에서 가장 친한 나의 친구인 아들에게 사랑과 우정을 전한다. 아빠는 네가 커서도 너의 가장 친한 친구가 되고 싶다.

백금산 목사님, 한 번도 만난 적이 없지만 이 글을 쓰려고 펜을 들었을 때부터 나는 '부흥과개혁사'를 염두에 두었다. 원고를 백 목사님께 보낸 다음 날 받은 메일은 지금까지 받은 이 메일 중에서 내게 가장 감격스러운 메일이었다. 함께 싸우면서 걸어가는 자랑스런 선배가 있는 것이 얼마나 기쁘고 든든한지 모르겠다. 앞으로 무엇보다 백 목사님께 많은 것을 배울 수 있기를 기대한다. 부흥과개혁사가 정말로 한국의 'The Banner of Truth'가 되기를 바란다. 하나님이 인간의 삶을 고작 80년 정도로 제한하셨지만 하나님의 종들이 남긴 진리는 인간의 세월에 제한받지 않고 오랜 세월 동안 책으로 전해질 수 있는 은혜를 허락하셨다. 하나님의 일하심이 인간의 호흡함에 달려 있지 않음을 증명하는 출판사가 되기를 바란다.

옥성호 형제와의 만남
그리고 이 책이 발간되기까지

편지1 옥성호가 백금산에게 (2007.1.23)

2007년 1월 어느 날 제 메일로 한 통의 편지가 날아들었습니다.
다음과 같은 글이었습니다.

　　백금산 목사님

　　안녕하세요?

　　저는 시카고에 사는 옥성호라는 사람입니다.

　　저는 한국에 있는 특허분석 전문 회사인 '위즈도메인' 이라는 회사
의 미국 지사장을 맡아서 나와 있습니다.

　　부흥과개혁사에 전화를 했더니 전화를 받은 분이 친절하게 잘 안내
를 해 주면서 목사님 메일 주소를 알려 주더군요.

　　아마 목사님께서 저나 위즈도메인이라는 회사에 대해서는 전혀 모

르실 텐데요.

저의 아버지는 아실지 모르겠네요.

사랑의 교회 옥한흠 목사라고 합니다.

지금은 원로 목사로 계시지요.

한 1년 전 백 목사님의 로이드 존스 강해와 요한계시록 강해를 테이프로 사서 들었습니다. 제가 스승으로 삼고 배우는 분이 다섯 분이 계신데 그 중 한 분이 로이드 존스 목사님이시거든요. 그래서 참 유익하게 잘 들었습니다.

제가 메일을 드리는 이유는 얼마 전 제가 책을 하나 썼는데 혹시 출판을 검토해 주실 수 있을까 해서요. 바쁘시겠지만 읽어 주시고 연락 주시면 감사하겠습니다.

다른 곳이 아니라 부흥과개혁사를 통해서 출판될 수 있다면 정말 좋겠습니다.

건강하시고요.

옥성호 드림

이 글은 몇 가지 점에서 관심이 끌렸습니다.

첫째, 현재 사랑의 교회 원로 목사로 계시면서 한국 교회의 큰 어른으로 깊은 존경을 받고 있는 옥한흠 목사님의 아들이 글을 써서 나에게 출판을 의뢰해 왔다는 점, 그런데 그가 신학자나 목회자가 아니라 일반 성도로서 글을 썼다는 점.

둘째, 옥한흠 목사님의 아들이 책을 내고 싶으면, 옥한흠 목사님이 대표로 계신 국제제자훈련원 출판부도 있는데 굳이 내게 책 출판을 검토해 달라고 부탁한 점.

셋째, 내가 가장 존경하고 영적인 스승처럼 생각하고 있는 로이드 존스 목사님을 스승으로 모시고 배우고 있다는 점.

그래서 저는 단숨에 원고를 읽어 내려갔습니다.

호기심이 놀라움으로, 놀라움이 기대감으로 바뀌게 되었습니다.

우연찮게 보물을 발견한 것 같았습니다.

우선 1년 이상 잡혀 있던 출판 일정의 순서를 바꾸어

이 원고부터 빨리 출판해야겠다고 결심을 했습니다.

다음 날 저는 다음과 같은 메일을 옥성호 형제에게 보냈습니다.

편지2 백금산이 옥성호에게(2007.1.24)

옥성호 형제님(이름 석자밖에는 소개해 주신 것이 없어 어떻게 호칭을 불러야 할지 몰라 일단 이렇게 부릅니다).

주님의 이름으로 평안을 전합니다.

또한 귀한 원고를 보내 주셔서 감사드립니다.

오늘날 대부분의 미국과 한국 복음주의 교회의 가장 큰 문제 중의 하나는 심리학과 경영학의 원리들을 성경의 진리보다 더 믿는 사이비 기독교 신앙이 치명적인 전염병처럼 퍼져 있다는 점입니다.

만일 어거스틴, 루터와 칼빈, 존 오웬이나 로이드 존스 같은 하나님 교회의 진리의 용장들이 우리 시대에 살았더라면 분명히 심리학과 경영학에 물든 사이비 기독교와 맞붙어 진리의 검을 휘둘렀을 것이라 생각합니다.

그래서 평소 누군가 우리 시대 교회를 위협하고 있는 이 심리학이라는 골리앗, 경영학이라는 골리앗으로부터 우리 교회를 구출해 줄 하나님의 사람이 나타나 줄 것을 기다리고 있었습니다.

오늘 형제님의 글을 읽어 본 결과 저의 소원이 일부 성취된 것 같아 큰 기쁨을 감출 수 없습니다.

사울처럼 보통 사람보다 머리 하나가 더 많은 우리 시대 이름난 수많은 신학자와 목회자가 아니라 이름 없는 목동 다윗처럼 제가 전혀 예기치 않았던 형제님의 글은 우리 시대 골리앗의 이마를 정통으로 맞추어 쓰러뜨릴 다윗의 물맷돌처럼 느껴집니다.

형제님의 글로 보아 그 동안 남몰래 연마해 온 독서의 양과 질이 상당한 경지라는 것은 짐작할 수 있지만 어떤 과정을 거쳐 형제님이 이런 주제에 관심을 가지게 되었고 또 이런 글을 쓰게 되었는지 상당히 궁금합니다.

그리고 형제님이 글 속에서 밝힌 "부족한 기독교: 심리학, 마케팅, 엔터테인먼트" 3부작 중에서 1부에 해당되는 심리학 편만 원고가 작성된 것인지 아니면 이미 3부까지 다 써 놓은 상태인지 궁금하군요.

벌써 다 써 놓은 상태라면 어서 빨리 보고 싶은 기대감이 생기는군요.

또 위즈도메인이라는 특허분석회사 미국 지사장이라고 제게 간략하게 보내 주신 직함을 보아 형제님은 신학 공부를 정식으로 한 분 같지는 않아 보이는데 아마 독학으로 했을 이 모든 공부 과정이 더 한층 궁금해지는군요.

하긴 제가 가장 존경하는 선배 설교자들인 스펄전과 로이드 존스도 모두 독학으로 신학을 공부하신 분들이기는 합니다.

형제님이 특별히 평생 스승으로 모시고 배우고 싶은 5명의 스승이 있다고 했는데 이미 말씀하신 한 분인 로이드 존스를 제외하고 다른 네 분은 누구인지요?

아마 그 스승들을 이야기해 주시면 형제님의 사상적인 배경을 조금 이해할 수 있을 것 같군요.

앞으로 저와의 교제와 출판을 위해 옥성호 형제님의 개인적인 신앙과 사상적 경력을 좀더 소상하게 제게 알려 주시면 고맙겠습니다.

앞으로 형제님은 이 책의 발간을 통해 형제님이 하나님 나라를 위해 더 필요한 곳에서 사역해야 할 분야는 기독교 작가로서 우리 시대에 필요한 진리를 더 분명하게 드러내는 일이 아닐까 하는 생각이 드는군요.

옥성호 형제님의 글은 제가 하고 싶었던 이야기들을 더 깊이 있는 분석과 더 폭넓은 증거와 더 큰 호소력으로 제시하고 있어 저로서는 형제님의 글이 아주 만족스럽습니다.

그 동안 제게 출판 검토를 부탁하며 보내 온 많은 글 중에 제 마음에 든 글은 아직 한 편도 없었습니다.

그래서 제가 직접 외국 원서를 고르거나 국내 저자에게 집필을 의뢰한 글이 아닌, 이렇게 원고 검토를 의뢰받은 글로서 제 마음에 꼭 들기는 이번이 처음입니다.

사실 이 원고를 처음 읽을 때는 지난 경험들 때문에 큰 기대 없이 '옥 목사님의 자제분이 책을 썼다.'는 호기심으로 읽기 시작했습니다.

그러다가 차츰 읽어 가면서 놀라움으로, 다 읽고 난 다음에는 '십년 묵은 체증이 뚫리는 듯'한 시원함을 느꼈습니다.

약 20년 전 제가 신학대학원 재학 시절, 옥성호 형제님의 부친이신 옥한흠 목사님의 『평신도를 깨운다』는 책을 읽고 신선한 충격을 경험한 적이 있는데 오늘 옥성호 형제님의 글은 그 이상 저를 감동시키는군요.

청출어람!

유능한 아버지만한 아들이 나오기 힘든 법인데 옥성호 형제님의 글을 읽고 난 후 '제가 존경하는 옥한흠 목사님께서 자식 농사를 참 잘하셨구나, 훌륭한 아들을 두셨구나!' 하는 생각이 드는군요.

이 책은 심리학이라는 치명적인 전염병에 걸린 수많은 한국 교회 목회자와 성도들을 고칠 수 있는 해독제가 될 것이라 기대됩니다.

아니면 심리학이라는 달콤한 꿀을 빨아먹으면서 세상 모르고 즐기고 있는 교회의 벌집을 쑤셔 놓는 격이 되어 앞으로 수많은 벌 떼의 공격을 받을지도 모르겠군요.

어찌되었던 옥성호 형제님이 의사를 밝히신 것처럼 원하신다면 이 글을 저희 부흥과개혁사에서 아주 기쁜 마음으로 출간하도록 하겠습니다.

주님께서 옥성호 형제님께 이런 글을 집필하도록 은사와 기회를 주신 것을 감사하며…….

백금산 드림

이 편지를 받은 옥성호 형제는 이틀이 지나 제가 질문한 것에 대해 다음과 같은 답변을 보내왔습니다.

편지3 옥성호가 백금산에게(2007.1.25)

백 목사님,

제가 한 6, 7개월 전에 아마존 인터넷 서점에서 한 책을 발견하고 참 반가웠습니다. 존 맥아더 목사님이 다른 사람들과 함께 쓰신 책이었습니다. 거기서 맥아더 목사님은 분별의 중요성을 얘기하며 특히 자신은 그 중 한 장에서 찬양과 관련한 위험에 대해 경고하는 글을 쓰셨더군요.

그 책을 보고 제가 왜 반갑고 또 한편으로 놀라웠냐면 저는 존 맥아더와 같이 유명한 목사는 결코 『목적이 이끄는 삶』과 같은, 세계가 '거의 성경처럼' 인정하는 그런 가르침에 대해 당연히 찬성하는 줄 알았거든요. 그런데 공개적으로 그런 책을 편집하시고 쓰신 것을 보고 제가 얼마나 힘을 얻었는지 모릅니다.

그리고 그 책을 읽은 후로 맥아더 목사님의 책들과 설교와 그 교회의 예배 실황 등을 구할 수 있는 대로 다 구해서 듣고 보고 공부했지요. 사실 20년 전에 제가 아버지의 서재에서 맥아더 목사님의 "교회 해부학"이라는 설교 테이프를 가져다가 거의 영어 공부 차원에서 들었던 적이 있었습니다. 그 때는 '너무 지겹다.'는 이미지를 강하게 받았기 때문에 사실 위의 책을 아마존에서 보고 반갑기는 했지만 살까 말까 한참을 망설였답니다. 그런데 지금은 그분의 강해설교가 저에게는 가장 큰 기쁨이고 제게 중요한 가르침의 소스입니다. 성경을 어떻게 보고 어떻게 읽어야 하는지를 가르쳐 주셨지요.

물론 제게 더 큰 영향을 끼친 분은 로이드 존스 목사님이십니다(저는 아내와 얘기할 때 그냥 앞에 아무런 호칭 없이 '목사님'이라고 부르면 그건 로이드 존스 목사님을 지칭하는 것이지요. 그만큼 사랑하지요. 로이드 존스 목사님 얘기를 하면 너무 길어지니까……). 로이드 목사님의 교리집(세 권을 합친 합본이 미국에 있습니다.)을 읽다가 저는 비로소 기독교가 진리인 줄 알게 되었습니다. 하나님께서 로이드 존스 목사님을 통해 제가 순종으로 믿음에 이르도록 하신 것이지요. 그렇기에 제게는 기독교의 가르침인 교리보다 소중하게 느껴지는 것이 없습니다. 성경 이야기를 알고 그 이야기에 익숙한 것과 말씀을 아는 것은 전혀 별개의 사실이라는 점을 깨달았기 때문입니다.

아무튼, 지금 제가 맥아더 목사님 얘기를 꺼낸 것은 제가 백 목사님 편지를 읽고 맥아더 목사님의 책을 발견했을 때보다 훨씬 더 진한 감격에 빠졌기 때문입니다.

'혼자가 아니구나, 한국에도 계시는구나!' 라는 생각이었습니다.

저는 목사님, 한국에는 아무도 없는 줄 알았습니다. 아니, 더 정확히 말씀을 드리면 사람들이 이름을 듣고 알 만한 목사님 중에 지금 이 한국 교회를 보고 예레미야와 같은 생각을 가지고 고통하시는 분은 없는 줄 알았습니다. 저 혼자 미친 놈이 아닌가 하는 생각을 자주 했습니다. 목사님의 글을 보고 제가 얼마나 큰 감격을 느꼈는지 아시겠지요? 목사님과 제가 만난 적도 없고 태평양을 사이에 두고 있지만 이 면에서 저와 목사님은 한 교회를 다니는 것과 마찬가지라는 생각이 듭니다.

제가 이 글을 쓰면서 애초에 '부흥과개혁사에서 거절하면 이 책은 하나님께서 출판을 막으시는 것이다.' 라고 생각하게 하신 이유가 있으셨습니다. 저는 백 목사님이 보시고 '아니다.' 라고 하신다면 그것은 어떤 의미로 볼 때 '한국에는 이런 글에 대한 시장 자체가 존재할 수 없다.' 라고 생각했기 때문입니다. 물론 누구나 공감하며 읽을 수 있는 글은 여전히 아니겠지만요. 저는 부흥과개혁사에서 '노' 라고 하시면, '하나님, 저 그래도 최선은 다 했습니다.' 라고 다음에 하나님께 말씀드리려고 생각하고 있었습니다.

목사님의 글을 보고 정말 감사했습니다.

사실 제가 가장 쓰고 싶은 부분은 심리학보다도 마케팅, 경영학에 대한 부분이었습니다. 저는 미국에서 지사를 설립하고 미국 회사들을 상대로 일을 하는데 주로 제가 하는 일은 미국 회사들에 연락을 해서 만나고 그들에게 저희 서비스를 프레젠테이션 하는 일입니다. 세일즈에 대해 아무것도 모르던 제가 가장 먼저 한 것은 반즈앤노블에 가서 '세일즈'에 대한 책들을 사서 읽기 시작한 것입니다.

제가 약 2년에 걸쳐 세일즈와 관련한 자기 계발 서적들을 얼마나 많이 읽었는지 모릅니다. 그리고 당시는 제가 (비록 교회는 다니고 있었지만) 속으로 기독교는 코미디라고 이미 결론을 내리고 있었기 때문에 그 자기 계발 책들이 가르치는 각종 기법들을 나 자신과 세일즈 현장에 적용하면서 살았습니다. 한때는 예수를 한번 사랑해 보기 위한 스스로의 '예수 사랑 최면법'을 제 자신에게 적용하기도 했지요. 사실상 이 세일즈의 중요한 메시지 중 하나가 '거절을 이겨 내는 세일즈맨의 자존감'의 확보입니다. 그렇기에 심리학과 사실상 뗄래야 뗄 수가 없지요. 당시는 제가 프로이트나 융과 같은 사람에 대해 공부하지 않아서 몰랐지만 수많은 세일즈 책을 읽고 느낀 점은 '분야와 관계 없이 정상에 선 사람들이 하는 얘기는 다 동일하구나.'라는 것 정도였지요.

아무튼, 제가 MBA를 했었기 때문에 과거에도 교회 조직을 비롯한 다양한 분야에서 교회가 추진하는 '기업화'에 대해 분석을 하곤 했지만 그 부분을 가지고 비판하는 마음이 든 적은 한 번도 없었지요. 조지 바나와 같이 어떻게 해야 더 잘되게 하는지에 대해 만나는 목사들에게 충고를 하기도 했으니까요.

그런데 기독교를 알게 된 후 자연히 교회가 회사가 되어 가고 목사가 사장이 되어 가는 현실 속에서 교회를 바라보는 저의 시각이 하루 아침에 바뀌게 된 것입니다.

아래 글은 제가 얼마 전 성경 공부 시간에 사용했던 글의 일부입니다. 이게 바로 저의 솔직한 마음이지요.

The User-Friendly Church?

인간이든 단체든 부끄러운 것은 가리고 싶어합니다.

복음이 부끄러운 많은 교회들은 복음을 선포하는 예언자가 되기를 포기하고 대신 사람들의 스트레스를 치료하는 정신과 의사, 모티베이션(동기부여) 연설가, 세일즈맨, 코미디언 또는 무당이 되어 가고 있습니다. 갈라디아서 5장 11절, 베드로전서 1장 23절을 보십시오. 이 하나님의 말씀을 왜곡하는 자, 무엇보다 십자가가 주는 걸림돌을 제거하기 위해 노력하는 모든 사람은 저주를 받을 것입니다(참고 갈 1:9).

요즘의 교회들은 제발 교회를 새로운 눈으로 보아 달라고 세상을 향해 몸부림치고 있습니다. 사람들의 눈에 좀더 매력적인 모습으로 나아가기 위해 몸부림치고 있습니다.

Church marketing이 하나의 새로운 영역으로 자리잡아 가고 있습니다. 복음을 선포하는 대신 복음을 각색해서 마케팅 하려고 하고 있습니다. 이 마케팅을 위해서는 무엇보다도 복음 속의 본질적인 거부감을 주는 요소를 제거해야 합니다. '성경이 전하는 진리가 무엇인가?'에는 아무런 관심이 없이 오로지 '저 사람들이 원하는 것이 무엇인가? 어떻게 해야 저들을 만족시킬 것인가?'에만 관심이 있습니다.

교회는 외치고 있습니다.

고객 만족!

죄인 만족!

우리의 고객인 죄인이 만족할 때까지 우리는 변하겠습니다. 고객 되시는 죄인이 감동할 때까지 우리는 변하겠습니다.

그런데 제가 마케팅으로 대표되는 릭 워렌과 빌 하이벨스(윌로우 크릭 교회는 바로 저희 집 옆에 있습니다.)에 대해 공부하는 중에 발견한 것은 바로 이들의 스승이 로버트 슐러라는 사실이었습니다. 그리고 그 슐러를 슐러로 만든 사람들을 하나씩 알게 되었고 그 학문적 실체는 비록 심리학이지만 오늘날 그 심리학이 중심이 되어 드러나고 있는 가장 무서운 적은 '뉴 에이지' 라는 사실을 알게 되었습니다. 결국 세일즈 책을 읽으면서 느꼈던 그 공통점, 소위 말하는 성공하는 사람들이 누구나 강조하는 공통된 그 방법들이 희미하게 실체를 드러내기 시작한 것이지요. 하나님의 방법 아니면 사탄의 방법 둘 중의 하나일 테니까요. 중간은 없지요.

백 목사님, 제가 궁극적으로 파고 싶은 것은 사실 제가 글에서도 잠시 언급했지만 융을 중심으로 한 뉴 에이지의 모습입니다. 칸트로부터 시작하여 실존주의를 거쳐 오늘날 포스트모던으로 자리잡은 그 위험이 지금 교회 속에 얼마나 깊숙이 무섭게 파고들어 와 있는지에 대한 것입니다.

하지만 그 전에 좀더 사람들에게 쉽게 접근할 수 있는 방법이 없을까 고민하다가 가닥을 잡은 것이 심리학, 마케팅, 엔터테인먼트, 이 세 가지를 중심축으로 오늘날 교회에 파고들고 있는 사탄의 거짓말을 폭로하자는 것이었지요. 그러나 이 세 가지를 모두 관통하는 것은 바로 뉴 에이지적 사상입니다. 먼저 위의 세 가지 주제를 바탕으로 드러나는 현상들을 먼저 보여 주고 나중에 좀더 연구해서 이 세 가지 모두를 관통하는 실체를 낱낱이 드러내자는 목표를 정했던 것입니다.

목사님, 제가 2006년 1월 로이드 존스 목사님을 통해 성경이 진리라는 사실을 알기 전에도 2003년에 제가 개인적으로 무슨 일이 있어서 기독교에 대해 공부를 해야겠다고 결심한 적이 있습니다. 그 때 제게 '기독교에 무엇인가 있기는 있나 보구나! 지금 교회에서 가르치는 수준과 전혀 다른 차원의 무엇인가가 있기는 분명 있구나!' 라는 자극과 호기심을 주신 분이 바로 존 파이퍼 목사님이십니다.

그리고 그 후 기독교를 이해하기 위해서는 철학을 알 필요가 있다는 생각을 하게 되었는데 철학과 기독교 변증학을 공부하는 데 많은 도움을 주신 분이 R. C.스프로울 목사님입니다. 그러던 중 2005년 12월, 태어나서 처음으로 로이드 존스 목사님의 글을 읽게 되었지요. 그리고 2006년에 와서는 앞에서 말씀드린 존 맥아더 목사님, 그리고 영적인 분별력과 무엇이 왜 잘못되었는지에 대해 많은 가르침을 준 데이브 헌트라는 분이 있습니다. 특히, 천주교, 뉴 에이지와 관련해서 이 분에게 많은 것을 배웠습니다. 이렇게 제게 다섯 분의 선생님이 계십니다.

기독교의 진리가 처음으로 저를 사로잡기 전까지 필립 얀시의 글도 좋았고 달라스 윌라드의 글도 다 좋았습니다. 리처드 포스터는 말할 것도 없고요. 또 유진 피터슨은 어떻습니까? 은혜라는 단어로 포장된 그들의 글 속에 담긴 '관용'의 메시지가 얼마나 무서운지 전에는 잘 몰랐습니다.

남들은 다 좋다는 『목적이 이끄는 삶』, 로이드 존스 목사님이 어디선가 '사람으로 시작해 사람으로 끝나는 가르침'에 대해 경고를 한 적이 있었는데 참으로 저는 지금 릭 워렌의 활동과 그의 가르침, 그가 만나는 사람들을 보면 두려운 마음이 듭니다.

그리고 마지막으로 제가 '글이라는 것을 써야겠다.'라는 직접적 동기를 준 것은 조엘 오스틴의 『긍정의 힘』이라는 책입니다. 저는 그 책 속에 있는 여러 목사님의 추천을 보고 정말 충격을 받았습니다.

'독약'을 '보약'이라고 말하며 마시게 하는 자칭 의사들에 대한 분노가 그 책을 보고 얼마나 컸는지 정말 화가 치밀더군요. 도저히 가만 있을 수가 없었습니다. 어떻게 보면 조엘 오스틴은 제게 큰 일을 한 셈입니다.

목사님, 어려운 중에서도 믿음을 가지고 살아야겠지만 사실 지난 시간들을 보면 두렵고 떨립니다. 스펄전 목사님이 계시고 또 그분의 말씀이 세계로 퍼져 가던 그 때에도 영국에서 침체가 있었고 또 로이드 존스 목사님 같은 분이 말씀을 전하던 그 때에도 에큐메니컬 운동이 세계적으로 기세를 높이고 있었지요. 그리고 무엇보다 스펄전과 로이드 존스라는 두 사람의 거목의 가르침을 받았던 영국 교회의 오늘날 모습을 보면 저는 참으로 암담해집니다.

그러나 한 편으로 이 두 분의 근처에도 가는 사람이 한 명도 없는 한국에서 도리어 '부흥'을 하는 이 수수께끼를 어떻게 풀어야 할까요? '부흥 마케팅'이야말로 오늘날 우리의 교회들이 얼마나 큰 위험 속에 있는지를 잘 보여 주는 것 같습니다.

목사님, 바쁘신데 시간 내셔서 제 글을 읽어 주시고 또 격려해 주시니 참 감사합니다. 제게 얼마나 힘이 되는지 모릅니다. 부흥과개혁사를 통해 책이 나오고 그 책을 통해 하나님께서 예정하신 일을 하실 것을 생각하면 정말 흥분이 됩니다.

참, 제가 아직 마케팅과 엔터테인먼트는 쓰지 않았습니다. 이제 부지런히 잠을 줄이고 써야지요. 제가 아마 미국 비자 문제 때문에 2월 중에 한국에 가는데 그 때 목사님 시간이 되시면 한번 뵙고 싶네요.

(저는 교회에서 집사입니다. 집사된 지 약 7년째 되는 베테랑 집사지요).

옥성호 올림

옥성호 형제의 답변을 받아 본 저는 참 감사했습니다. 왜 옥성호 형제가 오늘 우리 교회의 현실에 대해 깊은 문제의식과 안타까움을 가지게 되었고, 어떤 스승들의 영향을 받아 올바른 신앙적, 신학적 사고를 형성했는지를 통해, 옥성호 형제의 신앙과 사상적 배경에 대해 안심할 수 있게 되었습니다. 그래서 여러 교회 집회 인도로 일주일 정도를 바쁘게 지낸 후 다음과 같은 편지를 다시 옥성호 형제에게 보냈습니다.

편지4 백금산이 옥성호에게(2007.1.31)

옥성호 형제님(교회에서의 직분이 집사님이라는 것을 알게 되었지만 이 편지에서 계속 형제님이라 부르는 것이 더 좋을 듯하군요. 본래 성도들 사이에서는 그리스도 안에서 한 형제라는 것이 가장 기본이고, 목사, 장로, 집사라는 직분은 교회 내에서의 은사에 따른 직분인데 현재는 너무 계급적으로 사용되는 경향이 있기도 해서 아무튼 형제님으로 부르도록 하죠. 앞으로 만나서 대화를 나눌 때는 집사님으로 부르면서 교제하도록 하죠).

보내 주신 글로 인해 이제 형제님이 어떤 과정을 거쳐 신앙에 변화가 생겼는지 또한 어떤 사람들로부터 신앙적, 사상적 영향을 받았는지를 알게 되었습니다.

형제님이 현재 스승으로 여기며 많은 것을 배우고 있다는 다섯 분 중에서 로이드 존스, 존 파이퍼, 스프로울, 존 맥아더 이 네 분 목사님들은 정말 훌륭한 신앙 선배들이며, 저도 아주 좋아하는 분들입니다.

형제님도 이미 어느 정도 파악하셨겠지만 로이드 존스 목사님을 이해하기 위해서는 로이드 존스의 영적 스승인 18세기 조나단 에드워즈라는 교회사 최고의 영적 거인을 알면 큰 도움이 됩니다. 물론 조나단 에드워즈를 알기 위해서는 17세기 기라성 같은 수많은 청교도를 알아야 합니다. 또한 청교도를 알려면 16세기 종교개혁자들 특히 칼빈이라는 인물에까지 거슬러 올라가야 합니다. 또한 칼빈을 알려면 교부들 중의 어거스틴도 잘 알아야겠지요. 로이드 존스는 제가 가장 존경하는 교회사의 여섯 분의 영적 거인들의 계보인 어거스틴(4~5세기)-칼빈(16세기)-존 오웬(17세기)-조나단 에드워즈(18세기)-스펄전(19세기)-로이드 존스(20세기) 중에서 맨 마지막에 위치한 분입니다.

존 파이퍼 또한 사상적으로 조나단 에드워즈의 후예입니다. 존 파이퍼를 알기 위해서는 제가 번역한 『하나님의 영광을 위한 하나님의 열심』이라는 책을 꼭 한번 읽어 보도록 권해 드리고 싶군요. 저는 현재 미국 복음주의 교회에서 존 파이퍼가 있다는 것은 미국 복음주의 교회를 향하신 하나님의 큰 은혜라 생각합니다. 앞으로 부흥과개혁사를 통해 존 파이퍼의 많은 책이 발간될 예정입니다.

스프로울은 형제님이 도움받으신 것처럼 개혁주의 입장에서 기독교 철학과 변증학과 기독교의 중요한 기본 진리들을 알기 쉬운 문체로 많은 도움을 주는 분이고, 존 맥아더는 현재 미국에서 가장 건실한 성경 강해자라고 생각됩니다. 그래서 이 분들에게서 많은 도움을 받은 것은 형제님에게는 정말 큰 복이라 생각됩니다.

그러나 데이브 헌트라는 분은 제가 아직 모르는 분입니다. 지금까지 이 분의 책은 한 권도 읽어 본 적이 없어 아마존에서 잠시 이 분의 책을 검색해 보니, 이 분이 쓴 책의 제목과 목차 등으로 보아 아마도 이 분이 세대주의자가 아닌가 하는 생각이 드는군요. 만일 제가 언급하는 데이브 헌트라는 분이 형제님이 말씀하신 분이 아니라면 다행이지만,

만일 동일인물이라면 형제님이 뉴 에이지나 천주교 등에 대해 이 분에게 많은 것을 배웠다고 했는데 앞으로 이 분에 대해서는 좀더 충분한 재고의 기회가 있어야 할 것 같습니다. 세대주의 학파의 입장을 가진 분들의 모든 성경 해석과 세상을 바라보는 시각이 다 잘못된 것은 아니지만 2,000년 기독교 전통에서 크게 벗어난 부분이 많이 있기 때문에 아주 선별적으로 조심해서 받아야 합니다. 앞으로 이 부분에 대해서는 언제 만날 기회가 있다면 좀더 자세한 이야기를 나누고 싶군요.

아무튼 형제님이 영향을 받은 분이 누구인지를 알고 나니 이제 형제님의 기본적인 성경 해석과 신앙 사상에 대해서는 일단 안심이 되는군요. 그리고 앞으로 저와는 좋은 성도의 교제가 이루어질 것이라 기대됩니다. 성도의 교제는 꼭 살아 있는 사람들과만이 아니라 이미 하늘나라로 가신 분들과도 그분들이 남긴 책을 통해 할 수 있습니다. 또한 다른 나라에 계신 분들과도 그분들이 쓴 책을 통해서 할 수 있으며, 또한 형제님과 저처럼 태평양을 사이에 두고도 얼마든지 메일이나 편지로 성도의 교제를 나눌 수 있다고 생각합니다.

옥성호 형제님이 제게 원고를 보내 온 것이 제가 강의한 〈로이드 존스 강의 테이프〉를 들은 것이 계기가 되었다고 하니, 참으로 놀라운 섭리입니다. 로이드 존스는 제가 가장 존경하는 제 평생 스승이라 부를 수 있는 분이어서 저는 로이드 존스 목사님의 사상을 한국 교회에 조금이라도 친숙하게 알리고자 〈로이드 존스 강의〉를 했습니다. 그런데 그것이 계기가 되어 형제님과 관계가 맺어지게 되니 감개가 무량합니다.

이제 출판에 대한 구체적인 일정과 세부적인 내용은 형제님이 한국에 나오실 때 만나서 이야기하도록 하고, 계속적으로 『부족한 기독교』의 2부와 3부도 시간이 되는 대로 집필해 보시기 바랍니다.

특히 데이비드 웰스가 쓴 *No Place For the Truth*(「신학실종」, 부흥과개혁사, 2006년)와 더불어 앞으로 부흥과개혁사에서 발간 예정 중에 있는 데이비드 웰스의 4부작인 *God in the Wasteland*(「거룩하신 하나님」, 부흥과개혁사 2007년), *Losing Our Virtue*(「윤리실종」, 부흥과개혁사, 2007년), *Above All Earthly Pow'rs*(「탁월하신 그리스도」, 부흥과개혁사, 2007년)는 모두 한번 읽어 보기를 바랍니다. 현재 미국 복음주의 교회의 문제점에 대한 가장 정확한 진단과 처방을 내리고 있는 명저들입니다. 데이비드 웰스의 「신학실종」은 1993년 처음 발간되었을 때, '미국 복음주의자들이 노는 놀이터에 던져진 진리의 폭탄'이라고 찬사를 받을 정도로 강력한 영향을 미친 책이었습니다. 옥성호 형제님이 앞으로 쓸 책들도 비록 데이비드 웰스와 같은 대학자가 쓴 책과는 질과 양에 있어 차이는 있겠지만 효과 면에서는 동일할 것이라고 기대됩니다. 데이비드 웰스는 현재 성경적, 신학적 안목을 가지고 우리 시대의 문화를 분석하며, 우리 시대의 문화 즉 세상성이 교회에 어떤 방식으로 침투해 왔는지 그리고 그 해결책은 무엇인지를 가장 정확하게 알고 있는 우리 시대의 탁월한 기독 지성인입니다. 아직 저는 우리 시대의 문화를 성경적으로 분석하고 대안을 제시하는 데 있어 데이비드 웰스와 같은 박학다식한 기독 지성인을 별로 만나 보지 못했습니다. 형제님이 남은 시리즈를 집필하기 전에 꼭 데이비드 웰스의 책을 필독서 목록에 넣어 보기를 권합니다. 분명히 형제님의 생각에 많은 통찰력을 줄 것입니다.

데이비드 웰스 외에도 앞으로 옥성호 형제님의 신앙과 신학에 큰 도움을 줄 수 있는 수많은 믿음의 선배들 혹은 신앙 스승들이 있지만, 형제님이 독서에 보낼 수 있는 시간적인 여유가 얼마나 될지 몰라 차

후에 소개를 드리도록 하겠습니다.

자, 이제 주님이 옥성호 형제님을 통해 행하실 새 일을 기대하며, 한 걸음씩 전진해 봅시다.

백금산 드림

제 편지를 받은 옥성호 형제가 또다시 편지를 보내 왔습니다. 제가 소개한 저자와 책에 대해 그리고 제가 약간의 우려를 표명한 데이브 헌트라는 분에 대한 자신의 입장이 담겨 있었습니다. 이 편지를 통해 저는 옥성호 형제가 가지고 있는 생각과 그 동안의 경험들에 대해 한층 더 신뢰할 수 있게 되었습니다.

편지5 옥성호가 백금산에게(2007.2.1)

백 목사님, 바쁘신데 자상한 가르침을 주셔서 감사합니다.

2003년도에 존 파이퍼 목사님의 *The pleasures of God*을 읽고 '아니 기독교가 이런 것이었어?' 라는 충격을 받았던 기억이 지금도 생생합니다. 그 후 그분의 책을 다 사서 읽고 그것도 모자라서 로마서 강해와 히브리서 강해 테이프를 포함한 설교들을 다 사서 들었습니다. 제가 사는 시카고에서 약 650km만 올라가면 미네소타의 미니아폴리스라는 도시에 파이퍼 목사님의 교회가 있는데 당시 아내와 그 곳으로 이사 가는 것을 심각하게 고려했었지요. 결국 미네소타에는 동양인이 '거의' 살지 않는다는 점 때문에 포기를 했습니다.

솔직히 백인들 사이에서 원숭이가 되어 살 자신이 없더군요.

파이퍼 목사님의 로마서 강해는 현재 12장까지 진행되고 중단된 것으로 알고 있는데요. 파이퍼 목사님의 로마서 강해가 해석 면에서는 로이드 존스 목사님과 많이 다른 부분이 있지만 한 구절, 한 단어를 가지고 설교하는 것에 익숙하지 않았던 저는 처음에 많이 놀랐습니다. 그 당시 저는 로이드 존스 목사님에 대해서는 전혀 아는 것이 없었던 때였지요. 당시 저는 로마서 강해보다 그분의 히브리서 강해에서 참 많은 가르침을 받았습니다.

제가 모어랜드(J. P. Moreland)와 마크 놀 그리고 마이클 호튼 등의 책들을 읽고 나서 그 책들에서 자주 인용된 사람 중에 데이비드 웰스가 있는 것을 알았습니다. 데이비드 웰스를 처음 접한 것이지요. 그분 책이 목사님이 말씀하신 책들 중에 *Above All Earthly Pow'rs* 를 빼고 지금 저한테 세 권이 있는데 아직 다 읽어 보지는 못했습니다. 조만간 읽도록 하겠습니다.

사실 *No place for truth*를 한 6개월 전에 읽고 있던 중에 어떠한 이유에서 당시 제가 읽던 그 책을 접었던 기억이 납니다. 다음 책을 본격적으로 쓰기 전에 다시 꺼내서 찬찬히 다 읽어 보도록 하겠습니다.

그분 책이 번역이 된 것을 저는 부흥과개혁사 홈피를 가 보고 처음 알았습니다. 번역된 책 제목이 정말 좋은 것 같습니다. 사진으로 크게 장식한 표지도 원서보다 훨씬 더 강렬하고 좋은 것 같습니다. 목사님, 사실 오늘날 어쩌면 우리는 '복음주의'라는 말 자체에 대한 새로운 정의가 필요한지도 모르겠습니다. 그래야 그나마 남용을 좀 막을 수 있지 않을까요?

데이브 헌트에 대해서는 목사님께서 찾으신 그분이 맞을 겁니다. 그분은 분명 세대주의 신학을 가지셨습니다. 데이브 헌트는 존 맥아더 목사님의 그레이스 교회에도 몇 번 오셔서 세미나를 하신 것으로 알고 있는데 그분의 신학 사상 중 몇 가지 부분에서 세미나 후에 그레이스 교회에서 논란이 있었던 것으로 알고 있습니다. 특히 이스라엘 및 예루살렘과 관련한 그분의 해석은 매우 과격합니다. 다행히 제가 데이브 헌트의 책들을 읽을 때는 나름대로 판단할 수 있는 기준이 있어서 그 부분의 책들은 조금 보다가 읽지 않았습니다. 주로 지금은 거의 절판된 그분 초기의 책들을 통해 많이 배웠습니다. 교회에 파고든 마케팅, 심리학, 그리고 신비주의 등에 대한 그분의 비판은 제게 참으로 유익했습니다.

목사님께서 웃으시겠지만 제가 한때는 이장림의 말세론을 진짜라고 생각했던 적도 있습니다. 당시 저와 연애하던 지금의 아내가 저 때문에 얼마나 고생했는지 모릅니다. 저의 경우를 보면 교회에 다니는 햇수가 오래된 것과 무엇이 옳고 그른지를 판단하는 분별력은 전혀 비례하지 않는다는 사실의 산 증거지요.

목사님, 제가 비록 다른 책들에 비해 많이 읽지는 않았지만 스펄전 목사님의 설교들, 존 파이퍼 목사님들의 책들과 설교 그리고 무엇보다도 로이드 존스 목사님의 설교들을 통해 영향을 받고 난 후의 느낌은 어떤 '백신 주사'를 맞은 것 같은 것입니다. 다른 사람들은 다 좋다고 하는데도 불구하고 리처드 포스터나 달라스 윌라드 또는 필립 얀시 등의 책들을 볼 때 받아들여지지 않는 부분이 너무 많다는 것입니다. 그에 반해 이안 머리, 쉐퍼, 토저 등의 책을 보면 너무 많이 배우고요.

목사님, 제가 이번에 글을 쓰면서 "열린 책들"에서 나온 〈프로이트 전집〉을 보고 얼마나 부러웠는지 모릅니다. 우리에게 스펄전의 설교집이나 로이드 존스 목사님의 설교집 등이 〈프로이트 전집〉과도 같이 전문가들에 의해 책임 있게 번역이 되어 출판되면 얼마나 좋을까 하고요. 물론 이 책들이 이미 번역되어서 출판된 것은 알고 있지만 번역의 전문성이나 출판사의 영향력 등을 고려할 때 아직 미미하다고 느껴집니다. 참으로 안타깝습니다.

목사님, 제가 다음 주 산호세에 중요한 출장이 있습니다. 출장 후에 2부, 마케팅을 위한 독서와 리서치에 좀더 시간을 투자하려고 합니다. 지난 몇 년 간 책값이 하도 많이 들어가서 거의 가정 파탄 단계(?)에 돌입하려고 합니다. 그래서 궁여지책으로 여기에 오래 사셨지만 영어로 말하는 데에 어려움을 겪는 성인들을 대상으로 일주일에 한 번 저녁에 영어 회화를 가르치기로 했습니다. 일단 한 달 책값은 뺄 수 있을 것 같습니다. 좋은 책들을 많이 권해 주세요. 열심히 사서 읽도록 하겠습니다. 이제, 책값은 걱정 없습니다.

목사님, 좋은 가르침 다시 한 번 감사하고요. 부흥과개혁사의 조나단 에드워즈 섹션을 보니 목사님께서 예일을 다녀가셨던데 언제 미국에 오시면 연락 주세요. 비록 미국이 넓기는 하지만 또 너무 넓어서 못 갈 정도는 아니니까요.

한국에서 뵙기를 기대하겠습니다.

옥성호 드림

옥성호 형제의 편지를 받고 나니 이젠 옥성호 형제가 쓴 책이 아니라 옥성호 형제가 참으로 소중한 보물처럼 여겨졌습니다.

사실 제가 목회와 출판 사역을 하면서 보고 싶었던 후배 목회자의 모습, 또는 건강한 성도의 모습이 옥성호 형제의 생각과 삶 속에 잘 담겨 있었기 때문입니다.

새롭게 바른 성경 진리에 눈을 뜨고 난 이후, 목마른 사슴처럼 하나님의 말씀과 하나님의 말씀 속에 담겨진 진리를 추구하며, 현재 자신에게 주어진 사역 속에서의 일에 최선을 다하면서도 나머지 시간과 물질을 거룩한 삶을 위해 투자하는 모습이야말로 제가 우리 시대 교회에서 보기를 원했던 모습이기 때문입니다.

'아, 그 동안 내가 한 사역들이 바로 이런 사람, 이런 인재를 기르려고 했던 것인데!' 하는 생각과 더불어, 앞으로 제가 하고자 하는 사역이 결코 헛되지 않을 것이며, 제2, 제3의 옥성호 형제와 같은 분들이 이 땅에 계속 일어나게 될 것이라는 희망을 갖게 되었습니다.

비록 짧은 내용이었지만 옥성호 형제의 이야기 속에서 마치 거울처럼 옛날 제 자신의 한 모습을 보는 것 같기도 했습니다. 그래서 저는 이런 편지를 옥성호 형제에게 보냈습니다.

편지6 백금산이 옥성호에게(2007.2.2)

옥성호 형제님,

우린 정말 통하는 데가 있군요.

아직 얼굴 한 번 본 적이 없고, 전화 통화 한 번 한 적이 없지만 몇 번 메일을 주고받다 보니 오랜 시간 함께 우정을 나눈 친구처럼, 그리스도의 피를 함께 나눈 형제처럼 느껴지는군요.

'우리는 모두 그리스도 안에서 하나'라는 교회의 하나 됨에 대한 진리가 정말 실감납니다.

형제님의 편지를 읽다 보니 신기할 정도로 참 나랑 비슷한 경험, 비슷한 생각을 많이 했구나 하는 생각에 저절로 미소가 떠오르는군요.

첫째, 몇 년 간 부지런히 책 사느라고 집안 파탄 날 뻔했다는 것도 비슷하군요. 사실 저는 가정 경제를 생각해서 제가 사고 싶은 책의 1/100도 사지 못하고 있지만 제 속을 모르는 아내는 늘 책 사는 것이 편치 않은 모양입니다. 좋은 요리사일수록 좋은 음식을 만들기 위해서는 좋은 재료를 많이 쓰고 싶은 것이 아닐까요? '대충 아무것이나 한 끼 때우면 되지.' 하는 사람들은 일류 요리사들이 좋은 요리를 만들기 위해 신선하고 좋은 재료를 찾고자 하는 그 열정을 도무지 이해하지 못할 것입니다. 한때 호주 시드니에 집회 인도하러 갔다가 시드니에 있는 무어신학교 구내 서점에 좋은 책들이 너무 많아 큰 트렁크 두 개에 책만 잔뜩 사서 담아 오자 집에서 쫓겨날 뻔한 적도 있습니다. 진리에 대해 새롭게 눈을 뜨고 나면 더 알고 싶은 것이 왜 그리 자꾸 많아지는지요. 책을 읽지 않고 지내다 보면 별로 알고 싶은 것이 없는데, 책을 자꾸 읽다 보면 꼬리에 꼬리를 물고 알고 싶은 진리가 더욱 많이 생기는 법이지요. 새로 만난 신앙 스승, 새로 만난 신앙 선배와 동료들과의 대화에 세월 가는 줄 모르는 법이지요. 아무튼 아르바이트를 해서라도 보고 싶은 책을 마음껏 사 볼 수 있게 되었다는 형제님이 부럽군요.

둘째, 형제님이 가장 좋아한다는 다섯 분의 영적 스승들 외에도 형제님이 읽고 좋아하는 다른 작가들을 보니 제가 더 이상 조언할 것은 없는 듯합니다.

제가 좋아하고 존경하는 신앙 선배들 목록이나 형제님이 좋아하고 존경하는 신앙 선배들 목록이 비슷하군요. 형제님이 좋아하는 그분들의 책을 읽다 보면 그들이 좋아하는 스승이나 친구들을 계속해서 새롭게 만나게 될 것입니다.

형제님이나 제가 존경하는 분들 중에 요즈음 활동하는 분들을 현재 미국 쪽에서는 '신앙고백적 복음주의자들' 이라고 부르는 모양입니다.

그들은 모두 '옛 복음주의' 또는 '개혁주의' 의 후손들입니다.

제가 부흥과개혁사를 통해 하고 싶은 중요한 사역이 바로 옛날 개혁주의 선조들과 옛 복음주의 선조들과 더불어 이러한 21세기 개혁주의자들, 우리 시대의 신앙고백적 복음주의자들을 한국 교회에 좀더 체계적으로 소개하는 것입니다.

아울러 한국 교회 내에서도 이런 건강한 '신앙고백적 복음주의' 자들이 목회자와 신학생과 성도들 가운데 더욱 많아지도록 돕는 것입니다.

저는 이것이 제가 할 수 있는 범위 내에서 한국 교회를 건강하게 만들 수 있는 가장 중요한 길이라고 생각하고 있습니다.

셋째, "열린 책들"에서 나온 〈프로이트 전집〉을 보고 느낀 점도 비슷하군요.

저도 언젠가 서점에서 '"열린 책들"이라는 출판사에서 나온 〈프로이트 전집〉이나 〈도스토예프스키 전집〉을 보고 하루 빨리 내가 소개하고 싶은 신앙 스승이나 선배들의 작품을 '저런 전집' 으로 만들어야 하는데, 하는 강렬한 소망의 불씨가 타올랐는데 지금도 그 불씨가 꺼지지 않았습니다. 앞으로 남은 생애 동안 기회가 주어진다면 제가 좋아하는 여섯 분의 평생 스승들을 비롯해서 훌륭한 신앙 스승들의 전집을 만들고 싶은 것이 저의 꿈이기도 합니다. 그래서 가장 먼저 시작한 전집이 바로 〈조나단 에드워즈 전집〉입니다. 교회 역사상 가장 위대한 영적 거인이라 말할 수 있는 분이지만 그 동안 많이 알려지지 않은 분이기 때문입니다. 사실 전집을 만들어야 본격적인 연구가 시작될 수 있습니다. 〈프로이트 전집〉이나 〈도스토예프스키 전집〉 같은 것을 만들어 놓으면 프로이트나 도스토예프스키 같은 사람의 사상에 대한 본격적인 연구가 시작됩니다. 그래서 저는 제가 좋아하는 영적 스승들의 전집을 만들어 놓는 것이 곧 한국 교회를 위한 신앙적, 신학적 인프라를 구축해 놓는 것이라 생각합니다. 언젠가 이런 전집이라는 고속도로를 타고 후배 목회자들과 성도들의 신앙과 신학이 건강하고 균형잡히게 쑥쑥 자랄 것이라 믿기 때문이지요.

참, 데이브 헌트에 대한 책을 분별해서 선별적으로 보고 있다니 참으로 다행한 일입니다. 물론 어떤 한 사람의 모든 주장이 100% 옳거나 100% 틀리지는 않을 것입니다. 아무리 우리가 존경하는 사람이라 할지라도 완전한 사람은 없으며, 또 우리와 신앙 색깔이 다른 분들이라 해서 모든 주장이 잘못된 것은 아니지요. 그러므로 분별력만 있다면 어떤 종교나 학문, 어떤 신학적 사조나 교파에 있는 분이라 할지라도 선별적으로 필요한 부분들은 받아들이거나 사고의 내용이나 방법에 도움을 얻을 수 있다고 생각합니다.

옥성호 형제님,

제가 마침 며칠 전에, 올해 시카고 근교 휘튼 대학에서 열리는 2007 미국 유학생 수련회인 코스타의 둘째 날 저녁 집회 강사로 초대를 받았습니다. 집회 기간 중이나 전후에 혹시 시간적인 여유가 있다면 시카고에서 형제님을 뵐 수 있겠군요. 무엇보다 형제님의 서재를 한번 구경해 보고 싶군요.

그 때에는 형제님이 쓰신 첫 작품이 형제님의 서가에서 형제님이 좋아하는 신앙 스승들의 책들과 나란히 꼽혀 있는 것을 볼 수 있겠군요. 그 때에는 지금 우리가 나누고 있는 대화들은 즐거운 추억의 한 페이지에 기록되어 있겠군요.

그러나 그 전에 한국에 나오신다고 하니, 반가운 만남과 즐거운 대화의 시간은 그 보다 훨씬 더 앞당겨질 것이라 기대하면서……

백금산 드림

이 책은 이런 과정을 거쳐 이 세상에 태어나게 되었습니다. 이 책이 나오게 된 하나님의 섭리에 대해 하나님께 감사를 드리며, 옥성호 형제의 수고에도 따뜻한 격려를 보내고 싶습니다. 이제 이 책이 현재 우리 교회 안에 전염병처럼 번지고 있는 심리학 바이러스를 퇴치하는 치료약이 되기를 바랍니다. 또한 앞으로 교회가 무분별하게 비성경적인 심리학적 원리와 기법들을 사용하는 우를 범하지 않도록 하는 예방백신이 되기를 바랍니다. 저는 옥성호 형제의 『부족한 기독교』심리학 편을 읽고서 하루 빨리 옥성호 형제의 다음 후속작을 기대하는 마음이 생겼습니다. 아마도 이 책을 읽고 큰 감동을 받은 독자들도 저와 마찬가지 기대감을 가지게 될 것이라 생각됩니다.

2007년 3월 봄이 오는 소리를 들으며 신촌 예수마을에서 몇 년 전 달리기를 한창 할 때였습니다. 제게 변화가 생겼습니다. 커피라면 하루에 열 잔이라도 마시던 제가 커피를 멀리하고 물을 더 찾게 된 것입니다. 이상하게 커피 맛이 없어지고 그 대신 물을 마시고 싶어졌습니다. 하루 한 시간 정도의 달리기가 중독되다시피 했던 커피를 멀리하게 했습니다. 참으로 신기한 일이었습니다.

얼마 전 기독교가 진짜라는 것을 알게 된 이후에도 많은 변화가 생겼습니다. 전에는 전혀 보이지도 않던 것들이 보이기 시작했습니다. 전에 교회를 그냥 다닐 때는 아무렇지도 않게 보고 넘어가던 것들이 마음에 걸리기 시작했습니다. 마냥 낄낄거리며 들었던 설교들이 마치 쓴 커피와 같이 느껴지게 되었습니다.

이는 여러 친구 중의 한 명이었던 여자 친구가 어느 날부터 내 애인이 되었을 때 과거와는 느낌이 완전히 달라질 수밖에 없는 것과 마찬가지였습니다. 과거에는 그 친구가 다른 남자들과 재미있게 웃고 떠들며 커피를 마시는 것을 보아도 아무렇지도 않았던 것이 이제는 더 이상 그럴 수 없게 된 것입니다. 왜냐하면 이제 그 여자 친구는 나와 특별한 관계이기 때문입니다.

40년 가까이 교회를 다녔지만 기독교와 교회에 대한 사랑이 거의 없었습니다. 그러던 제가 기독교의 진리를 알고 사랑하게 되자 교회와 교회 속에서의 모든 가르침이 완전히 새로운 시각으로 다가왔습니다. 그리고 많은 사람에게는 좋아 보이는 것들이 이제 내게는 전혀 좋아 보이지 않는다는 사실 때문에 갈등하게 되었습니다. '내가 너무 부정적이라서 그런가? 그렇다면 항상 그랬어야 하는데 전에는 그러지 않았는데 지금은 왜 이러지?' 라는 질문을 던지게 되었습니다. 그러나 이 물음에 대한 해답을 얻는 과정에서 중요한 사실을 하나 발견했습니다. 하나님이 나에게 보여 주시고 깨닫게 하신 것들은 내가 하나님 앞에서 마지막 날 셈해야 할 몫이라는 것이었습니다. 하나님이 내게 보여 주신 것을 사람들에게 알리는 것은 나의 책임이자 사명이라는 생각이 들었습니다. 이 부담감을 떨쳐버릴 수가 없었습니다. 그러나 문제는 어떻게 알릴 것인가 하는 것이었습니다. 가장 효과적인 것은 글을 쓰는 것이라고 결론을 내렸습니다. 그러나 '내가 도대체 무슨 자격으로 글을 쓸 것인가' 라는 생각 때문에 쉽게 실천에 옮기지 못했습니다. 그러던 중 어느 날 신문 기사에서 다음과 같은 글을 발견했습니다.

> 남을 설득하려면 가장 간단한 질문부터 일단 자기가 증명해 줄 수 있어야 해요. 그러니까 제 케이스로 설득하는 게 제 스타일이죠. 처음 저술가로 나설 때에는 제가 박사도 아니고, 대단한 경력도 없고 그저 20년 직장인일 뿐이란 사실이 핸디캡일 거라고 생각했어요. 그런데

제 마음이, 제 경력이 곧 독자란 것을 깨달았어요. 직장인들이 왜 좌
절하고 왜 힘들어하며 무엇 때문에 즐거워하고 희망을 갖는지 잘 알
수 있는 훌륭한 배경이더란 거예요.[1]

20년 직장 생활을 박차고 나가 '변화 경영'이라는 분야에서 자신만
의 독창적인 브랜드를 가지고 있는 변화 경영 연구소의 구본형[2] 소장의
말입니다.

이 짧은 글을 읽고 나에게도 역시 이 사람과 동일한 자격이 있음을
알게 되었습니다. 모태신앙인으로서 40년 가까이 교회를 다녔지만 사
실상 교회 다니는 사람이었을 뿐 말씀을 통해 예수 그리스도의 복음으
로 거듭나는 것이 무엇인지 확인하지 못했던[3] 나와 같은 사람이 한국
교회 속에 셀 수 없이 많다고 확신했기 때문입니다. 그뿐 아니라 기독
교가 진리인지 아닌지를 놓고 힘들어하면서도 기독교 밖에도 별 뾰족
한 '대안'이 없다는 이유 때문에 계속 기독교의 울타리에 갇혀 좌절했
던 수많은 시간이 나로 하여금 기독교의 진리에 대해 글을 쓸 합당한
자격을 준다고 확신하게 되었습니다.

내가 기독교를 진리로 확신하게 된 후 '왜 교회의 가르침이 세상의
가르침과 전혀 다르지 않은가'라는 문제의식이 생겼습니다. 구본형 소
장의 강연을 듣는 것이 한국의 웬만한 목사님들의 설교를 듣는 것보다
훨씬 더 '은혜'로울 것이라는 생각이 들었습니다. 감동과 웃음을 주며

---

1) http://www.hani.co.kr/arti/culture/book/164070.html
2) 구본형 씨는 『그대 스스로를 고용하라』, 『오늘 눈부신 하루를 위하여』, 『나 구본형의 변화
이야기』 등의 베스트셀러를 저술했다.
3) 그렇다고 내가 그냥 건성으로 교회 출석만 하던 사람은 아니었다. 최소 스무 번은 될 각종
수련회에서 울고불고도 많이 했고 '은혜' 받았다고 소위 말하는 '홀리 댄싱'과 '방언', '환
상'을 비롯해 각종 신비한 것들도 나름대로 꽤 체험한 베테랑 교회 출석자였다.

그 속에 나름대로의 교훈을 담고 있는 이야기를 듣는 것을 '은혜롭다.'라고 생각하는 요즈음 대다수 성도의 생각대로 한다면 말입니다.

재미있는 이야기와 감동적인 교훈으로 채운 설교는 구본형 소장과 같은 사람들의 강연과는 경쟁이 안 됩니다. 왜냐하면 대부분의 목사님이 자기계발 전문 강연자들의 독서량을 따라가지 못하기 때문입니다. 요즈음 많은 교회가 세상이 이미 주고 있는 것을 또 주려고 애쓰고 있는 것을 보면 참 안타깝습니다. 성경 말씀 하나하나를 세밀하게 바로 가르치는 사람보다 책을 많이 읽어 말을 잘 하는 사람의 설교가 더 인기가 있는 현실입니다. 이것은 현재 기독교가 처한 위기사항을 보여 주는 가슴아픈 한 단면입니다. 세상을 부정하기보다는 세상과 경쟁하려고 하니 자연스럽게 성경만으로는 부족한 기독교가 되었습니다. 그래서 부족한 기독교는 다른 곳에서 말씀을 도와 줄 구원군을 요청하고 그들의 도움을 받아 말씀을 포장하고 있습니다.

일단의 교회 성장 전문가들은 '말씀만으로는' 부족한 기독교를 구원군이 잘 도와 주면 교회도 성장한다고 믿고 있습니다. 그래서 이들 구원군을 소위 교회 성장에 필수적인 요소로 간주하고 있습니다. 이 글의 목적은 현재 부족한 기독교가 구원군으로 요청하고 있는 가장 중요한 세 가지 종류의 구원군을 분석하고 그 구원군들로 인해 기독교가 구조를 받기는커녕 도리어 더 큰 위기에 처하게 된 모습을 밝히는 것입니다.

현재 부족한 기독교가 지원을 요청하고 있는 구원군 삼총사, 또는 교회 성장 전문가들이 교회 성장의 3대 필수 요소로 꼽고 있는 분야는 다음과 같은 3가지입니다.

1. **심리학** : 당신이 비록 성경을 잘 알더라도 만약 심리학을 모른다면 당신은 교회에서 상담을 통해 상처받은 영혼을 치료할 자격이 부족한 사람이다. 심리학을 모르고 어떻게 감히 인간의 심층구조를 안다고 말할 수 있는가? 또한 설교에 심리학적 이론들을 가미하지 않고서야 어떻게 이 오래된 고대의 성경 말씀을 오늘날 이 복잡한 시대를 사는 현대인들에게도 실제적인 말씀으로 포장할 수 있겠는가? 심리학을 통해 하나님의 진리가 더 풍성해지도록 하라.

2. **마케팅** : 시장을 모르고 물건을 팔 수 없듯이 오늘날 사람들이 무엇을 원하는지 제대로 파악하지 못한 채 교회가 무슨 영향력을 그들에게 발휘할 수 있다는 것인가? 당신은 왜 사람들이 교회를 안 나오는지 아는가? 그 이유를 찾아 내서 하나씩 하나씩 당신의 교회에서 그 원인들을 제거하라. 그리고 교회 밖 사람들이 교회로부터 원하는 필요를 파악하고 그 필요를 교회가 채워 주라. 어떤 물건이든지 아주 싸든가 아니면 아주 고급 품질이면 반드시 잘 팔린다. 왜 교회라고 그렇지 않겠는가?

3. **엔터테인먼트** : 가장 큰 죄는 지루함이다. 이 인터넷과 비디오의 영상 시대에 누가 지루한 예배 속에서 한 시간 이상씩 앉아 있으려고 하겠는가? 예배도 재미있고 즐거울 수 있다는 것을 보여 주라. 훈계를 하는 고리타분한 예배를 벗어 버리라. 최대한 웃기라. 필요하면 최상의 테크놀로지를 활용하여 최고 수준의 즐거움을 제공하는 공연으로서의 예배로 업그레이드 하라. 그리고 무엇보다 관객이 실제로 참여해서 종교만이 제공하는 신비적 영적 체험들을 부담감 없이 느끼도록 프로그

램을 짜라.

처음에는 이 세 가지를 한 책에 다 쓰려고 했습니다. 그러나 너무 책이 길어질 것 같아서 앞으로 3부작으로 나누어 쓰고자 합니다. 하나님께서 어떻게 인도하실지 모르지만 그 인도하심에 대한 기대가 큽니다. 이제 부족한 기독교가 요청하고 있는 첫 번째 기독교 구원군인 심리학을 살펴보겠습니다.

가서 성경을 좀 보완하고 도와 주라

성경을 흔히 인류 역사상 최고의 베스트셀러라고 합니다. 맞는 말입니다. 그러나 베스트셀러는 베스트셀러인데 아마도 가장 '읽히지 않는' 베스트셀러일 것입니다. 성도들이 집집마다 몇 권씩은 가지고 있지만 일주일에 한 번씩 교회에 예배드리러 갈 때는 어디에 두었는지 잘 기억이 나지 않아서 때로는 부산을 떨도록 하는 책, 그것이 성경입니다. 그래도 과거에는 예배 시간에 최소한 한 번은 펴서 읽기라도 했지만 요즘은 프로젝트가 쏘아 주는 영상만 보면 되니 들고는 가도 펼 일은 별로 없는 책이 성경입니다.

아주 오래 전에 본 어떤 미국 코미디 프로가 기억납니다. 어느 대가족이 등장하는 프로였는데 그 가족의 아빠가 어느 날 밤에 잠이 안 와서 이리저리 뒤척이다가 잠자기 위한 최후의 수단으로 선택한 것이 '성경을 읽는 것'이었습니다. 왜 잠을 자기 위해 그는 성경을 읽으려고 했을까요? 그리고 그 장면에 왜 수많은 사람이 공감의 웃음을 터뜨린 것일까요? 그것은 성경이 매우 어려운 책이라고 누구나 다 인정하기 때문일 것입니다. 그렇습니다. 성경은 정말 어렵습니다. 당연하지요. 성경 중에서도 가장 먼저 씌어진 부분은 3천 5백 년 전에 씌어졌고 그나마 가장 최근에 씌어진 책도 거의 2천 년 전에 씌어진 책이니 어찌 어렵지 않겠습니까? 게다가 우리 나라 얘기도 아닐 뿐더러 대부분의 사람이 한 번도 가 본 적도 없는 외국 땅의 이야기가 고대 외국어로 씌어져서 그것도 아주 어려운 한글로 번역이 된 책입니다. 그러니 그런 책이 쉽게 느껴지고 가슴에 와 닿는다는 사람이 있다면 오히려 그 사람에게 무슨 문제가 있다고 보는 것이 더 맞지 않을까요?

교회를 다니는 사람이라면 누구나 새해를 맞아 가장 흔히 하는 결심 중의 하나가 '올해는 꼭 성경을 한 번 다 읽겠다.' 라는 것입니다. 그러나 얼마 후 그 다음 얘기가 어떻게 전개될지 우리는 너무 잘 알고 있습니다. 구약에서는 레위기, 신약에서는 마태복음의 족보부터 걸림돌이 되기 시작해 그 다음 해에 또다시 우리로 하여금 그 결심을 반복하게 한다는 사실을 말이지요.

비록 이처럼 성경이 어렵고 다가가기 쉽지 않은 책임은 분명하지만 우리가 교회에서 가장 흔히 듣는 구호는 '말씀으로 돌아가자.' 는 것입니다. 그런데 도대체 말씀으로 돌아가야 한다는 이 말의 의미가 무엇입니까?

교회에 다니며 기독교인이라고 자처하는 사람치고 성경이 하나님의 말씀이라는 사실에 이의를 다는 사람은 많지 않을 것입니다. "당신은 성경이 하나님의 말씀이라고 믿습니까?"라고 묻는다면 거의 대다수는 "예, 믿습니다."라고 대답할 것입니다. 그러나 그 대답에 만족하지 않고 조금만 더 파고들어간다면 우리는 "예."라고 대답한 상당수의 사람이 사실은 '성경만이'가 아니라 '성경도' 하나님의 말씀이라고 생각하고 있음을 알게 될 것입니다. '성경도' 하나님의 말씀이라는 생각은 '성경만이' 하나님의 말씀이라는 고백과는 사실상 하늘과 땅만큼 차이가 있습니다. 또한 성경이 100% 하나님의 말씀은 아니지만 분명 그 중에는 하나님의 말씀이 상당 부분 들어 있다고 생각하기 때문에 '성경이 하나님의 말씀이다.'라는 의견에 동조한 사람도 꽤 있을 것입니다. 이 경우 어느 부분이 하나님의 말씀인가에 대해서는 아마 개인마다 의견이 다 다를 것입니다.

그러나 우리가 전통적으로 성경을 하나님의 말씀이라고 믿고 고백하는 것은 바로 성경의 '무오류성'을 믿는 것입니다. 우리가 성경의 이 무오류성을 믿고 고백하는 경우 위에서 간단히 언급한 '성경도' 또는 '성경 중의 상당 부분'이 하나님의 말씀이라는 생각은 사실상 성경이 하나님의 말씀임을 믿지 않는다는 것과 전혀 다를 바가 없습니다. 왜냐하면 성경은 '오로지 성경만이' 하나님의 말씀이라고 주장하며 또한 성경 속에는 일점일획의 실수도 없다고 스스로 강조하고 있기 때문입니다. 따라서 우리가 성경의 이러한 주장을 포함한 성경 전체의 '무오류성'을 믿는다면 당연히 우리는 '성경만이 그리고 성경의 전부가' 하나님의 말씀임을 고백하는 것입니다.

진실로 너희에게 이르노니 천지가 없어지기 전에는 율법의 일점일획도 결코 없어지지 아니하고 다 이루리라(마 5:18).

사랑하는 자들아 우리가 일반으로 받은 구원에 관하여 내가 너희에게 편지하려는 생각이 간절하던 차에 성도에게 *단번에 주신 믿음의*

*도를 위하여 힘써 싸우라*는 편지로 너희를 권하여야 할 필요를 느꼈노니(유 3).

그러나 지금 심리학과 관련해서 강조하고 싶은 것은 성경의 무오류성과 관련한 것이 아닙니다. 오늘날 성경 말씀과 관련한 가장 큰 고민 중의 하나는 '이 성경이, 가뜩이나 어려운 성경이 아무리 하나님의 영감으로 씌어졌다고 하더라도 이 복잡한 현대인의 삶과 과연 어느 정도의 연관성이 있을 수 있는가'에 대한 확신의 부족입니다. 그리고 이 고민은 이 어려운 고대 문서인 성경을 가지고 매주 30분 이상의 설교를 해야 하는 사람들에게는 실로 심각한 고민으로 다가올 수밖에 없을 것입니다. 이 고민을 파고들어 많은 사람을 열광케 한 것이 바로 심리학이 주는 현대적 메시지[4]입니다.

교회 속에서 심리학[5]은 참으로 다양한 영역에서 그 영향력을 발휘하고 있습니다. 가장 대표적인 영역은 설교와 내적 치유라는 이름으로 행해지는 상담 영역입니다. 설교가 성경의 본문을 떠나 여러 감동적 이야기로 채워지도록 만든 주범은 알게 모르게 교회 속에 이미 깊이 파고들어와 있는 심리학입니다. 우리는 설교의 본문이 없어도 아무런 문제 없이 진행될 수 있는 설교를 얼마나 자주 목격하며 살고 있습니까? 어린 시절 상처받은 영혼이 그 상처받은 영혼을 치료받아 자신감을 찾아 힘

---

4) 물론 우리가 글을 읽어 가면서 알게 되겠지만 심리학의 메시지가 매우 현대적으로 보이나 사실은 전혀 현대적이지 않고 오히려 더 고대적이다.

5) 정확히 말하면 심리학 중에서도 정신 분석(psycho-therapy) 또는 심리상담(psychological counseling)을 의미한다. 물론 정신 분석 또는 심리상담 분야가 심리학의 상당 부분을 차지하고 있는 것이 사실이기 때문에 그냥 심리학이라고 불러도 크게 상관이 없기는 하다. 그러나 독자들은 여기서 심리학이라고 말할 때 그 용어의 엄밀한 의미는 정신 분석이라는 점을 염두에 두기 바란다.

차게 살아가라는 감동적 이야기들로 채워진 설교 속에 성경 말씀이 설 자리는 처음부터 기대하기 어렵습니다. 또한 기독교 상담이라는 이름으로 전파되는 '자존감 회복'의 복음은 더 이상 교회와 세상 사이의 간격이 존재하지 않는 것을 가장 잘 보여 주고 있는 한 사례입니다.

이런 상황 속에서 일주일에 몇 번의 설교를 듣더라도 교인들 속에 말씀에 대한 깊은 깨달음이 자라날 리 없습니다. 설교를 듣고 돌아가는 길에서까지 여전히 머릿속에 남아 있는 것은 설교 중에 들었던 재미있었던 예화나 재치 있는 유머이지 성령님이 설교를 통해 눈을 열어 보게 하신 말씀의 진리가 아닌 경우가 얼마나 허다합니까? 입으로는 성경이 완전하고도 충분하다고 고백하지만 사실은 성경이 충분하지 않다고 생각하고 있는 것이 오늘날 교회의 모습입니다.

> 그의 신기한 능력으로 *생명과 경건에 속한 모든 것을* 우리에게 주셨으니 이는 자기의 영광과 덕으로써 우리를 부르신 이를 앎으로 말미암음이라(벧후 1:3).

성경은 분명 우리에게 필요한 모든 것을 주셨다고 증거하나 그 증거와 관계 없이 성경 위에 또는 성경과 나란히 교회 안에 자리잡은 심리학이라는 것이 과연 어떤 것이며 우리 교회가 이 심리학으로부터 구체적으로 어떤 영향을 받고 있는지 살펴봅시다.

For those who take Christianity seriously

01
심리학은 과학인가, 종교인가

심리학 하면 거의 누구에게나 머리에 떠올려지는 한 사람이 있습니다. 바로 그 유명한 지그문트 프로이트입니다. 프로이트에 대해 조금이라도 아는 사람은 프로이트와 더불어 카를 융이라는 사람의 이름도 귀에 익을 것입니다.

심리학은 과학인가, 종교인가

심리학 하면 거의 누구에게나 머리에 떠올려지는 한 사람이 있습니다. 바로 그 유명한 지그문트 프로이트입니다. 프로이트에 대해 조금이라도 아는 사람은 프로이트와 더불어 카를 융이라는 사람의 이름도 귀에 익을 것입니다.[6] 심리학에 관심을 조금 더 가진 사람이라면 이 두 명의 거장을 지나 매슬로, 에릭 프롬, 칼 로저스, 아들러 그리고 스키너 등의 이름이 귀에 익을 것입니다. 어린 시절부터 교회를 좀 다닌 사람이라면 과거의 나처럼 에릭 프롬이 '사랑'이 무엇인지에 대해 성경보다도 더 명확하게 정의를 내린 '독실한

---

6) 나는 어릴 때 융이라는 이름을 처음 듣고 그 사람이 중국 사람인 줄 알았다. 그리고 그 인상은 지금도 남아 있다. 그런데 융은 백인이고 스위스 사람이다. 이 사람의 말년 사진을 보면 아주 '무섭게' 생겼다는 것을 알 수 있다.

크리스천'이라고 착각하고 있는 사람도 있을 것입니다. 워낙 많은 기독교 책이 에릭 프롬의 '사랑이 무엇인가'에 대한 정의를 마치 성경의 진리인 양 인용했기 때문입니다. 그런데 사실 이 사람처럼 반기독교적인 사람도 없습니다. 또 매슬로 하면 인간의 욕구 계층을 정의하고 먹고 마시는 욕구가 해결되면 인간은 최종적으로 '자아실현'의 욕구를 추구한다는 주장을 한 사람이라는 정도는 알고 있을 것입니다. 또 스키너는 인간을 동물과 같이 자극에 반응하는 존재로 매우 단순한 논리로 설명하는 행동주의 심리학을 창안한 사람이라는 것을 잘 알고 있을 것입니다.

진화론은 과학인가

혹시, 이 글을 읽는 분 중에 진화론을 과학이라고 생각하는 사람이 있을지도 모르겠습니다. 왜 갑자기 심리학 얘기를 하다가 진화론 얘기를 하는지 궁금해할 수 있겠지만 조금만 기다려 주기 바랍니다. 우리가 흔히 얘기하는 '과학적'이라는 것은 어떤 가설에 대한 반복적 실험이 가능해야 하고 그 실험 결과가 항상 동일하게 나올 때에 사용하는 말입니다. 이런 의미에서 진화론[7]은 과학이 아닙니다. 진화론을 입증하기 위한 어떤 반복적인 실험을 할 수 없기 때문입니다. 그런데 왜 많은 사람이 창조론은 종교의 영역이지만 진화론은 과학의 영역에 속한 것으로 생각할까요? 그것은 아마도 창조론이라는 주장 속에는 눈에 보이지 않는 하나님이라는 존재가 자리잡고 있기 때문이 아닐까 싶습니다. 그러면 진화론은 어떤가요? 사실 진화론 속에는 하나님보다 더 전지전능

---

7) 물론 창조론도 마찬가지다.

하면 했지 못하지 않을, 보이지 않는 존재 '우연'이라는 것이 자리잡고 있습니다. 그 '우연'은 '시간'이라는 친구의 도움으로 한때 물 속에서 플랑크톤이나 먹고 살던 물고기를 오늘날 이 기가 막힌 인간의 모습으로 발전시킨 바로 그 주인공입니다. 하나님이 존재하신다는 것은 믿지 못하면서 이 '우연'은 과학으로 받아들이는 인간들을 우리는 어떻게 이해해야 할까요?

우리가 진화론을 사실로 믿는다면 우리 인간은 잠시도 정상적인 생활을 유지할 수 없다는 것에 대해 진지하게 생각해 본 적이 있는 사람이 얼마나 될까요? 진화론을 믿는다면 극단적으로 말해 눈에 보이지 않을 정도의 미세한 수준이기는 하지만 나는 우리 부모보다 '더 진화한' 존재입니다. 내가 부모보다 더 늦게 태어났기 때문입니다. 이 사실을 정말로 받아들인다면 분명히 더 진화한 자식이 왜 덜 진화한 부모를 공경해야 합니까? 또한 우리가 진화론을 믿는다면 우리는 결코 몸에 병이 생기더라도 그것을 '인위적'으로 고치려고 하면 안 됩니다. 그 병이 생각지도 못한 생물학적 과정을 통해 우리를 더 진화시킬지도 모르기 때문입니다. 또한 진화론을 정말로 믿는다면 누가 누구를 죽인다고 어떻게 재판을 하고 감옥에 보내고 사형을 시킬 수가 있을까요? 결국 진화의 과정이라는 것이 힘센 놈이 약한 놈을 죽이고 적응해 가면서 이룬 성과인데 말이지요.

이러한 몇 가지 극단적인 사례만을 보더라도 진화론은 창조론과는 비교도 되지 않는 특별한 '믿음'을 필요로 하는 하나의 종교이고 신념입니다. 그런데 창조론에 비해 이 진화론을 믿는 믿음은 필연적으로 인간 내부에 '모순의 균열'을 안길 수밖에 없는 고약한 믿음이기도 합니다.

오죽하면 유명한 진화론자 중 한 명인 버로우(J. W. Burrow)가 다음과 같이 말을 했겠습니까?

다윈에 따르면 자연이란 우연, 투쟁 그리고 지성을 가진 외로운 돌연변이인 인간이 생존하기 위해 발버둥친 결과물이다. 그리고 이 결과는 분명 누군가에게는 '무의미함'을 의미할 수밖에 없다. 이는 마치 탯줄이 잘린 인간이 차갑고 공허한 우주 속에서 자신을 발견하는 것과 같은 것이다. 과거 그리스 철학, 계몽주의 그리고 이성적 기독교 전통이 바라본 자연과는 달리 다윈주의적 자연은 인간의 행동에 대해 아무런 단서를 주지 못하며 인간이 가지는 도덕적 딜레마에 대해 어떠한 해답도 제공하지 못한다.[8]

우리는 증명된 과학적 사실을 믿기 위해서는 발버둥칠 필요가 없습니다. 그러나 보이지 않는 세상과 관련한 종교적 믿음의 영역에서는 수많은 회의와 고뇌 그리고 또 때에 따라 힘든 결단들을 반복하면서 살아야 합니다. 진화론을 믿는 믿음은 과학의 영역이 아니라 종교의 영역에 속합니다. 결국 진화론을 주장하며 살아가는 것은 깊은 믿음을 가지고 살아가야 하는 일입니다

무엇이 과학인가

그러면 심리학은 어떤가요? 심리학은 진화론과 다른 과학인가요? 심리학의 주장들은 과연 과학적인가요? 심리학은 특별한 결단을 요구하

---

8) Charles Darwin, *The Origin of Species: By Means of Natural Selection or the Preservation of Favoured Races in the Struggle for Life*, J.W. Burrow ed., Penguin Books Ltd, 1968.

는 믿음을 필요로 하지 않는, 눈앞에 드러나는 증거만으로 너무 확실한 진짜 과학인가요? 요즘 시대에 '과학'이라는 말은 사실, '진리'라는 말과 거의 같은 의미로 사용되고 있습니다.

앞에서 잠깐 말한 '과학적'이 되기 위한 충분조건에 대해 조금만 더 세분화해 봅시다. 어떤 이론이 과학적이기 위해서는 그 이론과 관련한 어떤 주제에 대하여 '관찰 가능한 객관적 데이터'가 있어야 합니다. 그리고 그 데이터에 대한 분류와 관찰에 근거해서 미래에 그 관찰 주제가 어떻게 반응할지에 대한 '예측 가능하며 조정이 가능한 결과'를 보장할 수 있어야 합니다. 즉, 분석 결과에 따라 동일한 결과가 미래에도 반복적으로 발생해야만 합니다.

심리학이 과학이 될 수 없는 이유

그런데 심리학은 동일한 결과의 반복적 발생에 대한 보장은 고사하고 관찰 대상의 미래 행동에 대해 '전혀' 알지 못합니다. 불확실한 미래를 그저 '추측하고 추리'할 뿐입니다. 자신의 이론대로 진행되기를 믿고 바랄 뿐입니다.

심리학에서 과학적이 되도록 하기 위해 사용하는 '객관적 데이터'는 무엇입니까? 심리학이 말하는 '객관적 데이터'는 대부분 관찰 대상자의 '주관적 이야기 또는 고백'입니다. 누구나 인정하는 관찰 가능한 객관적 데이터가 전혀 아닙니다. 자신의 상황을 얘기하는 그 관찰 대상자가 과연 진실을 얘기하는지 아니면 자신의 착각을 진실로 알고 얘기를 하는지 아니면 아예 대놓고 거짓말을 하는지 어떻게 알 수 있을까요? 심리학이 개발한 수많은 이론의 바탕이 되는 '데이터'는 본질적으로 치명적인 결함을 갖고 있는 것입니다. 어떤 남자 환자가 자신을 대상으로 실험을 하는 매력적인 여자 의사 앞에서 100% 진실만을 말할 것이라고 누가 장담할 수 있을까요? 인간이 가진 맹점 중의 맹점이 자기 자신도 자신의 마음에 대해 잘 모르고 있다는 사실이 아닌가요? 성경은 이런 인간의 마음에 대해 실로 정확한 진단을 내리고 있습니다.

> 만물보다 거짓되고 심히 부패한 것은 마음이라 누가 능히 이를 알 리요마는(The heart is deceitful above all things and beyond cure. Who can understand it?, NIV, 렘 17:9).

영어 단어 deceitful은 '속이기 쉬운'이라는 의미를 가지는 단어로써 정말로 정체를 잘 파악할 수 없는 인간의 마음 상태를 잘 표현하는 단어입니다. 즉, 자기 자신도 속일 수 있는 자신의 마음을 말합니다.

그런데 심리학이 과학이 될 수 없는 것은 데이터 수집과 관련해서 데이터 자체가 가진 근본적인 문제 외에 또 하나의 문제가 있습니다. 그것은 관찰자 역시 데이터에 대해 자기 마음대로 각각 다른 해석을 하고 데이터를 자기 마음대로 제각각 분류할 수 있다는 점입니다. 물리적 데이터와 같이 숫자로 표시되는 것도 아닌 상황에서 관찰자가 어떤 관찰 대상자의 꿈과 관련해서 데이터를 수집한다고 가정해 봅시다. "어젯밤 녹색 조개를 주웠어요."라는 꿈에 대해 수십 가지의 데이터 분류가 가능하지 않을까요?[9]

전혀 객관적이지 않은 데이터에 대하여 전혀 객관적일 수 없는 관찰과 데이터 분류를 통해 이루어진 것이 바로 심리학의 이론들입니다. 이

---

9) 꿈에서 본 것이 조개가 아니라 조약돌이었는데 관찰 대상자가 조개로 착각을 할 수도 있다는 부분은 제외해 놓더라고 말이다.

러한 이론들에 근거한 결과의 예측이라는 것은 절대 '불가능'한 것입니다. 그러니 홍길동이라는 사람에게는 통했던 방법이 홍길순이라는 사람에게는 오히려 역효과가 나는 게 전혀 이상할 것이 없습니다.

심리학자들이 의존하는 데이터 분류는 그 심리학자가 프로이트 이론을 따르는지 아니면 융의 이론을 따르는지 아니면 스키너나 아들러의 이론을 따르는지에 따라 다릅니다. 즉, 심리학에는 하나의 일관되고 검증된 과학적 이론이 존재하지 않습니다. 심리학은 수도 없이 다양한, 때로는 서로 상충되는 이론들이 존재하고 있는 일종의 '믿음의 영역'입니다. 이처럼 심리학은 진화론과 별로 다르지 않습니다. 심리학도 진화론 못지않게 '믿음'을 필요로 하는 특성을 가지고 있습니다.

이 점에 있어서는 기독교 상담 심리의 거장으로 불리는 게리 콜린스도 동의하고 있습니다.

> 과학은 사실을 주의 깊고 정확하게 관찰할 수 있어야 하며, 인과관계를 규명하고 또 발생 사건들을 자연 법칙에 따라 설명할 수 있어야 한다. 심리학 관련 연구는 사실 이러한 조건을 충족시키는 데에 어려움이 있다.[10]

즉, 심리학은 인간이 왜 어떤 식으로 행동하고 또 행동하지 않는지에 대해 무의식을 중심으로 다양한 추측을 할 뿐 그 객관적 원인을 결코 과학적으로 밝혀 내지 못합니다. 그러니 인간 행동과 관련한 예측은 더더욱 불가능할 수밖에 없습니다.

미국 정신의학 협회(The American Psychiatric Association)는 한 정신과 의

---

10) Gary R.Collins *Can You Trust Psychology?* , IVP, 1988, p. 139.

사와 상담한 직후에 살인을 저지른 어떤 피의자에 대한 재판 과정에서 다음과 같은 소견을 발표한 적이 있습니다.

정신과 의사는 환자가 저지를지 모르는 잠재적 위험 행동에 대해 예측할 수 없다.[11]

이와 관련해 한 정신과 의사는 말하기를,

프로이트 이후로 우리는 발생 후 이론에 의지할 수밖에 없다. 즉, 이미 일어난 일들에 대해 우리는 우리의 이론적 시스템을 통해 설명하거나 합리화할 뿐이다.[12]

얼마 전 사망한 저명한 미국의 심리학자인 지그문트 코(Sigmund Koch)는 여섯 권으로 이루어진 그의 가장 유명한 저작물인 『심리학: 과학으로서의 연구』(Psychology: A Study of a Science, 1959~1963)에서 결론적으로 다음과 같이 말했습니다.

심리학이 결코 일관성 있는 과학이 될 수 없다는 점은 나의 연구 결과에 비추어 이제 명확해졌다고 볼 수 있다.[13]

---

11) American Psychiatric Association, *Amicus Curiae* brief of Tarasoff vs. Regents of University of California 사건(Cal 1976).
12) Arthur Janov, *The primal Scream*, Dell Publishing Co, 1970, p. 19.
13) Martin Bobgan & Deidre Bobgan, *Prophets of Psychoheresy* 1, EastGate Publishers, 1989, p. 20에서 재인용.

정신과 의사는 결코 자신의 환자가 향후에 어떻게 행동할지 전혀 예측할 수 없습니다. 이는 일반 의사가 약을 환자에게 투여하고 나면 치료가 될지, 되지 않을지에 대해 예측할 수 있는 것과 완전히 상반 되는 모습입니다. 게다가 위에서 언급된 '발생 후 이론'이라는 것도 정신과 의사마다 다르기 때문에 '객관적 이론'이라는 말보다는 '주관적인 의견 또는 희망사항'이라는 말이 더 어울립니다. 위에서 게리 콜린스가 말한 바와 같이 심리학에서는 일반 과학에서 존재하는 일관성 있는 '인과관계'라는 것이 존재할 수가 없습니다. 달리 말해 '사람마다 다 다른 것입니다.'

이와 같은 현실을 반영하듯 20세기가 배출한 가장 걸출한 자연과학 철학자의 한 명인 칼 포퍼는 다음과 같이 심리학에 대해 가시 돋친 평가를 내렸습니다.[14]

> 심리학 이론들은 마치 과학인 양 행세하고 있지만 과학은커녕 사실은 원시적 미신들과 더 많은 공통점을 가지고 있다. 심리학 이론들은 천문학이 아닌 점성술을 훨씬 더 닮은 것들이다. 이 이론들은 사실들에 대해 미신적인 방법으로 해석을 한다. 이 이론들은 참으로 흥미를 끄는 많은 인간 심리와 관련된 제안들을 제시하지만 그 제안들은 전혀 테스트를 통해 검증할 수 없는 것들이다.

심리학을 과학이라고 우기는 사람들의 이유

그런데 재미있는 사실은 심리학이 과학이 될 수 없다는 가장 중요한

---

14) Karl Popper, "Scientific Theory and Responsibility," *Perspective in Philosophy* 1975, pp. 343~344. Martin Bobgan & Deidre Bobgan, *Prophets of Psychoheresy* 1, EastGate Publishers, 1989, p. 21에서 재인용.

점을 지적한 기독교 상담 심리학자인 게리 콜린스가 같은 책에서 심리학에 대해서만은 새로운 잣대를 만들어서 심리학이 마치 과학인 양 전혀 다른 주장을 하고 있다는 점입니다.

> 만약 우리가 과학을 말할 때 엄격하고 경험적이며 실험적인 방법을 통해서만이 이루어지는 학문이라고 볼 때 전반적인 심리학은 과학이 될 수 없다. 그러나 만약 이와 반대로, 과학을 실험실 밖에서 수집되는 데이터, 인간의 모습들에서 수집되는 데이터, 그리고 신의 계시로 인한 데이터까지 포함한 모든 데이터에 대한 주의 깊고 체계적인 관찰과 분석을 한 것으로 본다면 우리는 심리학도 과학이라고 간주할 수 있다.[15]

콜린스가 적용하는 이런 잣대를 사용한다면 이 세상에 과학이 아닌 것은 하나도 없을 것입니다. 무엇이든지 주의 깊게 살피고 나름대로 하나의 이론을 만들어 내면 다 과학이 될 수 있다는 독단적인 주장이기 때문입니다.

그런데 왜 콜린스는 이런 무리수를 두면서까지 심리학이 과학이라고 주장하는 것일까요? 그 이유는 심리학이 과학으로 인정받게 될 때만이 비로소 기독교가 심리학을 수용할 수 있기 때문입니다. 이는 성경이 수학을 부정하지 않고 성경이 의학을 부정하지 않는 것과 같은 이치입니다. 왜냐하면 하나님이 일반 계시를 통해 우리에게 드러내신 소중한 과학적 발견들은 우리의 삶과 떼어서 생각할 수 없는 중요한 부분이기 때

---

15) Gary R. Collins, *Can You Trust Psychology?*, IVP, 1988, p. 141.

문입니다. 우리는 수학적 계산을 이용해 성경의 연대를 계산하며 또한 여러 가지 과학적 실험을 통해 성경의 진실성을 확인하기도 합니다. 이 와 같은 맥락에서 심리학 역시 의학과 마찬가지로 하나님이 인간에게 드러내신 자연법칙 중의 하나라고 한다면 우리가 평소에 수학을 활용 하면서 살듯 이 심리학을 활용하지 말아야 할 이유는 전혀 없습니다. 그러나 만약 심리학이 과학이기는커녕 칼 포퍼가 주장하듯 미신에 가 까운 비과학적 분야라고 한다면 기독교는 심리학이 교회 속으로 파고 들어 오는 것을 결코 용납해서는 안 됩니다.

따라서 이미 심리학을 과학으로 전제하고 있는 기독교 상담학 분야 에서 독보적인 위치를 갖고 있는 콜린스의 경우 심리학이 과학이냐 아 니냐의 문제가 얼마나 중요한지는 이제 쉽게 이해할 수 있을 것입니다.

무엇이 과학의 대상인가

결론적으로 우리가 여기서 한 가지 명확히 해야 할 점이 있습니다. 무엇이 과학적이냐 아니냐 즉, 실험할 수 있고 결과가 나오는가 아닌 가의 대상은 물리적 영역에 해당된다는 점입니다. 의학이 과학인 이유 는 의학은 인간의 육체라는 물리적 영역을 다루고 있기 때문입니다. 전신마취제의 효과에 대해 긍정적이든 부정적이든 만약 수술 전에 전 신마취제를 맞으면 인간은 '누구나' 다 마취 상태에 들어갑니다. 왜냐 하면 인간의 육체와 관련해서 적용되는 물리적인 법칙이 마취제를 통 해 인간의 육체에 작용을 하기 때문입니다.

따라서 우리가 심리학을 과학이라고 규정하고 바라보는 순간 우리는 인간의 정신 영역을 측정 가능한 물리적 영역으로 간주하는 셈입니다. 우리가 흔히 의학에서 병이라고 부르는 영역은 물리적 영역에 국한된 것입니다. 따라서 우리가 누군가의 어떤 상태에 대해 정신병이라고 부르는 것은 정신의 영역을 물리적 영역으로 간주하고 있는 것입니다. 그러나 인간의 뇌라는 물리적 영역에 생긴 병인 두뇌질병과는 달리 정신병이라는 것은 보이지 않는 인간의 영역인 '생각과 마음(mind)'[16]에 생긴 병을 의미합니다. 이 생각과 마음이라는 영역에 생긴 병을 인간 육체에 생긴 병과 동일하게 취급하는 오류를 범하고 있는 것입니다.

인간의 정신은 과학의 대상이 아니다

심리학 이론을 바탕으로 하는 정신 치료는 결코 과학이 될 수 없습니다. 왜냐하면 정신 치료는 과학이 되기 위한 기본적인 조건들을 충족시키지 못하기 때문입니다. 또한 더욱 중요한 이유는 정신 치료의 영역이 물리적 영역을 넘어선 인간의 정신 영역, 즉 인간의 생각과 마음을 다루고 있기 때문입니다. 인간이 기계가 아닌 것과 마찬가지로 인간의 정신을 인간의 뇌에 국한된 물리적 영역으로 볼 수는 없지 않을까요?

기독교 사상가 데이브 헌트는 『미혹을 넘어서』(Beyond Seduction)라는 책에서 다음과 같이 진단하고 있습니다. 좀 길지만 중요하기 때문에 다 인용하도록 하겠습니다.

> 진정한 믿음과 진정한 과학은 서로 경쟁관계가 아니다. 단지 각각 다른 영역을 다루고 있을 뿐이다. 믿음이 다루는 영역은 과학이 증명할 수도 없을 뿐 아니라 부정할 수도 없는 영역이다. 따라서 (서로 다른 영

---

16) Mind라는 단어가 가지고 있는 복합적인 의미 때문에 이 글에서는 영어 단어인 마인드(mind)에 대해 필요한 경우는 그대로 영어를 살리거나 또는 '생각과 마음'이라는 말로 표현하겠다.

역을 다루어야 할) 믿음과 과학을 섞는 순간 우리는 이 둘 모두를 다 잃게 된다. 인간의 마인드는 물리적인 것이 아니라 하나님의 형상을 닮아 하나님을 반영하고 있다. 하나님을 닮은 이 인간의 형상은 죄로 인해 타락하였지만 자신의 마음을 열고 예수 그리스도를 자신의 구세주이며 주인으로 받아들이는 사람은 이제 '예수의 생각과 마음'을 받게 된다(고전 2:16). 크리스천 삶의 비밀은 완전하기 위해 발버둥치거나 어떤 도덕적인 규칙들을 지키기 위해 애쓰는 데에 있지 않고 단지 예수 그리스도가 우리를 통해 드러나도록 우리를 비우는 데에 있다.

당신의 형상을 따라서 우리를 창조하신 하나님은 과학적 법칙이 지배하는 영역을 넘어서 존재하신다. 따라서 자연의 법칙으로부터 발생한 것이 아니라 (자연의 법칙을 초월하는) 하나님의 형상을 따라 지음 받은 우리 인간의 인격과 경험은 필연적으로 (자연의 법칙에 의존하는) 과학적 분석의 대상이 될 수 없다. 그렇기에 인간의 행동과 인격을 마치 '과학적'인 방법으로 다루고 있는 시늉을 하는 정신 의학이 그 결과에 있어서 비참하게 실패하는 것은 너무 당연하다. 그 어떤 인간도 자신의 내부로부터 무엇이 인간 행동의 옳음과 그름을 형성하고 있는지에 대해 제대로 정의할 수 있는 능력이 없다. 하물며 자신에 대해서도 제대로 모르는 인간이 다른 사람들에게 무엇이 옳고 그른지에 대해 무슨 명령을 할 수가 있겠는가? 오로지 하나님만이 인간과 관련해 기준을 정하실 수 있다. 그리고 만약 창조자로서의 하나님이 존재하지 않는다면 인간의 도덕 역시 존재할 수 없다. 따라서 심리학이 주장하는 정상적인 인간의 행동에 대한 과학적 기준이라는 것은 (본질적으로) 임의적이고 항상 변하는 것이며 무의미하고 궁극적일 수 없으며 무도덕적인 잣대일 수밖에 없다.[17]

그렇습니다. 인간은 하나님의 형상을 닮은 존재입니다. 인간은 하나님이 당신의 호흡을 불어넣어 창조하지 않은 다른 물질적 영역의 법칙으로는 도저히 해석하고 규정할 수 없는 특별한 영적인 존재입니다. 즉, 물질적 영역을 지배하는 과학적 법칙으로 하나님을 결코 설명할 수 없듯이 그 하나님의 형상을 소유하고 있는 인간의 생각과 마음 역시 과학으로 설명할 수 있는 대상이 아닙니다.

결론적으로 과학은 영적인 세계를 내포하고 있는 인간의 마인드에 해당하는 영역인 인간의 생각과 마음을 다룰 수 없습니다. 인간의 마인드는 물리적 영역이 아니기 때문입니다.

진화론과 심리학은 과학이 아니라 종교에 가깝다

따라서 물리적 영역이 아닌 영적인 세계를 설명하려는 시도는 그 본질상 종교의 영역에 속하는 것입니다. 증명할 수 없는 사실에 대해 믿음을 통해 받아들일 것을 요구하고 있기 때문입니다. 또한 겉으로는 아무리 과학적이라는 이름을 갖다 붙이더라도 믿음을 요구하는 사고체계가 제공하는 시스템은 본질적으로 종교적 메시지를 가질 수밖에 없습니다.

믿음을 요구할 뿐 아니라 인간의 도덕적 삶에 지대한 영향을 미친다는 점에서 진화론은 단순한 자연과학의 영역이 아니라 종교의 영역에 속합니다. 심리학도 이 점에서 전혀 다르지 않습니다. 심리학도 역시 증명될 수 없는 인간의 마인드에 대한 개인의 의견들을 믿음으로써 그것을 진리로 받아들이고 있으며, 인간의 도덕적 삶에 직접적인 영향을 미칩니다. 따라서 심리학이 아무리 겉으로 과학적으로 들리는 용어들을

---

17) Dave Hunt, *Beyond Seduction*, Harvest House, 1987, p. 96.

사용한다고 해도 심리학 역시 진화론과 같이 본질상 종교일 수밖에 없습니다.

앞에서 진화론에 존재하는 신과 같은 존재가 '우연' 이라는 점을 살펴보았습니다. 진화론에 '우연' 이라는 신이 있다면 심리학에는 '무의식' 이라는 신이 존재합니다. 사실상 인간의 생로병사에 지대한 영향을 미치는 이 '무의식' 이라는 개념에 의지해 모든 심리학 이론이 움직인다고 해도 과언이 아닙니다. 심리학 역시 그 누구에게 내어 놓아도 부끄럽지 않은 전능한 '무의식' 으로 말미암아 종교로서 갖출 수 있는 가장 중요한 조건을 가지고 있습니다.

심리학이 유사종교라는 사실을 이렇게 예를 들어 설명해 보겠습니다. 새해 초, 어떤 사람이 아기보살이라는 무당에게 점을 보러 갔습니다. '아기보살' 은 그 사람을 보자마자 "이런, 마가 꼈어. 고생 많이 했구먼! 과거의 마를 씻어 내는 굿을 한번 해야겠어. 그래야 올해 운수가 대통하게 될 게야."라고 했습니다. 이 사람은 다음 날 정신과 의사를 찾아가서 상담을 했습니다. 정신과 의사는 그 사람에게 "억압된 내면의 자아를 해방시켜야 합니다. 최면 요법을 통해 무의식 속에 잠재된 과거의 상처를 치료해야 합니다."라고 권고했습니다. 무당과 정신과 의사가 이 사람에게 말한 것에 무슨 차이점이 있습니까? 아기보살 무당은 이 사람에게 반말을 했고, 정신과 의사는 이 사람에게 존대말을 했다는 것 외에 이 두 사람이 제시한 해결책이 무엇이 다른지 나는 잘 모르겠습니다.

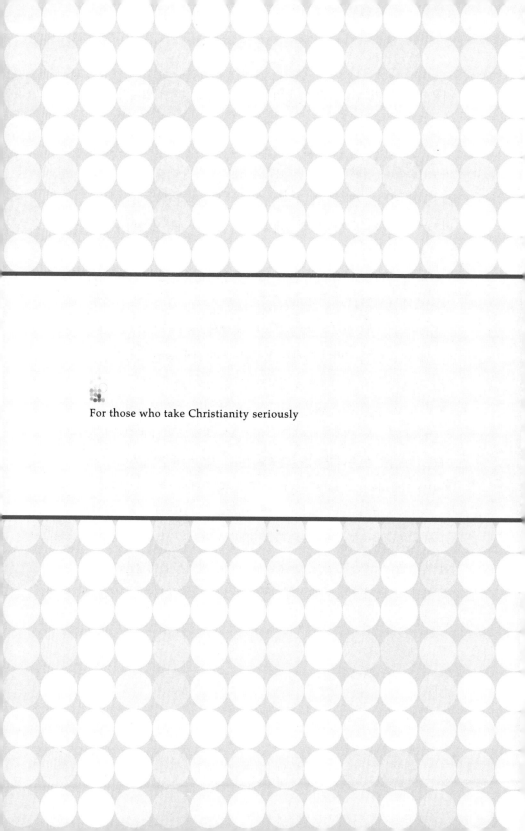

For those who take Christianity seriously

02

기독교 심리학은 존재하는가

과거 거짓 선지자들은 '양의 가죽으로 만든 옷'을 입음으로 참 선지자로 위장할 수 있었습니다. 오늘날 심리학 역시 그 단어 앞에 '기독교'라는 단어를 첨가함으로 많은 사람에게 기독교 심리학은 일반 심리학과 전혀 다른 '성경 말씀에 근거한 심리학'이라고 착각하도록 하는 데에 성공했습니다.

02

기독교 심리학은 존재하는가

우리는 지금까지 심리학은 과학이 아니라는 사실을 살펴보았습니다. 그런데 심리학이 오늘날 기독교 속에서 어떻게 이토록 성경과 함께 조화롭게 공존할 수 있을까요?[18] 이 불가사의한 일을 어떻게 이해해야 할까요?

현대 기독교 상담을 대표하는 두 사람: 게리 콜린스와 제이 아담스

이 의문을 풀려면 우리가 만나야 할 두 사람이 있습니다. 게리 콜린

---

18) 부연하자면 성경 말씀과 성령 하나님의 감동하심에 의지해 이루어지는 기독교 상담을 반대하는 것이 아니다. 성경을 보면 예수님도 개인적으로 사람들을 만나 지금의 용어로 하면 '상담'을 하셨다. 대중집회만 하신 것이 아니다. 여기서 기독교의 가르침에 대치되는 의미로 비판하는 상담은 심리학의 '정신 분석 기법'에 의존한 상담, 카운셀링을 말한다. 특히, 표면상 성경 구절을 내세우지만 사실상 그 내용은 전혀 그렇지 않은 카운셀링에 대한 것이다.

스와 제이 아담스입니다. 이 두 사람 모두 걸출한 기독교 상담가로서 오늘날의 기독교 상담 분야를 대표하는 인물입니다. 그러나 이 두 사람의 입장은 정반대입니다. 우리 나라에는 상대적으로 게리 콜린스가 제이 아담스보다 더 많이 소개되었습니다. 게리 콜린스는 두란노에서 번역 출판한 〈기독교 상담 시리즈〉 전 30권의 책임 편집자와 저자이기도 합니다. 기독교 상담 시리즈에는 게리 콜린스에 대한 저자 소개가 이렇게 나옵니다.

> 전세계가 주목하는 상담 심리학자 게리 콜린스는 미국 퍼듀 대학교에서 임상 심리학 박사학위를 받았으며 지난 20년간 트리니티 복음주의 신학교에서 상담학을 강의하였다. 현재는 버지니아 주 리버티 대학의 심리학, 상담학 교수로, 대학 부속 상담 연구소의 소장으로 활동하고 있다……중략……현재 버지니아 주 리버티 대학의 심리학 교수로 있으며 아내 줄리와의 사이에 두 딸을 두고 있다.

또한 게리 콜린스가 자신의 사역과 관련해서 가장 중점을 두는 부분이 어디인가와 관련해서 상담 심리학을 전공했고 또 그의 책을 여러 권 번역한 이종일 씨의 말을 참고해 봅시다.

> 우리가 잘 아는 대로 게리 콜린스는 신학과 심리학의 통합 필요성을 인식함과 동시에 그 가능성을 믿으며 추진하고 있는 인물이다. 그는 현대 심리학이 기독교의 기본적인 가정들과 바로 상충되는 전제들을 가지고 있다고 하는 비판에 대해서, 심리학이 기독교적인 전제 위에 세워진다면 일반 계시로서의 진리성[19]을 인정받을 수 있는 학문임을 강하게

주장한다. 따라서 콜린스는 여러 가지 장애요인들이 있음에도 불구하고 심리학에 대한 이해를 가지고 자연 계시로서의 유익성[20]을 인정하는 신학자와 성경 학자들에 의하여 신학과 심리학의 통합이 추진되어야 한다고 역설하면서 구체적인 접근 사례들을 예시하고 있다.[21]

제이 아담스에 대한 소개는 한 인터넷 서점에 나온 글로 대신하겠습니다. 그리고 추가 정보를 위해서는 아래에 첨부한 위키피디아의 소개를 참조하기 바랍니다.[22]

---

19) '모든 진리는 다 하나님의 진리다.' 라는 콜린스의 이 주장은 곧 다시 등장한다.
20) '자연 계시로서의 유익성'을 증명하기 위해 그는 무엇보다도 심리학이 과학임을 증명해야 한다. 앞 장에서 살펴보았듯이 그렇기에 심리학이 과학인가 아닌가의 문제는 콜린스에게 있어서 기독교와 심리학이 통합 가능한가 아닌가를 결정짓는 핵심이 되는 문제다. 심리학이 과학으로 인정될 때 비로소 콜린스의 그 다음의 주장, '모든 진리는 하나님의 진리다.' 라는 그의 공식이 성립될 수 있다. 심리학이 과학이 아닌 이상 무당의 굿과 점도 자연 계시로서 우리가 유익하게 누리지 못할 이유가 없지 않은가?
21) 게리 콜린스 지음, 이종일 옮김, 『심리학과 신학의 통합전망』, 솔로몬, 1992, 역자 서문 중에서.
22) Jay E. Adams is a reformed Christian author who received his doctorate in preaching but is most known for his book *Competent to Counsel* in which he states that any Christian is more competent to counsel than any. Recently wrote *Sermon Analysis-A Preacher's Personal Improvement Textbook and Workbook*, and he has published more than 100 books, which have been translated into 16 languages.

   Adams advocates the counseling method known as Nouthetic Counseling, which he claims is practiced in the Bible. This counseling process is unique to pastoral counseling and Christian Counseling because it seeks to counsel man solely from the Bible. Nouthetic Counseling advocates three main steps: To confront, to have concern, and to lead to change. Adams has been instrumental in the founding of the Christian Counseling and Educational Foundation in Philadelphia, Pennsylvania, the National Association of Nouthetic Counselors, and Timeless Texts which now publishes his books.

   Schools to adopt the Nouthetic approach to counseling include, Calvary Baptist Theological Seminary, Bob Jones University Maranatha Baptist Bible College, and The Master's College. While Adams originated his teachings at Westminster Theological Seminary, that institution no longer uses his approach. Retrieved from "http://en.wikipedia.org/wiki/Jay E. Adams."

아담스는 복음주의자들에게 가장 잘 알려진 기독교 상담자로서, 성경에 철저하게 근거한 '권면적 상담'을 1969년에 발전시켰다. 권면적 상담 이론은 성경 중심의 수많은 목회자와 신도들에게 널리 수용되어져 왔으며, 많은 보수주의 신학교와 상담 기관에서 널리 확산되어 사용되고 있다. 아담스는 미국 성공회 신학부에서 신학사, 템플 대학교에서 신학석사, 미조리 대학에서 철학박사를 받았다. 보수주의 상담지인 'Journal of Pastoral Practice'의 편집인이며, 웨스트민스터 신학교의 실천신학 교수로 재직하고 있다.[23]

그런데 이 두 사람은 어떤 점에서 서로 상반된 입장을 취하고 있는 것일까요? 한 인터넷 서점의 책 소개에는 두 사람을 비교하는 다음과 같은 글이 실려 있습니다.

게리 콜린스 박사는 '하나님께서 모든 진리의 원천이 되신다.'는 전제 하에 신학과 심리학의 통합을 주도하고 있는 대표적인 기독교 심리학자이다. 제이 아담스의 지시적인 권고 상담이 마치 유일한 성서적 상담인 것처럼 인식되고 있는 한국 교회에 지시적 상담과 비지시적 상담을 균형 있게 조화시키고 있는 콜린스 박사의 실제적이고 구체적인 상담 방법은 신선하게 받아들여지고 있다.[24]

위의 평가에 따르면 게리 콜린스 박사는 기존의 지시적 권고 상담[25]

---

23) From www.godpeople.com
24) From www.godpeople.com
25) 표현에서부터 매우 권위적이고 형식적인 뉘앙스가 강하게 풍긴다.

이 가지고 있던 상당 부분의 한계를 극복한 새로운 상담 기법을 기독교 내에 도입한 개혁적 기독교 심리학자로 매우 긍정적으로 소개되고 있습니다. 또한 동시에 '통합'이라는 단어가 주는 신선함은 게리 콜린스 박사의 이론이 지금까지 '유일한 상담'인 양 (잘못 알려진) 기존의 권고 상담을 균형과 조화를 통해 향상시킨 '바른 상담'으로 느끼도록 만듭니다. 콜린스는 기존의 지시와 비지시를 조화시키고 있고 또한 실제적이며 구체적인 상담 방법을 제시하고 있다는 식으로 설명됩니다. 위의 글만을 봐서는, 게리 콜린스는 균형잡힌 사람이고, 제이 아담스[26]는 편협한 사람인 것처럼 제시됩니다. 조금 과장되게 이야기하자면 제이 아담스는 바리새인이고 게리 콜린스는 예수님까지는 못해도 세례 요한 정도는 되는 것처럼 느끼게 만듭니다.

기독교 심리학을 옹호하는 사람들의 전제: 모든 진리는 다 하나님의 진리다

물론 위의 비교는 분명 게리 콜린스를 옳다고 생각하는 사람의 주관적인 평가입니다. 하지만 우리는 이 글에서 게리 콜린스의 주장에 대한 중요한 한 가지 정보를 금방 발견할 수 있습니다. 그것은 게리 콜린스의 전제가 '하나님께서 모든 진리의 원천이 되신다.'라는 주장이라는 사실입니다. 이 점은 이종일 씨가 콜린스에 대해 소개한 짧은 글에서도 반복적으로 등장할 정도로 심리학과 기독교의 통합이라는 콜린스의 주장에 있어 핵심 부분입니다. 이 전제야말로 콜린스를 비롯한 대부분의 기

---

26) 제이 아담스는 게리 콜린스보다 훨씬 더 중요한 저작들을 많이 남긴 사람이다. 그러나 그의 저작들을 중심으로 그의 이론을 공부하는 것이 이 글의 목적이 아니므로 제이 아담스에 대한 부분은 간단한 소개에 그치고 앞으로의 글은 콜린스의 글을 중심으로 그의 이론을 살펴보는 것에 치중하도록 하겠다.

독교 상담자들이 심리학을 기독교 속으로 받아들이고 기독교와 통합하는 데 아무런 갈등을 느끼지 않도록 만들어 주는 근본적인 주장입니다. 이 전제가 아니면 심리학이 기독교 속으로 결코 들어올 수 없기 때문입니다. 즉, '모든 진리는 다 하나님의 진리인데 왜 그 진리 중의 하나인 심리학을 배척하는가?' 라는 주장은 심리학을 기독교와 통합하고자 하는 사람들의 대표적인 구호입니다.

'모든 진리는 하나님의 진리다.' 라는 말에 대한 정태기 원장의 설명

그렇다면 '모든 진리는 하나님의 진리다.' 라는 이 말이 내포하고 있는 의미는 무엇입니까? 이 말을 쉽게 풀어쓰면 하나님께서 당신의 진리[27]를 드러내시는 데에 꼭 기독교인만을 사용하시지 않는다는 말입니다. 하나님은 필요한 경우에 기독교와 아무런 상관이 없는 사람들을 통하여 인간의 삶에 필요한 중요한 진리들을 드러내신다는 것입니다. 물론 이 말 자체는 100% 옳은 주장입니다. 그러나 이것을 심리학에 적용할 때는 주의를 해야 합니다.

'크리스천 치유 상담 연구원' 의 정태기 원장의 말을 잠깐 참고해 보면, 심리학과 신학의 통합주의자들의 '모든 진리가 하나님의 진리다.' 라는 주장의 의미를 좀더 자세히 알 수 있습니다.

불신자가 지은 농산물은 먹지 않는다?[28]

기독교인들은 프로이트가 발견해 낸 인간 심리의 일단을 참고할 필

---

27) 요한복음 8장 31절에서 예수님이 말씀하시는 진리는 THE TRUTH이다. 즉, 유일한 진리를 말씀하신다. 따라서 성경이 다루는 진리는 이 범주에 속하는 진리다. 모든 진리는 하나님의 진리라는 말이 포함하는 2 더하기 2는 4와 같은 일반적 진리 영역과는 다른 차원의 진리를 성경은 논하고 있다.

요가 있습니다. 그가 유태인으로서 하나님을 믿지 않았기 때문에 많은 신학자들은 그의 이론을 신학에 접목하는 데 거부감을 나타냈습니다. 그러나 우리는 편견을 버리고 인간의 심층심리를 꿰뚫어 보았던 그의 천재적인 통찰력을 활용할 줄 알아야 합니다. 그가 신앙이 없었다는 이유만으로 그의 모든 이론을 배척해야 한다면, 신앙이 없는 사람이나 혹은 신앙이 다른 사람이 발명해 낸 약도 먹지 말아야 할 것입니다. 치유 상담의 과정에서 '춤 치료' 과정도 있습니다. 언젠가 춤 치료를 하던 도중에 생긴 일입니다. 음악을 틀어 놓고 한참 동안 신나게 춤을 추던 분이 갑자기 동작을 그치고 다가와서 심각한 표정으로 제게 물었습니다.

"이 음악을 작곡한 사람이 신앙인입니까? 아니면 불신자입니까?"

"모르겠는데요."

"그렇다면 나는 추지 않겠습니다."

그는 단호하게 춤추기를 거부했습니다. 혹 불신자가 작곡한 음악일지 모른다는 것이 그가 춤을 추지 않겠다는 이유였습니다. 그 때까지 그는 이틀 동안 열심히 춤을 추면서 하나님의 은혜를 찬미하고 있었습니다. 참으로 어이없는 일이지만 의외로 신자 중에 이런 사람이 많습니다. 만약 그의 주장대로라면 불신자가 지은 농산물은 입에도 대지 말아야 할 것입니다.

이것은 하나님이 우리의 생명을 위해서 마련해 놓으신 풍성한 원리를 활용하지 않는 행위입니다. 하나님의 원리는 신자들을 통해서도 발견되지만, 때로 불신자를 통해서도 발견됩니다. 이 세상 만물이 다

---

28) 여기서 정태기 원장의 글을 인용하는 이유는 그가 다른 사람보다 내가 지금 지적하려는 문제들과 관련해서 더 많은 문제가 있어서가 절대 아니다. 단지 그의 책이 많이 팔리고 또한 한국의 대표적인 가장 영향력 있는 '기독교 내면 치유' 전문가 가운데 한 분이기 때문이다.

주님의 창조물이듯, 그 원리 역시 누가 발견했는지 불문하고 다 하나님의 것입니다. 또 우리에게는 그것을 이용할 권리가 있습니다.[29]

일단 저도 춤을 이틀 동안 추다가 갑자기 안 추기로 한 분에 대해서는 납득이 잘 되지 않습니다. 그렇게 하나님의 진리에 열심을 가진 분이라면 음악 작곡가의 종교가 무엇인지를 따지기 이전에 '지금 내가 정신 치료를 한다는 명목으로 춤을 추고 있는 것이 하나님의 진리에 맞는 것일까?' 라는 의문을 먼저 제기했어야 하는 것이 일관된 태도라는 생각이 들기 때문입니다.

심리학은 과학이 아니기 때문에 심리학은 '모든 진리는 하나님의 진리다.' 라는 말에 해당되지 않는다

'모든 진리는 하나님의 진리다.' 라는 주장의 의미가 특히 정태기 원장의 인용구 마지막 부분에 잘 설명되어 있습니다. 그러나 우리는 여기서 정태기 원장이 놓치고 있는 중요한 부분을 간과해서는 안 됩니다. 바로 1장에서 설명한 "심리학이 과학인가, 종교인가"에서 다루었던 바로 그 부분입니다. 즉, 우리는 심리학이 물질적 세계를 다루는 과학의 영역에 속하는 것이라면 그것을 거부할 하등의 이유가 없습니다. 정태기 원장이 말하듯 불신자가 농사지은 쌀을 먹지 않을 하등의 이유가 없습니다. 만약 내가 아는 크리스천 의사보다 옆 동네의 무신론자 의사가 수술을 더 잘 한다면 어떻게 해야 할까요? 내가 수술할 병에 걸렸을 때, 크리스천이건 아니건 관계 없이 더 실력 있는 의사에게 가는 것이 당연합

---

29) 정태기, 『숨겨진 상처의 치유』, 규장, 2002, pp. 149~150.

니다. 주인이 크리스천이건 아니건 관계 없이 더 맛있는 식당을 찾아가서 식사를 하는 것이 당연하듯이 말입니다.

그러나 문제는 심리학이 이런 물질적 세계를 다루는 과학이 아니라는 점에 있습니다. 심리학은 하나님만이 아시는 영적인 부분을 다루는 종교의 역할을 하고 있다는 사실입니다. 우리는 하나님께서 창조하신 물질적 영역에서 발견되는 과학의 좋은 점들을 배우고 활용해야 합니다. 그러나 동시에 영적인 부분에서 하나님을 대신하려는 사탄의 세력에 대해서는 항상 경계하고 대적해야 합니다.

심리학을 과학으로 보는 게리 콜린스의 주장과 문제점

또한 '모든 진리는 하나님의 진리다.' 라는 주장과 관련해서 콜린스는 다음과 같이 말하고 있습니다.

> 만일 우리가 (내가 하는 것처럼) 하나님이 모든 진리의 근원이라고 가정한다면, (성경학자들과 신학자들에 의해서 연구된) 성경에 계시된 진리와 (심리학자들이나 다른 학자들을 포함한 과학자들에 의하여 연구된) 계시로서의 진리는 본질에 있어서 갈등이나 모순이 없을 것이다. 오래된 명구를 사용하자면, 하나님의 말씀과 하나님의 세계는 모순 되지 않는다는 것이다.[30]

콜린스의 주장을 정태기 원장의 주장과 비교해 보면 두 사람의 입장은 동일하다는 것을 알 수 있습니다. 단지 콜린스의 글은 심리학의 위치를

---

30) 게리 콜린스 지음, 이종일 옮김, 『심리학과 신학의 통합전망』, 솔로몬, 1992, p. 17.

성경의 진리와 대등한 하나님의 (일반) 계시로 보이도록 좀더 교묘하게 표현했을 뿐입니다. 성경에 계시된 진리에 대해 "성경학자들과 신학자들에 의해서 연구된"이라는 문장을 추가함으로 성경의 진리에 대해 사람의 주관적 의견이 많이 들어갈 수밖에 없음을 강조하고 성경만이 하나님의 진리라는 주장에 대하여 은근한 반감을 부추기고 있습니다.

그러나 그렇다고 해서 콜린스가 성경의 권위를 심리학과 같은 수준으로 격하시키는 사람이라는 것은 결코 아닙니다. 그의 글을 유심히 읽어보면 성경 말씀이 오류 없는 하나님의 말씀이라는 점에 대해 확고한 믿음을 가지고 그 바탕 위에서 상담을 진행할 것을 반복적으로 강조하고 있는 것을 볼 수 있습니다. 그럼에도 불구하고 우리는 콜린스가 우리가 방금 인용한 그의 말에서 자신의 주장을 강조하기 위해 성경의 고유한 진리와 학자들과 신학자들이 연구한 진리 사이에는 차이가 있을 수 있다는 뉘앙스를 강하게 풍기고 있음을 알아차릴 수 있습니다. 우리는 그가 다른 책에서 쓴 글을 통해 좀더 분명하게 이 사실을 확인할 수 있습니다.

> 하나님의 말씀은 진실하며 변하지 않는 것이다. 그러나 코페르니쿠스의 이론이 확실한 것처럼 과학에 의하여 발견된 사실들이 확실한 반면에, 인간의 해석은 변하고, 신학들이 때때로 잘못될 수 있다는 사실이 발견되기도 한다. 그러므로 그러한 심리학과 신학을 통합시키려는 신자들의 결론들도 적절한 때가 오면 현대의 신자들이 주장하는 것처럼 이단적인 것으로는 거의 보이지 않을지도 모른다.[31]

---

31) 게리 콜린스 지음, 이종일 옮김, 『왜 그리스도인이 상담을 받아야 하는가?』, 솔로몬, 1997, p. 168.

우리는 콜린스의 이 글에서 '심리학은 과학이다.' 라는 콜린스의 확고한 믿음을 엿볼 수 있습니다. 그러나 우리는 콜린스의 이러한 주장에 대해 콜린스가 코페르니쿠스 당시의 '지구가 평평하다.' 라는 잘못된 상식을 성경의 가르침으로 잘못 알고 있었던 당시 가톨릭의 주장과 '하나님의 말씀은 우리를 온전케 하는 데에 완전하며 충분하다.' 라는 성경 자체가 말하는 진리를 토대로 심리학과 신학의 통합을 시도하려고 하는 사람들을 반대하는 사람들의 주장을 동일선상에 놓고서 자신의 주장을 피력하는 것은 잘못된 논증이라는 것을 지적하지 않을 수 없습니다.[32]

기독교 심리학은 프로이트와 융의 이론에 기초를 둔 일반 심리학과 별로 다르지 않다

과거 거짓 선지자들은 '양의 가죽으로 만든 옷' 을 입음으로 참 선지자로 위장할 수 있었습니다. 오늘날 심리학 역시 그 단어 앞에 '기독교' 라는 단어를 첨가함으로 많은 사람에게 기독교 심리학은 일반 심리학과 전혀 다른 '성경 말씀에 근거한 심리학' 이라고 착각하도록 하는 데에 성공했습니다. 일반적으로 심리학은 대표적으로 프로이트파

---

32) 앞에서 살펴보았듯이 콜린스가 주장하는 기독교와 심리학의 통합이 가능하기 위해서는 심리학이 과학이라는 점이 수용되어야만 한다. 이 점을 너무 잘 알고 있는 그는 심리학이 과학이라는 점을 강조하기 위해 주로 두 가지의 방법으로 노력한다. 앞 장에서도 그의 글을 통해 보았듯이 일반적으로 적용되는 과학에 대한 잣대를 심리학에 대해서만은 다른 잣대로 바꾸어 적용하는 것이 그의 첫 번째 방법이라면 지금 이 글에 나타나듯이 신학이 주는 권위에 대해 의문을 표시함으로 '어차피 다 완전한 것은 없지 않느냐? 그러니 서로 사이좋게 지내자.' 라는 식인데 좀 노골적으로 표현하자면, '털어서 먼지 안 나는 놈 있나? 심리학도 그렇지만 너 신학은 뭐 완전한 줄 아나?' 라는 식의 메시지를 통해 심리학을 옹호하는 방법이 그의 두 번째 방법이다. 그러나 여기서 덧붙이고 싶은 것은 콜린스가 의도적으로 이런 방법들을 취하고 있다고 생각되지는 않는다. 단지 심리학에 대한 그의 열정이 자연스럽게 그의 글 속에서 그런 결과를 일으키고 있다고 보는 것이 더 타당할 것이다.

(Freudian), 융파(Jungian), 스키너파(Skinnerian), 아들러파(Adlerian), 매슬로파(Maslovian), 로저파(Rogerian), 신프로이트파(Neo-Freudian) 등으로 분류됩니다. 그러나 본질적 면에서는 결국 프로이트에 좀더 기울었는가 아니면 융에 좀더 기울었는가의 문제로 귀결됩니다. 어떻게 보면 모든 심리학자가 프로이트나 융의 바탕 위에 사실상 아들러의 이론을 좀더 수용했는지 아니면 스키너의 이론을 좀더 수용했는지 정도로 세분됩니다.

그렇다면 우리는 '기독교 심리학'이라는 용어와 관련해서 중요한 질문을 하나 던져 보아야 합니다. '과연 프로이트파 또는 융파와 어깨를 나란히 할 수 있는 기독교파 또는 성경파 또는 다른 어떤 이름의 독립적인 심리학 이론이 교회 안에 존재하고 있는가?' 하는 물음입니다. 즉 신학교에서 기독교 심리를 가르친다고 할 때 프로이트나 융의 이론과 관계 없는, 성경에 근거한 독립적인 심리학을 가르치고 있는가 하는 것입니다. 제가 직접 신학교에서 심리학을 공부한 적은 없지만 조사를 해 본 결과 최소한 미국의 신학교에서 가르치는 기독교 심리학은 그 이론이 프로이트와 융의 이론에 바탕을 둔 가르침이며, 본질에 있어 일반 대학에서 가르치는 심리학과 전혀 다르지 않은 것을 확인할 수 있었습니다.

이 부분에 대해서는 게리 콜린스도 그의 책에서 인정하고 있습니다.

내가 마지막 20년 동안 있게 될 신학교[33] 사역을 맡기 위해 캠퍼스에 도착하기 전 그 학교 학장은 대학 요람의 복사본을 내게 보내 주었

---

33) 미국 시카고 근교에 위치한 Trinity College를 말한다.

고, 그 외에 다른 것들을 소개하면서 내가 목회 상담 입문 과정을 가르치게 될 것이라는 걸 알려 주었다. 그 상황에서 과목을 어떻게 가르쳐야 할지 알게 되었을 때 나의 놀라움을 상상해 보라. 결혼 생활에 문제가 있는 자들을 돕거나, 외롭고 걱정에 차 있는 사람을 상담하며, 슬픔에 대해 상담하는 등의, 목사가 직면하게 될 여러 가지 문제들에 대해서는 거의 비중을 두지 않았다. 그 대신에 신학교 학생들은 성격 이론에 관한 교과서를 읽고, 몇 가지를 나열하자면, 본능, 자아, 초자아, 집단 무의식, 원형(archetypes), 정신 에너지(psychic energy), 체형(somatotypes), 왜곡의 병렬, 역설적 개념(paradoxical intention), 자아 이상, 기능적 자율성, 학습의 두 가지 요소, 강화, 심지어 남근 선망(penis envy)과 같은 것들에 대하여 배웠다. 새로 부임한 교수로서 가졌던 각오 중 하나는, 이러한 이론적 용어들을 버리고 보다 실용적인 상담 과정의 기초를 마련하는 것이었다.[34]

콜린스의 이러한 증언은 신학교에서 배우는 상담학이라는 것이 일반 대학에서 배우는 심리학과 전혀 다르지 않다는 것을 잘 보여 주고 있습니다.

기독교 물리학이라는 말을 사용할 수 없듯이 기독교 심리학이라는 말도 사용될 수 없다

그렇다면 우리는 여기서 기본적인 질문 하나를 제기할 수 있습니다. '왜 기독교 물리학, 기독교 생물학이라는 말은 없는가?' 하는 것입니다. 그 이유는 물리학과 생물학을 배울 때 그 교과 내용이 기독교와 아

---

34) 게리 콜린스 지음, 오윤선 옮김, 『기독교와 상담 윤리』, 두란노, 2003, p. 114.

무런 관련이 없기 때문입니다. 그렇다면 마찬가지로 기독교와 아무런 관계가 없는 심리학에 대해서도 기독교 심리학이라는 말을 사용해서는 안 되는 것입니다. 그런데 왜 자꾸 심리학에 대해서만은 기독교 심리학이라는 용어를 사용하는 것입니까? 심리학을 신학교에서 배우기 때문입니까? 그렇다면 만약 신학교에서 체육학을 배울 경우, 기독교 체육학이라고 불러야 하는 것일까요? 그리고 신학교에서 가르치기만 하면 '기독교 국어학', '기독교 수학', '기독교 영어학' 등으로 이름 붙여야 할까요?

한 크리스천 심리학회에 제출된 한 논문은 이 점과 관련해서 다음과 같이 말하고 있습니다.

> 우리는 종종 우리가 기독교 심리학자인지에 대해 질문을 받곤 하는데 이 질문을 받을 때마다 나는 이 질문이 함축하고 있는 의미가 무엇인지 몰라 대답하는 데에 어려움을 느끼곤 한다. 물론 우리는 심리학자의 직업을 가지고 있는 크리스천이다. 그러나 동시에 비기독교 심리학과 특별히 두드러지게 다르다고 인정받는 기독교 심리학이라는 것은 존재하지 않는 것이 사실이다. 우리가 심리학을 적용하는 데에 있어서 다른 비기독교 심리학자들과 아주 근본적으로 다른 방법을 사용한다고 생각하면 큰 오산이다. 정말로 두드러지게 차별화되는 기독교적 치과 치료법, 기독교적인 수술법, 기독교적 역사, 기독교적 문법 등이 존재할 수 있는가? 이와 마찬가지로 아직까지는 두드러지게 기독교적인 것으로 받아들여지는 심리학 이론, 연구조사 방법 또는 심리학적 치료 방법은 없다.[35]

이 말을 다르게 표현하자면 표면상으로 기독교 심리학을 전공했다고 주장하는 사람도 사실은 자신의 이론적 배경이 무엇이냐는 질문에 대한 대답은 프로이트, 융 또는 아들러를 중심으로 공부했다고밖에 대답할 수 없다는 것입니다. 좀더 심하게 표현한다면 기존 심리학의 이론적 토대 위에 몇 개의 성경 구절을 양념으로 올려놓은 것이 사실상 기독교 심리학의 진짜 모습이라는 것입니다.

만일 프로이트를 중심으로 발견된 심리학의 가르침들을 수학, 과학과 같은 동일선상에 있는 하나님의 일반 계시로서 받아들이게 되면 결국 기독교 상담가 역시 사람을 치료하는 데 있어서 일반 비기독 상담가와 똑같다고 할 수밖에 없습니다. 기독교 상담가들은 상담을 시작하고 끝낼 때 성경 구절 몇 개 읽고 기도를 하는 것이 비기독교 상담가와 다른 차이점이라고 주장할 수 있을지는 모르지만 결국 상담의 중심이 되는 심리학 이론을 사용하는 방법에 있어서는 차이가 없습니다.

기독교 상담과 비기독교 상담의 사례를 보아도 기독교 심리학과 일반 심리학은 차이가 없다

우리는 이것을 기독교 상담이라는 이름으로 '내적 치유'를 행하는 것과 비기독교적인 일반 상담이라는 이름으로 '정신 치료'를 하는 실제적인 사례를 통해서도 확인할 수 있습니다. 기독교 상담가 데이비드 시먼스와 비기독교 상담가인 휴스턴이 실시한 실제 상담의 모습을 통해 이 사실을 직접 확인해 보겠습니다.

시먼스의 실제 상담치료 사례는 그가 쓴 『상한 감정의 치유』라는 책

---

35) J. Sutherland and P. Poelstra, *Aspects of Integration*, a paper presented to the Western Association of Christians for Psychological Studies, Santa Barbara, CA, June 1976.

에 잘 나와 있습니다. 이 책은 1986년 한국에서 처음 번역 출판된 이후 20년이 넘도록 변함없이 기독교 서점과 일반 서점의 한 자리를 굳건히 차지하고 있습니다. 이 책은 교회에 다니는 사람이라면 한 번쯤 제목을 들어 보았을 기독교 치유 상담 분야의 베스트셀러입니다. 시먼스는 이 책의 마지막 구체적 치유 상담의 사례들을 소개하는 부분에서 '베티의 예'를 통해 자신이 우울증에 걸린 베티라는 여자를 치료한 과정을 비교적 상세하게 서술하고 있습니다. 상담을 받았던 베티의 복잡하고 비극적인 가정사를 열거한 이후 시먼스는 다음과 같이 서술합니다.

우리가 그녀의 기억 속에 남아 있는 상처를 치료하기 위해 함께 기도하는 가운데 예수님께서는 우리를 과거의 아기 침대 장면으로 되돌아가게 해 주셨다. 예수께서 그렇게 하실 수 있는 이유는 그에게 있어서 모든 시간은 현재로 존재하기 때문이다. 그는 "아브라함이 있기 전에 내가 있었다."(요 8:56)라고 말하셨다. 우리 속에 남아 있는 기억들은 시간의 주인이신 그분 앞에 낱낱이 펼쳐질 수 있다. 그녀가 치유를 경험하던 그 시간에 베티는 그 마음 속에 수년 동안 묻혀 있었던 아픈 상처로 인해 쥐어뜯는 듯한 비명을 질렀다. 나는 그녀에게 이렇게 말했다.

"베티, 당신이 그 때 그 아기 침대에서 아버지에게 무슨 말을 할 수 있었다면 뭐라고 말했을 것 같아요?"

그런 다음 갑자기 성령께서는 그녀로 하여금 완전히 폐허와 같이 되었던 그 순간에 느꼈던 감정을 다시 기억나게 해 주셨다. 그리고 그녀는 젊은 여인의 목소리가 아닌 세 살배기 어린 아이가 되어 울부짖었다.

"아빠, 제발 저를 버리지 마세요!"

그 순간에 경험했던 모든 두려움과 아픔이 '너무 깊어서 쉽게 표현하기 어려운 듯한 소리로' 밖으로 터져 나왔다.

후에 우리가 함께 기도할 때 내 마음 속에 떠올랐던 것은 예수님이 십자가에서 버림받을 때 부르짖던 외침이었다. ("나의 하나님, 나의 하나님, 왜 나를 버리셨나이까"). 이것을 어린 아이에 맞는 말로 바꾸어 해석하면 베티가 한 말이 꼭 그 말과 똑같다. "아빠, 제발 저를 버리지 마세요!"

그리고 갑자기 내가 깨달은 사실은 예수님께서 십자가에서 버림을 받으셨기 때문에 오늘날 우리가 사는 시대에 살고 있는 수백만 명에 달하는 버림받은 어린 아이들이 부르짖는 그 외침들을 그가 이해하신다는 것이다. "아빠(혹은 엄마), 제발 저를 버리지 마세요!" 그럼에도 불구하고 많은 부모들은 그렇게 부르짖는 아이들을 버린 채 떠나고 만다. 그러나 한번 상처를 경험한 적이 있는 치료자 예수님은 그러한 울부짖음을 이해할 수 있다. 그는 그 아이들이 당하는 슬픈 감정을 깊이 이해하시는 분이다.

이것을 계기로 베티는 그녀의 생애 가운데 깊은 치유를 경험하기 시작했다. 그러나 나는 그녀가 로마서 8장 28절에 약속된 마지막 온전함의 단계까지 경험하기를 바랐다. 그리하여 우리는 그녀가 인생의 의미를 어떻게 이해하고 있는지에 대한 이야기를 나누었다. 그녀의 생명 그 자체가 처음 시작될 때 하나님은 어디에 계셨는가? 그녀는 원하지 않았던 임신을 통해서 탄생된 자신의 출생 사건에 대해 갈등하고 있지 않은가? 그녀는 그것에 대한 자신의 갈등을 해결하지 못했노라고 대답했다.

나는 그녀에게 아주 이상한 숙제를 내 주어야겠다는 생각이 강하게 들었다. 나의 수년 간 상담 경험 중 불과 몇 번밖에 사용하지 않았던 방법이었다. 나는 이렇게 말했다.

"베티, 내가 당신에게 숙제를 좀 내려고 하는데 시간을 내어 그것을 가지고 묵상도 하고 기도도 해 보았으면 좋겠어요. 나는 당신이 잉태되었던 바로 그 순간을 지금 돌이켜 상상해 보기를 원합니다. 아버지로부터 나온 하나의 생명을 가진 세포가 어머니의 살아 있는 세포 속에 파고 들어갔을 때 당신의 존재가 가능케 되었던 그 특별한 순간을 상상해 보도록 하세요. 그 순간 당신은 인간의 역사 가운데 들어온 것이지요. 그것에 관해 묵상하면서 자신에게 이런 질문을 해 보세요. '그 때 하나님은 어디에 계셨는가?'"[36]

예상할 수 있는 것처럼 이 치료 방법은 큰 효과를 거두어 베티는 상한 감정을 치료하게 되었다는 이야기가 뒤에 이어집니다.

저는 이 책을 20년 전에 읽은 적이 있는데, 얼마 전 다시 사서 읽어 보았습니다. 읽고도 아무 생각이 없었던 과거와는 달리 이번에는 이 책 전반에 걸쳐 매우 큰 충격을 받았습니다. 특히 베티 이야기의 마지막 부분에서 솔직히 순간적으로 멍해지는 기분을 감출 수가 없었습니다.

저는 이 베티 이야기 속에서 시먼스의 문제점을 크게 세 가지 정도 발견했습니다.

시먼스가 말하는 기도는 사실 최면 상태를 의미한다

첫째, 시먼스가 '기도'라고 언급한 것이 사실은 전혀 성경에서 말하는 '기도'가 아닙니다.

---

36) 데이비드 A. 시먼스, 『상한 감정의 치유』, 두란노, 2000, pp. 213~215

우리가 그녀의 기억 속에 남아 있는 상처를 치료하기 위해 함께 *기도하는* *가운데* 예수님께서는 우리를 과거의 아기 침대 장면으로 되돌아가게 해 주셨다.

베티, 내가 당신에게 숙제를 좀 내려고 하는데 시간을 내어 그것을 가지고 묵상도 하고 기도도 해 보았으면 좋겠어요.

우리는 여기서 시먼스가 말하는 기도가 최면 상태를 의미한다는 것을 쉽게 알 수 있습니다. 시먼스는 최면 상태의 베티에게 말을 걸고 베티는 최면 상태에서 대답을 하고 있습니다. 무슨 영화나 텔레비전 드라마 또는 쇼 프로의 '전생 찾기' 등에서나 등장할 법한 방법이 시먼스가 상한 감정을 치료하는 과정에서 기도의 탈을 쓰고 여기 등장하고 있습니다.

시먼스식으로 예수님이 베드로의 상한 감정을 치료하시는 방법을 각색함

왜 예수님은 자신을 세 번이나 부인하고 절망에 빠져 쓸쓸히 고기잡고 있던 베드로를 다시 만나셨을 때 베드로에게 최면을 걸어 베드로가 자신을 부인하던 현장으로 데리고 가서 근본적으로 베드로의 감정을 치료해 주지 않으셨을까요?

만일 예수님이 시먼스식으로 베드로의 상한 감정을 치유해 주셨다면 먼저 예수님이 베드로에게 최면을 걸어 이렇게 말했을 것입니다.

베드로, 이제 너는 내가 체포되고 심문받고 있는 그 현장에 다시 서 있다. 마당에서 너는 불도 쬐고 상황이 어떻게 되었는지 흘깃흘깃 보

면서 그 자리에 다시 서 있다. 아, 이 때 어떤 사람이 너에게 와서 묻는구나, "너, 자칭 하나님이라는 예수와 함께 있던 사람이지?" 자, 이 절대 절명의 순간에 네가 진정으로 하고 싶은 말은 무엇이었니?

베드로는 최면 상태에서 들리는 예수님의 질문에 다음과 같이 대답했을 것입니다.

그래, 맞다. 나, 자칭 하나님이라고 주장하는 예수의 수제자 베드로다. 어쩔래, 나도 체포해라, 이 놈들아, 하나도 안 무섭다. 나는 나의 사랑하는 주님과 함께 십자가를 질 준비가 되어 있는 사람이다. 오, 예수님, 저도 같이 죽겠어요! 저를 데려가 주세요!

그러면 예수님이 이렇게 대답하셨을 것입니다.

그렇지, 나는 이미 네가 나를 배반하던 그 순간에도 너의 그 진심을 알고 있었단다.

이 같은 최면 상태에서 은은히 들려오는 예수님의 대답에 베드로는 '완전 치유'를 경험하게 되었을 것입니다.

시먼스는 심리학 이론으로 성경을 잘못 적용하고 있다

둘째, 우리는 위의 베티 이야기에서 심리학 이론을 토대로 성경을 바라보는 경우에 필연적으로 빠질 수밖에 없는 오류, 즉 성경을 작위적으로 해석 또는 적용하는 오류에 시먼스가 빠진 모습을 볼 수 있습니다.

시먼스는 예수님의 십자가상에서의 부르짖음을 최면 상태에서 나오는 베티의 말과 비교하고 있습니다. 이는 가히 독보적인 성경 해석의 장을 열었다고 해도 과언이 아닙니다. 그리고 그 후 시먼스가 깨달았다는 교훈은 더 볼 만합니다. 아버지께 버림받은 경험이 있는 예수님은 버림받은 사람들을 이해하실 것이라는 그의 주장은 언뜻 보면 "우리에게 있는 대제사장은 우리의 연약함을 동정하지 못하실 이가 아니요."라는 히브리서 4장 15절 말씀과 관계가 있는 듯 보입니다. 그러나 사실은 그렇지 않습니다. 히브리서의 말씀은 육신을 입으시고 우리 인간과 동일하게 시험을 받으신 예수님을 설명하는 것이지 여기서 말하는 상황과 아무런 관계가 없습니다. 저자의 논리대로 한다면 결혼하지 않으신 예수님이 이 세상에 존재하는 수많은 기혼 남녀의 문제를 어떻게 이해하실 수 있을까요? 평생 가난하게 사신 예수님이 부자들의 문제를 어떻게 이해하실 수 있을까요?

한 걸음 더 나아가 이미 아들을 한번 버린 경험이 있으신 하나님이야말로 자기 자식들을 버리는 부모들을 정말로 잘 이해해 주실 수도 있지 않을까요?

또 저자가 베티에게 바란 온전한 치유의 단계와 관련해서 인용한 "모든 것이 합력하여 선을 이룬다."는 로마서 8장 28절 말씀은 모든 것이 합력하도록 하는 것을 거부하고 과거로 돌아가 과거에 대한 기억을 수정하는 것을 목적으로 삼은 이 최면 치료와 전혀 어울리지 않는 말씀입니다.

시먼스의 최면 치료법과 휴스턴의 심리 치료법 비교

그러나 세 번째, 시먼스의 베티에 대한 상담에서 우리가 가장 주의를 기울여야 할 부분은 그가 마지막에 베티에게 권고한 정자 상태의 세포가 되어 자신을 돌아보게 하는 치료 방법입니다.

나는 당신이 잉태되었던 바로 그 순간을 지금 돌이켜 상상해 보기를 원합니다. 아버지로부터 나온 하나의 생명을 가진 세포가 어머니의 살아 있는 세포 속에 파고 들어갔을 때 당신의 존재가 가능케 되었던 그 특별한 순간을 상상해 보도록 하세요.

이제 이와 같은 시먼스의 베티에 대한 치료 방법을 비기독교인인 진 휴스턴의 심리 치료 방법과 한번 비교해 보겠습니다.

진 휴스턴은 종교학과 심리학 양쪽 분야에서 박사학위를 갖고 있는 사람입니다. 이 비기독교인 정신과 의사의 정신 치료 워크숍에 참석했던 한 사람은 진 휴스턴의 심리 치료 방법에 대해 다음과 같은 증언을 했습니다.

"자, 당신이 물고기였던 때를 기억하십시오." 휴스턴은 그의 새크라멘토 워크숍에서 이렇게 제안했다.

그러자 약 천 명에 달하는 사람들이 마룻바닥에 쓰러져 자신들의 '지느러미'를 움직이기 시작했다. 마치 물 속을 지느러미를 이용해 헤엄치듯이······.

"자, 여러분 지금 자신이 물고기가 되어서 헤엄치면서 느껴지는 세상이 어떤지 잘 기억하세요. 세상이 어떻게 보입니까, 어떻게 느껴지나요? 소리는 어떻게 들리고 어떤 냄새가 나며 어떤 맛을 느끼고 있습니까?"

"자, 이제 당신은 육지로 올라옵니다." 휴스턴은 우리를 양서류 단계에서 해방시켜 주었다.

다시 휴스턴은 말했다.

"이제 당신이 파충류였던 때를 완전히 기억할 수 있도록 자신을 풀어놓으십시오……이제 여러분 중 일부는 날아다녔습니다. 또 일부는 나무에 올랐지요……."

우리는 순식간에 초기 포유류와 원숭이 그리고 유인원들이 내는 동물 소리와 움직임으로 가득 찬 동물원을 만들었다.

이미 열광적인 활동들로 흥분한 우리를 휴스턴은 이후 한 시간 이상 지속된 클라이맥스로 이끌고 갔다.

"자, 이제 나는 여러분을 더 깊은 곳으로 이끌고 가려고 합니다……바로 여러분 자신이 더 진화된 모습으로 여러분을 인도하겠습니다."

이에 우리가 있는 장소는 점프를 하는 사람, 기쁨에 차 있는 사람, 혼자 있는 사람, 마침내 손들과 목소리들이 뒤엉킨 사람들로 가득 찬 방이 되었다. 미래의 진화를 경험하는 감동은 실로 짜릿했다…….

주부, 치료사, 예술가, 사회 봉사자, 성직자, 교육자, 건강 전문가 등으로 구성된 천 여 명의 사람들이었는데 우리는 서로의 몸 위아래로 굴러다니는 육체의 뒤엉킴을 경험했다. 이 과정에서 우리는 우리 각자의 깊은 내면 속에 숨겨졌던 기억, 내가 과연 어떤 존재였는가에 대한 그 숨겨졌던 기억을 되살림으로 내 자신이 재교육 되는 즐거움을 체험했다.[37]

---

37) *Whole Life Times*, Oct./mid-Nov. 1984, No. 38, Shepherd Bliss, "Jean Houston: Prophet of the Possible," pp. 24~25.

기독교 심리학이라는 이름으로 행한 시먼스의 내적 치유와 일반 심리학 이름으로 행한 휴스턴의 정신 치료는 다르지 않다

우리는 시먼스와 휴스턴의 실제 치료 방법을 살펴보았습니다. 그렇다면 이제 휴스턴의 치료 방법과 시먼스의 치료 방법 사이에 어떤 차이를 발견할 수 있겠습니까? 물론 차이가 좀 있습니다. 휴스턴이 훨씬 더 범위가 넓습니다. 시먼스의 치료가 정자 세포 상태에까지 이른 반면 휴스턴은 아예 과거의 물고기 그리고 미래의 모습까지도 그의 치료에 포함시키고 있습니다. 그러나 사실 이 차이는 중요한 것이 아닙니다. 물고기가 되는 것이나 수정 당시의 정자 상태로 돌아가는 것이나 본인이 전혀 모르는 세계라는 점에서는 동일하기 때문입니다. 어떻게 보면 휴스턴은 노골적으로 진화론을 믿기 때문에 최면 요법에 있어서 더 창의적인 제안들을 할 수 있다는 점에서 시먼스보다 더 복 받은(?) 사람일지도 모르겠습니다. 그러나 시먼스에게도 방법이 없는 것은 아닙니다. 최면 요법과 전혀 관계도 없는 요한복음 8장 56절을 끌어다가 붙인 김에 '시간의 지배자' 하나님의 능력을 동원해 아예 이 참에 베티를 '행복하게 사는 미래의 삶'의 모습으로까지 이동시켜 주었더라면 어땠을까요? 그것은 휴스턴에 버금가는 창의적 방법이 되지 않았을까요? 베티가 하나님의 은혜 속에서 잘 살고 있는 그런 미래의 모습까지 최면 상태에서 가서 한번 보고 온다면 현재가 아무리 힘들어도 꿋꿋하게 살 수 있었을 텐데 말입니다. 특히, 시먼스의 경우 단순히 심리학만을 한 사람이 아니라 한 교회를 책임지고 있는 목사라는 사실에 우리는 더 큰 충격을 받습니다.

우리는 기독교 심리학이라는 이름으로 교회 안에서 소위 말하는 내적 치유를 한 사람인 시먼스 목사의 방법과 비기독교적인 심리학으로

정신 치료를 한 정신과 의사 휴스톤의 치료 방법이 전혀 다를 바가 없다는 사실을 확인했습니다.

이것은 우리에게 매우 중요한 사실을 보여 줍니다. 이것은 기독교 심리학은 아무리 심리학 앞에 '기독교'를 갖다 붙이더라도 본질적으로 프로이트나 융 또는 아들러와 같은, 하나님과 관계 없는 사람들이 생각해 낸 심리학 이론들일 뿐이라는 사실입니다.

게리 콜린스는 시먼스의 최면 치료법을 수용한다

그렇다면 시먼스의 이런 '과격한' 치료 방법 또는 상담 방법에 대해 게리 콜린스는 무엇이라 말하고 있을까요? 여기서 굳이 다시 게리 콜린스를 언급하는 이유는 그가 현재 기독교 상담과 관련하여 기독교의 전체 의견을 대표한다고 해도 과언이 아닐 정도로 독보적인 위치를 차지하고 있기 때문입니다. 따라서 콜린스의 의견은 모든 교회는 아니더라도 상당수의 교회에서 '성경적'인 사실로 간주하고 있기 때문입니다.[38]

시먼스의 이런 최면 치료법에 대해 콜린스가 어떻게 생각하는지에 대해서는 일단 그가 분명 시먼스의 최면 치료법을 수용할 것이라고 결론내릴 수 있습니다. 왜냐하면 위의 내용이 나오는 시먼스의 책에 추천서를 쓴 사람이 콜린스이기 때문입니다. 그러나 한편으로 많은 경우에 책을 꼼꼼히 읽지 않고 개인적 친분 때문에 추천서를 써 주는 풍토가 한국뿐 아니라 미국에도 많이 있을 수 있다고 가정한다면 콜린스가 시먼스의 최면 요법을 찬성한다고 확신 있게 말할 수는 없을 것입니다. 그런데 이 부분에 대한 콜린스의 직접적인 언급을 그의 책을 읽던 중

---

38) 한국에서 드물게 두란노를 통해 전집으로 발행된 〈기독교 상담 시리즈〉의 책임 편집자가 게리 콜린스임을 다시 한 번 상기할 필요가 있다.

발견했습니다.

기억의 치유－과거의 경험으로 돌아가서 하나님께 마음의 상처와
쓴 뿌리들을 치료하여 달라고 말씀드리는 것－은 만일 그것이 옛날의
잘 잊혀진 문제들을 곰곰이 생각하고 문제를 대처하는 암시력에 의존
하며, 대중회합에서 어떤 감정을 불러일으키는 기법이 되든지 그리스
도인이 죄를 고백하거나 자신의 삶을 그리스도께 헌신하는 일을 막는
자조적인 속임수를 쓴다면 해로울 수도 있을 것이다. 그러나 *데이비
드 시먼스와 다른 사람들이 보여 준 것처럼, 기억의 치료는 효과적이
고 성경적인 기초를 가지며 그리스도를 영광 되게 하는 지속적으로
문제를 해결하는 일을 도와 주는 방법이다. 그리스도인으로서 우리의
목표는 "모든 무거운 것과 얽매이기 쉬운 죄를 벗어 버리고" 그리고
"인내로써 우리 앞에 당한 경주를 경주하며" 또한 "주님을 바라보
는" 것이다*(히 12:1~2).[39]

위의 글의 앞부분을 보면 분명 콜린스는 NLP[40]의 리프레이밍
(reframing)[41]과 같은 식의 기억의 재 프로그래밍을 반대하는 입장에 서
있는 듯 보입니다. 그러나 NLP를 비롯한 유사한 기법들이 가르치는
방법들과 시먼스가 최면을 걸어 기도라는 이름 아래 베티를 유도하는
방법 사이에 무슨 차이가 있는지 잘 모르겠습니다. 무슨 이름이라도 그

---

39) 게리 콜린스 지음, 이종일 옮김, 『왜 그리스도인이 상담을 받아야 하는가?』, 솔로몬, 1997,
    pp. 137~138.
40) Neuro-Linguistic Programming(신경-언어 조건화)의 약자.
41) 잊고 싶은 과거의 기억 속으로 들어가 그 기억의 내용을 내가 원하는 방향으로 재편하는
    하나의 기법.

냥 그것을 '기도'라고 부르면 해결되는 것은 아닐 것입니다.

콜린스는 또한 앞에서 살펴본 시먼스가 자신의 방법을 정당화하기 위해 말씀을 임의대로 인용하던 것과 마찬가지로 히브리서 12장의 말씀을 최면술과 연결시키는 오류를 범하고 있습니다.[42]

게리 콜린스는 주술이나 점성 요법도 인정한다

그런데 콜린스는 단순한 최면 요법만이 아니라 여기서 훨씬 더 나아간 신비적인 주술, 점성 요법 등에 대해서까지도 용인하는 듯한 태도를 보여 주고 있습니다.

> 오컬트 행위[43]는 심리학적인 전문가들에 의하여 광범위하게, 그리고 아마 점차적으로 확산되고 있다는 증거가 있다. 수년 전 임상 심리학자 란프 매쯔너는 역경, 탄트라경전, 카드점, 연금술, 천문학, 그리고 다른 오컬트 행위들이 정신 건강과 삶의 의미를 주는 일에 유용할 수도 있다고 주장했다. 다른 사람들은 "점점 많아져 가는 심리 치료사들은 현재 동양의 종교들이 서구 과학에 의하여 지금까지 상상되었던 것보다 훨씬 더 완전한 마음에 대한 이해를 제공했다"(라고 주장하기도 했다). 더욱 최근에 기독교 심리학자 윌리엄 커크 킬패트릭은 칼 로저스에 대하여, 심리학의 주류에 많은 오컬트적인 생각을 소개한

---

42) 게리 콜린스가 심리학과 기독교 사이의 관계에 대해 어떻게 생각하고 있는지를 가장 자세하고 세밀하게 다룬 책이 『왜 그리스도인이 상담을 받아야 하는가?』이다. 그는 이 책에서 '과연 심리학은 과학인가?, 정신병은 신화인가?, 세속 심리학과 기독교의 통합은 가능한가?' 등의 질문들에 대해 자신의 의견을 피력하고 있다.

43) 초자연적인 요술이나 주술·심령·점성·예언 등 비합리적이고 신비스러움을 찾는 요즘의 문화 장르를 일컫는 말로 현실도피의 수단이 될 수 있고 불안감을 해소할 수 있는 도구가 될 수 있는 점에서 그 주가를 높이고 있다.

그의 생각과 방법들이 "조용한 혁명"을 일으킨 사람이라고 말했다.[44]

도대체 기독교 내에서 용인될 수 있는 방법들의 한계가 어디까지라는 것인가요? 도대체 하나님의 일반 계시로서 우리가 받아들이고 누릴 수 있는 선은 어디까지라는 것인가요? 콜린스는 그의 여러 책에서 반복적으로 심리학의 기독교적인 통합을 주장하며 동시에 세속적 방법을 쓰지 말고 성경적인 방법을 쓰자고 강조하고 있지만 위의 글에서 보듯 콜린스는 종종 스스로 어떤 모순에 빠져 본인이 진정으로 잡고자 하는 것이 무엇인지에 대해 확신하지 못하고 있는 듯한 모습을 보여 주고 있습니다.

기독교 심리학의 가장 심각한 문제점은 성경을 심리학 이론에 맞춰 왜곡하는 것이다

오컬트 행위를 하든 아니면 더 극단적인 무슨 방법을 쓰든 간에 관계없이 사실상 기독교 심리학과 관련한 가장 심각한 문제는 앞서 시먼스가 인용한 성경 구절들에서 살펴보았듯이 기독교 심리학은 많은 경우 의도적이든 의도적이지 않든 성경 말씀을 심리학 이론에 맞추기 위해 왜곡 또는 과장하게 되는 위험에 직면한다는 사실입니다.

기독교 심리학은 성경을 왜곡시킨다

이와 같이 구원에 대한 피상적인 이해와 프로이트로 대표되는 '특별한 치료'에 과도한 감동을 받은 기독교 심리학자들은 정도의 차이는 있지만 필연적으로 성경을 왜곡하게 됩니다. 대부분의 경우 의도적이지

---

44) 게리 콜린스 저, 이종일 옮김, 『왜 그리스도인이 상담을 받아야 하는가?』, 솔로몬, 1997, pp. 134~135.

는 않을 것입니다. 그러나 그들이 쓰고 있는 심리학 이론이라는 안경의 색채가 너무 분명해서 그 안경을 끼고 성경을 보는 순간 성경이 달리 보이게 될 것입니다.

앞에서 잠깐 살펴본 정태기 원장의 책 『숨겨진 상처의 치유』를 예로 들어 보겠습니다. 이 책에 등장하는 성경 구절은 누가복음 8장의 예수 님의 '씨뿌리는 비유'가 거의 유일합니다. 그리고 이 비유는 단순히 그 의 책 한 부분에 등장하는 것이 아니라 책 전체의 구조를 결정하고 있 는 성경적 논리로 사용되고 있습니다.

각 동네 사람들이 예수께로 나아와 큰 무리를 이루니 예수께서 비 유로 말씀하시되 씨를 뿌리는 자가 그 씨를 뿌리러 나가서 뿌릴새 더 러는 길 가에 떨어지매 밟히며 공중의 새들이 먹어 버렸고 더러는 바 위 위에 떨어지매 싹이 났다가 습기가 없으므로 말랐고 더러는 가시 떨기 속에 떨어지매 가시가 함께 자라서 기운을 막았고 더러는 좋은 땅에 떨어지매 나서 백 배의 결실을 하였느니라 이 말씀을 하시고 외 치시되 들을 귀 있는 자는 들을지어다 제자들이 이 비유의 뜻을 물으 니 이르시되 하나님 나라의 비밀을 아는 것이 너희에게는 허락되었으 나 다른 사람에게는 비유로 하나니 이는 그들로 보아도 보지 못하고 들어도 깨닫지 못하게 하려 함이라 이 비유는 이러하니라 씨는 하나 님의 말씀이요 길가에 있다는 것은 말씀을 들은 자니 이에 마귀가 가 서 그들이 믿어 구원을 얻지 못하게 하려고 말씀을 그 마음에서 빼앗 는 것이요 바위 위에 있다는 것은 말씀을 들을 때에 기쁨으로 받으나 뿌리가 없어 잠깐 믿다가 시련을 당할 때에 배반하는 자요 가시떨기 에 떨어졌다는 것은 말씀을 들은 자이나 지내는 중 이생의 염려와 재

물과 향락에 기운이 막혀 온전히 결실하지 못하는 자요 좋은 땅에 있
다는 것은 착하고 좋은 마음으로 말씀을 듣고 지키어 인내로 결실하
는 자니라(눅 8:4~15).

이 비유는 예수님이 직접 그 의미를 풀어 주신, 얼마 되지 않는 비유
가운데 하나입니다. 그만큼 중요한 동시에 이미 예수님이 해석을 해 주
셨기 때문에 함부로 다른 의미로 해석해서는 안 됩니다.

그런데 정태기 박사는 하나님의 복음을 듣고 반응하는 사람들의 다
양한 부류에 대한 예수님의 해석에 과도한 심리적 의미를 부여하는 오
류를 범하고 있습니다.

"폐쇄된 자아 중심성"이라는 장에서 "길가에 떨어진 말씀"에 대하여
그는 다음과 같이 말합니다.

'길바닥 같은 마음'이란 '길바닥처럼 딱딱하다.'는 의미를 함의합
니다. 이것을 우리 속담으로 풀이하면, "바늘로 찔러도 피 한 방울 안
나올 인간이다."라는 말이 됩니다. 바늘로 찔러도 피 한 방울 안 나올
것 같은 사람 곁에 사람이 꾈 리 없습니다. 이런 사람과 같이 살고 싶
어하는 사람은 없습니다……길바닥 심리를 가진 사람은 여유며 융통
성이 전혀 없습니다. 예수님은 이런 사람을 죽은 사람으로 여기셨습
니다……닫히고 굳어진 마음은 자기밖에 보지 못합니다.[45]

길가에 있다는 것은 말씀을 들은 자니 이에 마귀가 가서 그들이 믿
어 구원을 얻지 못하게 하려고 말씀을 그 마음에서 빼앗는 것이요.

---

45) 정태기, 『숨겨진 상처의 치유』, 규장, 2002, pp. 21~22.

이 같은 예수님의 말씀은 '찔러서 피 한 방울 안 나오는 사람', '여유와 융통성이 없는 사람'으로 바뀌었습니다. 위의 비유가 예수님의 복음과 관련된 것임을 고려할 때 이제 여유와 융통성이 없는 사람은 결코 복음을 받아들일 수 없는 사람들이 되고 만 것입니다.

책 전체를 이렇게 다 분석할 수는 없으니 한 군데만 더 보겠습니다.

"억압된 내면의 분노"라는 장에서 정태기 원장은 "바위 위에 떨어진 말씀"과 관련하여 다음과 같이 설명하고 있습니다.

> 예수께서 말씀하신 열매 맺지 못하는 사람의 두 번째 특징은 가슴에 무거운 돌이 가득 들어 있다는 것입니다. 누가복음에는 이것을 '바위'라고 표현합니다. 이 바위 때문에 씨가 떨어져 싹이 났지만 뿌리를 내릴 수 없어 말라 버립니다. 예수님은 열매 맺지 못하는 사람들의 마음 속에 이런 바위덩어리가 들어 있다는 것을 아셨습니다. 이 바위덩어리를 가리켜 우리는 한이 맺혔다고 말합니다.[46]

> 바위 위에 있다는 것은 말씀을 들을 때에 기쁨으로 받으나 뿌리가 없어 잠깐 믿다가 시련을 당할 때에 배반하는 자요.

너무도 명확한 예수님의 설명과 관계 없이 이제 '한' 많은 사람은 예수님을 배반하는 사람으로 둔갑되었습니다.

---

46) 정태기, 『숨겨진 상처의 치유』, 규장, 2002, p. 39.

이처럼 성경 말씀을 심리학 또는 정신 분석 이론에 갖다 붙이려는 경우 가장 대표적으로 나타나는 오류 가운데 하나는 말씀의 텍스트 자체가 주는 의미에 과도한 '심리적 의미'를 부여하는 것입니다. 이것은 '적용 거리'를 뽑아 내기 위해 성경의 텍스트에 과도한 '영적 의미'를 부여하는 것과 흡사합니다. 예를 들자면 여리고 성을 일곱 번 돌아 여리고 성을 무너뜨린 본문을 가지고 "여러분, 어려운 문제가 있습니까? 최소한 일곱 번을 기도해 보세요."라든지 또는 "여러분, 사모하는 사람이 있는데 그 사람이 당신에게 마음을 열지 않습니까? 그 사람의 집을 기도하면서 일곱 번 돌도록 하세요."라는 식으로 '영적 의미'를 적용하는 것입니다. 이렇게 할 경우 한 본문이나 한 구절 또는 한 단어를 가지고 100가지의 다른 설교나 적용이 가능할 것입니다. 이렇게 되면 성경 본문의 의미는 완전히 '귀에 걸면 귀걸이, 코에 걸면 코걸이'가 되고 말 것입니다.

물론 제가 힘든 상처들을 갖고 사는 많은 사람을 돕고 싶은 정태기 원장을 비롯한 많은 상담학자의 진심을 모르는 바가 아닙니다. 그분들의 진심은 이해가 됩니다. 그러나 그분들의 진의와는 관계 없이 성경 말씀을 정신 분석 이론에 맞추려고 하면 정도 차이는 있지만 그 이론에 사용되는 말씀은 필연적으로 왜곡될 수밖에 없음을 분명히 지적하고 싶습니다.

현실적으로 기독교 심리 치료 또는 내적 치유라는 이름으로 사람들을 만나는 이상, 성경을 형식적으로라도 포함시켜야 한다는 의무감에서 자유로운 기독교 심리학자는 거의 없습니다.[47] 자신들이 공부한 심

---

47) 이는 자신의 신변잡기와 며칠 전 읽은 책 또는 신문 기사 등으로 채워진 설교를 하는 목사

리학 이론에 맞추어 성경을 적용하려니 당연히 성경 말씀을 심리학 이론에 맞추어 왜곡할 수밖에 없습니다. 가장 무서운 함정이 여기에 존재하는 것입니다. 부정하는 것보다 더 무서운 것은 혼합시키는 것입니다. 이것저것 갖다 섞어 버림으로 무엇이 진짜고 무엇이 가짜인지 모르게 되는 상태로 만드는 것입니다. 이 결과 결국 진짜도 없고 가짜도 없으며 보기에 따라 아무렇게나 다 해석되는 상태가 되고 맙니다. 아예 성경이 틀렸다고 부정하는 사람의 경우는 최소한 진짜에 대한 열망이라도 있는 것이기 때문에 그나마 희망이라도 있습니다. 그러나 자기 생각에 따라 이리저리 성경을 마음대로 재단하는 경우 성경은 이제 '부정'의 대상도 되지 않습니다. 단지, 나의 이론을 합리화하기 위한 하나의 도구로 전락할 뿐입니다.

기독교 심리학은 인간의 가장 긴급한 문제가 하나님의 진노로부터의 구원이 아니라 내면의 치료라고 생각한다

대다수의 기독교 상담자는 한결같이 하나님의 사랑을 얘기하고 십자가를 얘기합니다. 비록 십자가가 등장하고 하나님이 등장하더라도 우리가 한 가지 주목하고 확인해야 할 사항이 있습니다. 기독교 심리학자들에게 인간의 문제와 관련해서 가장 중요한 문제가 무엇인가에 대한 것입니다. 그들은 인간에게 있어서 가장 절실하며 가장 시급히 해결해야 할 문제가 무엇이라 생각하고 있을까요?

무의식의 세계로 대표되는 인간의 내면 세계 속에 숨어 있는 상처

들이 성경 본문을 형식적으로라도 주보에 내고 설교 전에 한번 읽어야 하는 심정과 비슷할 것이다.

를 찾아 내어 치료하는 것 그래서 결과적으로 이제 자신을 사랑하고
용납하게 되는 것.

이것이야말로 그들의 지상 사명이 아닐까요? 그러나 이에 반해 성경
은 인간의 가장 시급한 문제가 무엇이라고 말하고 있습니까?
요한 1서 2장 28절을 봅시다.

> 자녀들아 이제 그의 안에 거하라 이는 주께서 나타내신바 되면 그
> 가 강림하실 때에 우리로 담대함을 얻어 그 앞에서 *부끄럽지 않게* 하
> 려 함이라

인간에게 있어서 가장 시급한 문제는 하나님 앞에 섰을 때 예수 그리
스도로 인해 부끄럽지 않게 되는 것입니다. 구원받고 말씀 속에서 온전
히 성장해 나가는 것입니다.

> 슬프다 주께서 어찌 그리 *진노하사* 딸 시온을 구름으로 덮으셨는가
> 이스라엘의 아름다움을 하늘에서 땅에 던지셨음이여 그의 *진노의 날*
> 에 그의 발판을 기억하지 아니하셨도다 주께서 야곱의 모든 거처들을
> 삼키시고 긍휼히 여기지 아니하셨음이여 노하사 딸 유다의 견고한 성
> 채들을 허물어 땅에 엎으시고 나라와 그 지도자들을 욕되게 하셨도다
> *맹렬한 진노*로 이스라엘 모든 뿔을 자르셨음이여 원수 앞에서 그의
> 오른손을 뒤로 거두어들이시고 맹렬한 불이 사방으로 불사름같이 야
> 곱을 불사르셨도다 원수같이 그의 활을 당기고 대적처럼 그의 오른손
> 을 들고 서서 눈에 드는 아름다운 모든 사람을 죽이셨음이여 딸 시온

의 장막에 그의 노를 불처럼 쏟으셨도다 주께서 원수같이 되어 이스
라엘을 삼키셨음이여 그 모든 궁궐들을 삼키셨고 견고한 성들을 무너
뜨리사 딸 유다에 근심과 애통을 더하셨도다(애 2:1~5).

우리 인간에게 가장 중요한 일은 유다가 바벨론에 멸망하기 8백 년
전, 사사 시대로부터 내려온 경고를 무시한 이스라엘이 하나님의 진노
아래 실로 말할 수 없는 고통과 수치를 겪은 그런 비극이 내게 되풀이
되지 않도록 예수 그리스도의 의를 덧입고 그 안에서 자라는 것입니다.
예수님은 산상수훈(마 5~7장)의 마지막 7장 대부분을 심판 날과 관련한
말씀으로 채우십니다. 그리고 7장에서도 마지막 부분에 다음과 같이
말씀하십니다.

그러므로 누구든지 나의 이 말을 듣고 행하는 자는 그 집을 반석 위
에 지은 지혜로운 사람 같으리니 비가 내리고 창수가 나고 바람이 불
어 그 집에 부딪치되 무너지지 아니하나니 이는 주추를 반석 위에 놓
은 까닭이요 나의 이 말을 듣고 행하지 아니하는 자는 그 집을 모래
위에 지은 어리석은 사람 같으리니 비가 내리고 창수가 나고 바람이
불어 그 집에 부딪치매 무너져 그 무너짐이 심하니라(마 7:24~27).

이 말씀은 마치 노아 시대에 있었던 홍수 심판 때, 방주에 들어가지
못한 사람들과 마찬가지로, 최후의 심판이라는 홍수에 견디지 못하고
떠내려갈 사람의 운명에 대해 예수님이 경고하시는 것으로 보입니다.
우리 인간에게 이보다 더 절실하고 중요한 문제가 어디에 있을까요?
구원의 문제는 우리의 영원이 달린 문제입니다. '죄인 된 우리 인간이

우리에게 반드시 닥칠, 우리의 제한된 머리로는 도저히 상상조차 할 수 없이 두려운 하나님의 진노를 어떻게 해결할 것인가?' 이것이 바로 성경의 가장 큰 관심사입니다. '죄인 된 인간이 예수 그리스도를 통해 어떻게 하나님의 진노를 피할 수 있는가?' 이 문제보다 더 절실한 인간 실존과 관련한 문제가 또 있을까요?

더욱이 성경은 우리가 예수 그리스도를 통해 그분의 의를 덧입기 전까지 우리는 하나님과 아무런 관계가 없는 단순한 중립적 관계를 유지하던 그런 존재가 아니었다고 말합니다. 성경은 우리가 하나님의 '원수'였다고 말합니다.

> 곧 우리가 원수 되었을 때에 그의 아들의 죽으심으로 말미암아 하나님과 화목하게 되었은즉 화목하게 된 자로서는 더욱 그의 살아나심으로 말미암아 구원을 받을 것이니라(롬 5:10).

그러나 기독교 심리학자들에게 성경이 이토록 강조하는 하나님의 진노, 예수 그리스도를 통해 하나님과 화평하게 되는 것, 하나님을 나의 아버지로 부르게 되는 것, 즉 내가 은혜로 '구원' 받는 것은 별 중요한 주제가 아닌 듯 보입니다. 그들은 심리학의 고도의 기술을 사용하여 인간 내면의 상처를 치유하는 것과 비교해 예수 그리스도로 인해 '구원받는 것'은 훨씬 쉽고 간단한 수준에 불과한 어떤 것으로 생각하고 있는 것이 아닐까요? 기독교 심리학자들은 예수 그리스도를 통해 거듭나는 것을 본격적으로 자신을 구원하는 데 필요한 입문 과정 또는 본 시합 전에 필요한 간단한 위밍업 정도로 생각하고 있는 듯합니다.

심리학의 무의식 이론은 구원의 이원화를 초래한다

심리학자 또는 상담자들은 이 무의식 세계에 대하여 절대적인 믿음을 가지고 있습니다. 이는 그들의 종교가 기독교든 아니면 무신론이든 관계 없이 동일합니다. 이 무의식에 대한 맹신에서 성경적 가르침으로 전환하지 못하는 한 아무리 상담에 성경 구절이 들어가더라도 그것은 기독교적 상담이 될 수 없습니다. 이는 자동차에 가장 중요한 것은 엔진이지 바퀴가 아니라는 사실과 전혀 다르지 않습니다. 그 상담의 핵심은 무의식의 치료이지 결코 하나님의 자녀로서 거듭남으로 하나님과 평화하게 되는, 기독교가 말하는 구원의 치유가 아니기 때문입니다. 마치 자동차의 엔진은 후진국 산 엔진을 쓰고 자동차 바퀴만 선진국 산을 쓰면서 이 차는 선진국 산이라고 주장하는 것과 마찬가지입니다. 기독교 상담의 엔진은 과연 무엇인가요?

이렇게 '무의식'으로 대표되는 프로이트나 융의 이론을 엔진으로 삼고 상담을 하는 이상 그 상담은 필연적으로 구원의 이원화로 이어질 수밖에 없습니다. 즉 구원은 인간 치료의 입문 과정 정도에 불과하며 무의식의 세계를 치료하는 것이 진짜 전인 치료라는 식의 이원론에 빠지게 됩니다. 이 이원론의 함정은 상담 과정에서 성경 말씀을 잘못 인용하는 필연적인 결과를 초래합니다.

주서택 목사의 피상적 구원관

정태기 원장과 쌍벽을 이루는 기독교 내면 치유의 권위자가 있다면[48]

---

48) 아마 다른 사람도 많이 있겠지만 이 두 사람이 가장 대표적이라고 생각된 이유는 베스트셀러가 아니면 팔지 않는 우리 동네의 작은 서점에서도 기독교 상담과 관련해 한국 저자 중 이 두 사람의 책은 여러 권이 있었기 때문이다. 이 점은 이들이 기독교 상담과 관련해서 한

아마도 주서택 목사[49]를 들 수 있을 것입니다. 주 목사의 저서 중의 하나인 『내 마음 속에 울고 있는 내가 있어요』[50]를 보면 이 무의식에 대한 기독교 상담자의 신뢰가 얼마나 큰지 알 수 있습니다.

> 인간의 마음을 치료하기 위해 다루어야 할 것은 마음에 쌓인 수많은 기억의 파편들이다. 뇌는 컴퓨터와 같은 기억 장치를 가진다. 어떤 특정한 일은 유리 조각처럼 우리 마음에 깊은 상처를 내게 되는데, 우리가 예수 그리스도를 믿은 후 마음에 상처를 입힌 유리 조각들 중에서 자신이 의식하고 이해하는 것들은 대부분 해결할 수 있으나, 어떤 것은 잠재의식 속으로 들어가 버려 감지되지 못해 치료되지 않고 발병이 시작한 감염 부위처럼 계속적인 영향을 우리 삶에 미치기도 한다.[51]

저자는 구원은 받았지만 아직 제대로 치료가 되지 않은 사람의 특징 중의 하나로 하나님의 사랑에 대한 확신의 결여를 꼽고 있습니다.

> 왜곡된 마음으로 하나님을 보기 때문에, 그의 눈이 바로 되기까지는 하나님의 모습이 결코 바르게 이해되지 못한다. 입으로는 하나님에 대해 많은 말을 할 수 있지만, 깊은 마음 속에 하나님에 대해 가지는 인상은 심히 부정적이다. 일관성이 없고 자기 마음대로 하는 하나님, 사람들에게 고통을 주는 것을 재미로 하는 것 같은 잔인한 하나님, 멀리서 팔짱을 끼고 사람들의 고통을 즐기는 것처럼 보이는 하나

국 교회 내에서 권위뿐 아니라 대중성을 확보했기 때문이라고 생각한다.
49) 부인, 김선화 실장을 포함하고 있다.
50) 순 출판사, 2005년(개정판).
51) 주서택·김 선화, 『내 마음 속에 울고 있는 내가 있어요』, 순 출판사, 2005년, pp. 33~34.

님, 항상 나에 대해 불만이 가득하셔서 인상을 쓰고 계시는 하나님, 넘어지고 또 넘어지는 나를 지겨워하시는 하나님……이런 숨겨진 마음의 느낌 때문에 심한 영적 의심과 공격을 자주 받는다.[52]

저는 여기서 이런 의문을 제기해 보고 싶습니다. '저자가 말하고 있는 하나님에 대해 이렇게 생각하는 사람이 과연 성경에서 말하는 크리스천일까?', '저자가 생각하는 크리스천의 정의는 무엇이고 크리스천이란 도대체 어떤 존재란 말인가?' 저는 저자의 이러한 생각 속에는 구원에 대한 피상적 이해가 깔려 있다고 봅니다. 저자가 의도했든 의도하지 않았든 저자의 이러한 피상적 구원 이해는 '우리가 비록 예수님의 은혜로 구원은 받았지만 그래도 우리에게는 또 한 번의 무엇인가가 필요한 존재다.' 라는 메시지를 전해 주게 되어 결국 구원의 이원론에 빠지게 된다고 생각합니다.

시먼스 목사의 피상적 구원관

시먼스의 경우를 보면 이 부분은 더욱 명확해집니다. 시먼스는 목사이지만 목사가 당연히 가져야 할 인간 구원에 대한 문제보다는 심리학자가 당연히 가지는 인간 무의식의 세계에 더 관심이 많은 것 같습니다. 책 전반에 걸쳐 하나님의 사랑과 구원을 얘기하는 듯하지만 사실상 그가 가진 '구원관'은 전혀 성경적이지 않습니다. 시먼스는 구원이 내적 상처가 치료되기 전까지 우리의 내세에 대해서는 보장해 주지만 이 세상을 살아가는 데 있어서는 별 영향을 끼치지 못하는 무능력한 것으

---

52) 앞의 책, p. 41.

로 파악하고 있는 듯합니다. 그러나 성경은 분명 구원받는 것은 "거듭나는 것"(요 3:3)이고 "새 것이 되는 것"(고후 5:17)이라고 말하고 있습니다. 새로 태어나고 완전히 새 것이 된다는 것은 분명 대단히 근원적이고 본질적인 변화를 내포하고 있는 말입니다. 그런데 시먼스를 비롯한 많은 기독교 상담자[53]에게는 성경이 말하는 이런 본질적인 변화를 가져다 주는 구원이 그다지 대단한 것으로 보이지 않는 모양입니다.

시먼스는 같은 책에서 다음과 같이 말하고 있습니다.

> 우리 설교자들이 종종 사람들에게 잘못된 생각을 심어 준다. 즉 새 생명을 얻게 되거나 '성령충만' 하게 되면 이러한 정서적인 문제들이 자동적으로 해결된다고 말하는 것이다. 사실은 그렇지 않다. 예수 그리스도를 만나는 극적인 경험이 아주 귀중하고 영원한 가치가 있는 것은 사실이지만 정서적으로 입은 상처가 곧장 낫게 되는 것은 아니다. 인격에 손상을 받은 정서적인 문제들은 빨리 낫지 않는다.
>
> 무엇보다도 먼저 이러한 문제들을 빨리 이해하는 것이 필요하다. 그리하여 스스로가 자신을 학대하지 않고 오직 성령님께서 특별한 방법으로 우리의 상처들과 혼동된 상태들을 고치실 수 있도록 맡겨야 한다.[54]

이 글을 보면 시먼스는 새 생명을 얻는 것, 즉 구원과 '성령충만' 으로는 인간의 복잡한 문제가 해결되지 않기 때문에 성령님이 주시는 '특별한 방법' 을 동원해야 한다고 말하고 있습니다.

---

53) 기독교 심리학자라고 말해도 마찬가지다.
54) 데이비드 A. 시먼스, 『상한 감정의 치유』, 두란노, 2000, pp. 20~21.

이러한 시먼스의 주장은 전혀 논리적이지 않습니다. 아니 왜 성령님이 주시는 '특별한 방법' 은 효과가 있는데 왜 동일한 성령님이 주시는 '성령충만' 은 효과가 없을까요? 시먼스에게 성령충만은 성령 하나님과 관계 없이 다른 데서 오는 그 무엇인가요? 아니면 성령 하나님이 초반에 맛보기로 좀 주시는 것이 성령충만이고 나중에 본격적으로 시먼스와 같은 사람을 통해 주시는 진짜가 따로 있다는 것인가요?

시먼스의 주장이 이처럼 비논리적인 것은 사실 그가 기독교 용어를 사용하여 자신의 주장을 각색하려 하고 있기 때문입니다.

우리는 여기서 그가 말하는 '특별한 방법' 이 무엇인지를 쉽게 알 수 있습니다. 앞에서 살펴본 사례를 통해 볼 때 시먼스가 말하는, 성령님이 주시는 '특별한 방법' 이란 최면술을 포함한 일반적인 심리 치료를 말합니다. 그렇다면 그는 좀더 솔직했어야 합니다. '구원과 성령충만으로 해결되지 않는 우리의 문제들은 프로이트와 같은 사람들이 알려준 '특별한 방법' 으로 우리의 상처들과 혼동된 상태들을 고쳐야 한다.' 라고 말입니다.

그러나 그는 솔직하기보다는 여전히 그의 글 속에서 형식적인 기독교의 진리에 대한 립서비스(lip service)를 멈추지 않습니다. 여기서도 그는 "예수 그리스도를 만나는 극적인 경험이 아주 귀중하고 영원한 가치가 있는 것은 사실이지만" 이라는 형식적 멘트는 빠뜨리지 않고 있습니다.

시먼스가 갖고 있는 구원에 대한 피상적인 이해는 그의 책 전반에 걸쳐 반복적으로 드러납니다. 그 중에서 한 부분만 더 살펴보겠습니다.

"나는 어떤 것도 해낼 수가 없어. 아무도 나를 사랑할 수 없을 거야.
내가 손대는 것마다 다 잘못되었거든."

이런 사람이 그리스도인이 될 때 어떤 변화가 생기는가? 그의 마음 한구석으로는 하나님이 자신을 사랑한다는 사실을 믿으며 하나님의 용서를 받아들이고 얼마 동안 마음 속에 평안을 체험하게 된다. 그런데 갑자기 그 마음 속에 있는 모든 것이 용솟음쳐 올라 부르짖는다. "그것은 거짓말이다. 그것을 믿지 마라! 기도도 하지 마라! 네 기도를 들어주시는 분은 계시지 않다. 아무도 너를 진정으로 사랑하지 않는다. 네 근심을 덜어 줄 사람은 아무도 없다. 어떻게 하나님이 너를 사랑하고 너 같은 사람을 용서할 수 있단 말인가? 너는 아주 나쁜 사람인데!"

어떤 일이 생겼는가? 복음의 기쁜 소식은 손상된 그의 내적 자아 속으로 깊이 침투하지 못했다. 그 깊은 부분도 역시 복음에 의해 변화되어야만 한다. 그의 깊은 내적 상처를 만져서 길르앗의 향유로써 치료해야만 한다.[55]

이 글을 보면 내적 자아, 즉 무의식의 세계까지 구원하는 새로운 구원 방법이 나오지 않는 한 성경의 구원은 시먼스에게 있어서는 영원히 반쪽짜리 구원으로 그칠 것 같습니다. 시먼스에게 구원은 도대체 어떤 것일까요? 전도 집회에서 한번 일어났다가 앉아서 결신 카드 내는 것이 그에게는 구원일까요? 예수 그리스도의 십자가를 이렇게 가치 없는 것으로 전락시켜도 되는 걸까요? •

시먼스의 관점에서 본 성경의 인물들
나는 위의 글을 읽는 중에 성경 속의 한 사람이 생각났습니다. 어쩌

---

55) 앞의 책, 두란노, 2000, pp. 24~25.

면 시먼스가 성경 속의 인물 중 가장 불쌍하게 여겼을 한 사람이 생각 난 것입니다. 바로 누가복음 19장에 등장하는 삭개오입니다.

삭개오는 어떤 사람입니까? 성경의 짧은 기록만으로도 그는 분명 사람들에게 사랑받지 못하고 외모 때문에 열등감에 사로잡혀 있었을 전형적인 사람입니다. 시먼스식으로 말하면 '상처난 내적 자아'로 엄청 고생했을 사람입니다. 예수님을 만나고 구원의 감격에 젖은 삭개오의 모습을 보고 시먼스는 어떻게 생각했을까요?

아마 시먼스에게 있어서 삭개오는 예수님 만난 후 잠깐 흥분 상태에서 재산을 탕진하고 나중에 그 잃어버린 재산을 다시 찾기 위해 동분서주했을 가능성이 매우 높은 그런 사람이지 않을까요? 그 과정에서 '삭개오의 후회'라는 용어가 당시 사회에 유행하지는 않았을까요? 아니면 다행히 삭개오가 당시에는 희귀한 정신 치료 전문가를 용케 찾아 내서 (비록 구원은 받았지만 구원과 관계 없이 여전히) 손상된 내적 자아를 특별한 '성령님의 치료'로 고치고, 비록 돈이 아깝기는 했지만 특별한 사고를 치지 않고 남은 인생을 정기적 치료를 받으며 잘 살았을까요? 그 후 삭개오를 치료한 정신 치료 전문가는 "상처받은 삭개오의 치유"라는 책을 썼을지도 모릅니다.

복음이, 손상된 내적 자아 속으로 제대로 침투하지 못했을 불쌍한 삭개오에 대해 시먼스가 어떻게 생각하는지 궁금합니다. 삭개오는 예수님과의 만남이 너무 짧았습니다. 예수님이 한 이틀만 더 같이 계셨어도 복음이 삭개오의 내적 자아 속으로 제대로 침투했을 텐데! 어쩌면 시먼스는 자신의 다른 책에서 삭개오에 대해 언급했을지도 모르겠습니다. 아니, 복음이 손상된 내적 자아 속으로 침투하다가 실패했을 또 한 사람, 우물가의 여인에 대해서도 다른 책에서 언급했을지도 모

르겠습니다.[56]

시먼스의 관점에서 볼 때 복음이 제대로 침투한 사람은 과연 누가 있을까요? 분명 시먼스에게는 예수님을 배반한 베드로 역시 과거 손상된 자아 때문에[57] 3년을 예수님과 같이 있었지만 예수님의 십자가의 구원과 부활의 메시지가 그의 손상된 자아 속으로 완전히 침투되지 않았다고 볼 것입니다.

아마도 성경에 등장하는 많은 인물 가운데 시먼스에게 가장 이상적인 구원의 대상은 십자가상에서 죽기 바로 직전에 구원받은 그 강도가 아닐까요? 그는 복음을 받아들인 직후의 감격에 젖은 상태에서 얼마 지나지 않아 바로 죽었으니 말입니다. 괜히 '내적 자아'로까지 침투하지 못한 복음 때문에 나중에 갈등하면서 '특별한 치료'를 받아야 할 이유도 없었으니 말입니다. 시먼스의 입장에서 본다면 그는 행운아였습니다.

기독교 심리학은 교회 안에 변장하고 들어와 있는 모더니즘이다

C. S. 루이스는 하나님의 말씀을 현대적(modern)으로 커뮤니케이션 하는 것과 모더니즘(modernism)의 차이를 구별하지 못하게 되는 경우 기독교에 위기가 닥쳐올 수 있음을 경고했습니다. '하나님의 말씀을 현대적으로 전한다.'는 것은 하나님 말씀이 가지는 불변의 진리의 메시지는 그대로 간직한 채 전달방식을 현재의 언어로 현재 상황에 맞게 한

---

56) 내가 아직 그의 책을 다 읽지 못해서 안타까운데 기회가 되는 대로 그의 책을 다 읽어 볼 생각이다.

57) 이 손상된 자아는 밤새 고기를 잡아도 잘 안 잡히는 날이 많았을 그의 직업적 특성과 관련해서 설명할 수도 있겠다. 예수님이 그런 날을 택해 베드로를 만나신 것은 그의 손상된 자아를 가장 잘 회복시킬 방법을 예수님이 아셨기 때문이라는 메시지를 시먼스는 자신의 어떤 설교에서 전하지 않았을까 모르겠다.

다는 것입니다. 그러나 '모더니즘'이라는 것은 세상에서 유행하고 인기 있는 최신 사상들에게 그럴듯한 기독교 용어를 입혀 마치 그 사상들이 기독교의 진리인 양 포장시키는 것을 의미합니다.

루이스의 경고는 이미 2천 년 전 바울이 골로새 교회에게 한 경고와 그 맥을 같이하고 있습니다.

> 그러므로 너희가 그리스도 예수를 주로 받았으니 그 안에서 행하되 그 안에 뿌리를 박으며 세움을 받아 교훈을 받은 대로 믿음에 굳게 서서 감사함을 넘치게 하라 누가 철학과 헛된 속임수로 너희를 사로잡을까 주의하라 이것은 사람의 전통과 세상의 초등 학문을 따름이요 그리스도를 따름이 아니니라(골 2:6~8).

이런 측면에서 '기독교 심리학'은 교회에 파고든 모더니즘 중에서 가장 경계해야 할 대상입니다. 그러나 사실상 '기독교 심리학'은 오늘날 교회 속에서 가장 인기를 누리고 있는 모더니즘의 선두 주자입니다. 그 동안 교회는 성경의 진리를 다윈의 진화론에 맞추어 재해석하려는 시도에 대해서는 단호하게 거부해 왔습니다. 그런데 교회는 어쩌면 다윈의 진화론보다 더 교묘하고 무서운 프로이트나 융 그리고 로저스 등이 제시하는 인간 본질에 대한 심리학 이론에는 아무런 경계심도 없이 그 이론들에 맞추어 성경을 재해석하고 있습니다. 이는 참으로 두렵고도 안타까운 일입니다.

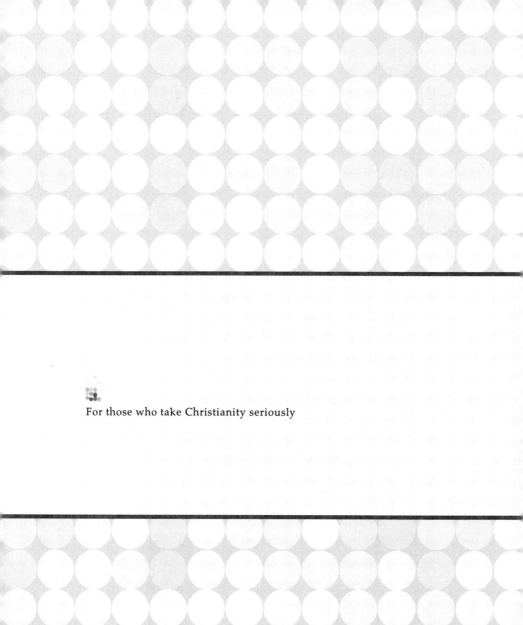

For those who take Christianity seriously

03
왜 심리학은 반기독교적인가

심리학의 모든 중심은 인간을 향하고 있습니다. 인간으로 시작해 인간으로 끝납니다. 성경의 모든 중심은 하나님을 향하고 있습니다. 기독교는 원천적으로 인간의 자존심이 들어설 자리가 없는 종교입니다. 하나님의 은혜로, 예수 그리스도의 공로를 믿음으로 구원받는 기독교는 스스로 무엇인가를 해내야 직성이 풀리는 인간의 본성과 전혀 맞지 않습니다. 이런 하나님 중심의 기독교가 자기 사랑과 자기 수용을 위해 하나님까지도 수단화시킬 준비가 되어 있는 심리학과 어떻게 조화를 이룰 수 있겠습니까?

03

왜 심리학은 반기독교적인가

왜 모든 면에서 볼 때 훌륭한 크리스천임이 분명할 기독교 심리학자들조차도 성경 말씀과 관련해서 이런 심각한 실수들을 범하는 것일까요? 그 이유는 심리학의 가르침 또는 심리학 이론의 본질이 성경의 가르침과 상충되기 때문입니다. 도저히 이 두 가지가 같은 길을 갈 수 없기 때문입니다.

우리는 지난 1장에서 인간의 마음과 생각에 대한 나름대로의 진단을 내리고 해답을 제시하는 심리학은 이미 본질상 종교일 수밖에 없음을 살펴보았습니다.

따라서 우리는 심리학의 이론에 따라 성경의 가르침을 심리학 이론에 맞게 왜곡하든지, 아니면 성경의 가르침에 따라 심리학의 이론을 부정하든지 둘 중의 하나를 선택할 수밖에 없습니다.

그렇다면 어떤 점에서 심리학의 이론과 성경의 가르침이 상충되는 것일까요? 심리학과 성경의 화해할 수 없는 두 가지 본질적인 차이점은 첫째, 주인공이 누구인가와 둘째, 인간을 어떤 존재로 규정하고 있는가에 대한 문제에 있습니다.

심리학은 본질적으로 인간 중심적이라는 점에서 반기독교적이다

인간에게 있어서 가장 심각하고 시급한 문제는 무엇입니까? 내게 쏟아질 하나님의 진노를 해결하는 것입니까? 아니면 나의 내면의 상처를 치료하는 것입니까? 많은 기독교 심리학자들에게 있어서 진정한 문제는 내면의 '상처 치료'입니다. 심리 치료에 있어서 인간 문제 해결은 결국 자기 사랑으로 귀결됩니다. 앞에서 살펴본 시먼스의 경우 그에게 있어서 진정한 구원 또는 '내적 자아로까지 깊이 침투하는 구원'은 '자기 사랑의 회복'일 뿐 하나님과의 관계 회복이 아닙니다. 기독교 상담 관련 책들 속에 등장하는 감동적인 이야기들을 읽어 보십시오. '자기 사랑'의 범주를 벗어나는 것은 거의 없다고 해도 과언이 아닙니다.

시먼스의 글을 잠시 더 인용하겠습니다.

> 이러한 상처 난 감정이란 무엇인가? 가장 공통된 감정 중의 하나는 자신의 가치를 인정하지 못하는 것이다. 즉, 계속적인 근심을 안고 있으면서 자신을 부적합하게 여기며 열등감을 가지고 "나는 좋지 못해."라고 자신에게 늘 말하는 사람이다.[58]

심리 치료의 관점에서는 내가 나를 볼 때 마음에 들지 않던 상태가

---

58) 데이비드 A. 시먼스, 『상한 감정의 치유』, 두란노, 2000, p. 24.

어느 시점에서 너무 사랑스럽게 바뀌면 모든 문제는 끝나는 것입니다. '어떻게 해야 내가 나 자신을 더 사랑할 수 있을 것인가?' 하는 것이 심리 치료의 핵심 과제입니다. '어떻게 해야 내가 나를 더 예뻐할 것인가?' 이것이 과제입니다. 내가 나를 이미 너무 사랑하는 것도 모자라서 어느 목사는 "나는 하나님이 보시기에도 너무 사랑스러워 못 견디는 그런 존재야!"라고 하며 하나님도 내가 너무 예뻐 부들부들 떤다는 복음을 가는 곳마다 외치고 다닙니다.[59] 다시 말해 심리학의 모든 중심은 인간을 향하고 있습니다. 인간으로 시작해 인간으로 끝납니다. 이에 반해 성경은 어떠합니까? 성경의 모든 중심은 하나님을 향하고 있습니다.

> 그러나 하나님의 말씀이 폐하여진 것 같지 않도다 이스라엘에게서 난 그들이 다 이스라엘이 아니요 또한 아브라함의 씨가 다 그의 자녀가 아니라 오직 이삭으로부터 난 자라야 네 씨라 불리리라 하셨으니 곧 육신의 자녀가 하나님의 자녀가 아니요 오직 약속의 자녀가 씨로 여기심을 받느니라 약속의 말씀은 이것이니 명년 이 때에 내가 이르리니 사라에게 아들이 있으리라 하심이라 그뿐 아니라 또한 리브가가 우리 조상 이삭 한 사람으로 말미암아 임신하였는데 *그 자식들이 아직 나지도 아니하고 무슨 선이나 악을 행하지 아니한 때에* 택하심을 따라 되는 하나님의 뜻이 행위로 말미암지 않고 오직 부르시는 이로 말미암아 서게 하려 하사 리브가에게 이르시되 큰 자가 어린 자를 섬기리라 하셨나니 기록된바 내가 야곱은 사랑하고 에서는 미워하였다 하심과 같으니라 그런즉 우리가 무슨 말 하리요 하나님께 불의가 있느뇨 그럴

---

59) 이렇게 예쁜 우리를 하나님은 애초에 손이 떨리셔서 어떻게 만드셨는지 모르겠다.

수 없느니라 모세에게 이르시되 *내가 긍휼히 여길 자를 긍휼히 여기고*
불쌍히 여길 자를 불쌍히 여기리라 하셨으니(롬 9:6~15).

이 로마서 말씀에 따르면 에서와 야곱이라는 쌍둥이 형제를 놓고 이
둘이 태어나기도 전에 하나님이 야곱은 사랑하시고 에서는 미워하셨다
고 합니다. 이 에서가 나중에 회개하고 하나님께 용서를 빌었지만 하나
님이 받지 않으셨다고 히브리서는 말하고 있습니다. 심리학적인 관점
에서 보면 에서가 왜 용서를 빌어야 합니까? 애초에 태어나기 전 엄마
뱃속에서부터 신의 미움을 받고 태어난 이 불쌍한 에서야말로 그 내면
에 울고 있는 그 자아를 보듬어 안고 위로해 주어야 할 대상이 아닌가
요? 그런데 하나님에게 이 에서는 불쌍히 여기거나 긍휼이 여겨야 할
대상이 아니었다고 성경은 말하고 있습니다.

기독교는 원천적으로 인간의 자존심이 들어설 자리가 없는 종교입
니다. 하나님 주권으로 시작해서 하나님 주권으로 끝나는 종교가 기독
교입니다. 하나님의 은혜로, 예수 그리스도의 공로를 믿음으로 구원받
는 기독교는 스스로 무엇인가를 해내야 직성이 풀리는 인간의 본성과
전혀 맞지 않습니다. 이런 하나님 중심의 기독교가 자기 사랑과 자기
수용을 위해 하나님까지도 수단화시킬 준비가 되어 있는 심리학과 어
떻게 조화를 이룰 수 있겠습니까?

심리학의 목적은 궁극적으로 인간의 행복입니다. 그리고 기독교 심
리학은 인간의 이 행복 달성을 위해 하나님이 인간을 사랑하시는 것이
야말로 인간이 얼마나 가치 있는 존재인지를 보여 주는 가장 큰 증거이
자 내가 나를 사랑해야 하는 가장 큰 이유라고 주장합니다. 달리 표현
하면 기독교 심리학은 '하나님이 나를 사랑하신다는 사실을 근거로 내

가 나 자신을 예배해야 한다.'고 가르치는 것과 다름없습니다. 그러나 성경은 무엇이라고 합니까?

이는 그리스도 예수 안에서 우리에게 자비하심으로써 그 은혜의 지극히 풍성함을 오는 여러 세대에 나타내려 하심이라 너희는 그 은혜에 의하여 믿음으로 말미암아 구원을 받았으니 *이것은 너희에게서 난 것이 아니요 하나님의 선물이라*(엡 2:7~8).

성경은 우리가 받은 구원이 우리에게서 난 것이 아니라고 말씀하고 있습니다. 즉, 우리가 받은 구원의 원인이 우리에게 있지 않다는 것입니다. 다른 말로 하면 우리가 사랑할 만해서 하나님이 우리를 사랑하신 것이 아니라는 것입니다. 그러면 하나님은 왜 우리를 사랑하셨을까요? 우리는 모릅니다. 이것이 기독교의 신비이고 또한 우리가 구원을 하나님의 은혜라고 부르는 이유 가운데 하나입니다. 단지 확실한 한 가지는 우리가 결코 사랑받을 만해서 하나님의 사랑을 받은 것이 아니라는 사실입니다. 나로부터 시작되지 않은 사랑을 받은 우리는 결과적으로 하나님의 은혜에 감격하고 하나님께 예배드릴 뿐입니다. 따라서 성경은 우리가 우리의 가치를 깨닫기 위해 애쓰라고 하지 않습니다. 오히려 성경은 하나님이 어떠한 사랑으로 우리를 사랑하셨는지 알라고 말합니다.

보라 아버지께서 *어떠한 사랑*을 우리에게 베푸사 하나님의 자녀라 일컬음을 받게 하셨는가 우리가 그러하도다 그러므로 세상이 우리를 알지 못함은 그를 알지 못함이라(요일 3:1)

하나님이 베푸신 사랑 때문에 하나님을 찬양하는 크리스천을 세상은 이해하지 못합니다. 아니, 이해할 수가 없습니다. 심리학은 이런 크리스천의 사고를 이해할 수 없습니다. 하나님이 존재하지 않는 심리학이 기독교를 이해할 수 없는 것은 너무 당연합니다. 나 자신의 가치를 깨닫기 위해 발버둥치는 심리학과 하나님의 은혜를 알면 알수록 더 작아지는 나 자신을 목격하는 기독교가 얼마나 다릅니까? 이 두 가지의 가치가 어떻게 공존할 수 있습니까?

이 자기 사랑에 대한 부분은 나중에 좀더 자세히 살펴보도록 하겠습니다.

심리학은 본질적으로 인간 본성의 선함 혹은 중립을 주장한다는 점에서 반기독교적이다

심리학은 기본적으로 인간 본성의 선함을 주장합니다. 아니 선함까지가 아니더라도 인간 본성이 최소한 중립의 상태 정도는 된다고 보고 있습니다. 물론 프로이트는 인간 본성이 악하다고 언급하기도 했지만 악함이 사람의 책임은 아니라고 주장합니다. 왜냐하면 인간의 악함이란 자신도 모르게 자신의 본능 속에 숨어든 그 무엇이기 때문입니다. 심리학의 시각으로 볼 때 이렇게 선하거나 최소한 중립적이어야 할 인간이 잘못 행동하는 이유는 자신과 관계 없이 가해진 외부의 자극들 때문입니다. 소위 말하는 원형 무의식 속에서 나를 지배하고 있는 미신과 신화의 찌꺼기든, 어린 시절 충족되지 않은 성적 욕망이든 아니면 내가 기억도 안 나던 시절에 나를 제대로 사랑하지 않았던 부모든 아니면 어젯밤 꿈에 나타난 재수 없는 그 아무개든 간에 아무튼 중요한 것은 지금 나 자신이 잘못 살고 있는 이 모든 것에 대한 책임이 내게 있지 않다는 것입니다. 내 속에서 불안에 떨며 울고 있는 한 어린 아이가 있는 한 나는 여전히 책임질 것이 없다는 것입니다. 아이가 무엇을 알겠습니까? 이 아이가 내 속에 있는 한 나는 여전히 더 많은 사랑을 받을 자격이 있으며 과거에 맘껏 먹지 못한 엄마의 젖을 요구할 권리를 가진 존재이지 책임을 지고 사과할 존재가 아닌 것입니다.

이에 반해 성경은 인간을 어떻게 진단합니까? 인간이 잘못된 행동을 하는 것 즉 인간이 죄를 짓는 이유는 단 하나, 인간이 죄인이기 때문이라고 말합니다. 인간은 겉으로 드러나는 행동뿐 아니라 내면 전체가 죄로 물든 존재라는 것입니다.

전갈과 개구리 이야기

"전갈과 개구리"라는 유명한 이야기가 있습니다.

개구리와 전갈이 있었습니다. 전갈이 연못을 건너고 싶은데 전갈은 사막에 사는 동물이기 때문에 연못을 헤엄쳐 건널 수 없었습니다. 그래서 생각한 것이 개구리 등에 업혀 가면 되겠구나 하고 개구리를 불렀습니다. 하지만 개구리는 당연히 거절했습니다.

개구리는 "내가 선행을 베푸는 건 좋지만 목숨을 걸고 가고 싶진 않다."라고 전갈에게 말했습니다.

하지만 전갈은 이렇게 이야기했습니다.

"내가 너를 쏘면 연못에 빠져 너도 죽고 나도 죽는데 내가 설마 너를 쏘겠니."

그러나 개구리는 생각했습니다.

'어차피 내가 전갈을 업고 연못을 안 건너가면 분명 전갈은 나를 죽

일 거야. 그럴 바엔 전갈을 업고 연못을 건너 주자.'

그러고 나서 개구리는 전갈을 믿고 전갈을 등에 업고 연못을 건넜습니다.

그런데 연못 중간쯤 갔을 때, 전갈은 개구리를 쏘았습니다.

죽어 가는 개구리가 전갈에게 말했습니다.

"내가 너를 업고 연못을 건너 주면 안 죽인다더니 전갈, 너 왜 나를 쏘았니?"

전갈이 대답했습니다.

"침을 쏘는 것은 내 본능이야. 나는 내 본능대로 행동했을 뿐이야."

전갈이 자기를 도와 주는 개구리를 쏜 것은 어린 시절 부모 전갈의 사랑을 받지 못해서가 아니라 전갈이 가진 쏘는 본능 때문입니다. 마찬가지로 성경은 인간은 죄인이기 때문에 죄를 짓는다고 말합니다. 그리고 인간이 죄인이라는 사실이 주는 가장 큰 문제는 죄인 된 상태로는 결코 하나님을 알 수 없다는 점입니다. 죄인 된 인간에게 성경이 제시하는 유일한 치료의 방법은 심리 치료가 아니라 죄에 대한 '회개'를 통하여 예수 그리스도를 의지하는 길뿐입니다. 예수 그리스도를 구세주로 모시고 하나님의 자녀가 됨으로 '죄'의 문제를 해결하는 순간 인간은 성령 하나님의 지배를 받게 됩니다. 이는 비유하자면 단순히 개구리를 쏘고 싶은 충동을 억제하는 수준의 전갈로 발전하는 것이 아니라 아예 개구리에 업혀 연못을 건너기 위해 애를 쓰는 '거듭난' 전갈로 탈바꿈시켜 주는 것입니다. 성경이 증거하는 구원은 이와 같이 인간의 근본적 변화를 초래하는 대단한 것입니다.

그러므로 자기 사랑으로 귀결되는 인간 중심 사상과 인간 본성에 대한 낙천적 이론을 바탕으로 한 심리학을 기독교의 진리 속으로 편입시키려고 하면 결국 성경의 왜곡으로 결론이 납니다. 2장에서 소개한 예와 같은 성경의 잘못된 인용과 해석은 기독교 심리 관련 책을 보면 수도 없이 등장합니다.

왜 심리학이 반기독교적인지를 알려면 심리 치료의 창시자인 프로이트와 융을 알아야 한다

저는 지금까지 심리학과 기독교는 본질상 도저히 융화될 수 없는 관계라는 것을 여러 번 강조했습니다. 그런데 '왜 심리학 이론이 이토록 반기독교적인 사상을 바탕에 깔고 있을 수밖에 없는 것입니까?' 그 이유에 대해 더 근본적인 답을 얻기 위해 우리는 심리학, 심리학 중에서도 심리 치료 또는 정신 분석의 창시자들에 얽힌 몇 가지 역사적 사실을 살펴볼 필요가 있습니다.

프로이트(Sigmund Freud)

프로이트의 가장 큰 업적: 무의식의 발견과 해석

"열린 책들"이라는 출판사는 〈프로이트 전집〉을 발간했습니다. 이 전집에 나오는 프로이트에 대한 소개 중에서 가장 중요한 부분은 다음과 같습니다.

프로이트는 꿈, 농담, 실수 행위 등에 관한 연구를 통하여 [무의식]의 존재를 일반에게 각인시키고, 인간의 성적 본능의 발전 과정을 추적하면서 유아 성욕과 오이디푸스 콤플렉스를 주장하여 사회에 커다

란 반향을 불러일으켰다. 그는 계속해서 정신 분석학을 이론적으로 규정하고 정신 분석의 방법을 종교, 사회, 문명, 예술 등의 영역에 응용하는 데 힘썼다.[60]

이 글에 나오는 바와 같이 프로이트의 가장 큰 업적은 '무의식'이라는 개념을 정립하고 이 '무의식'이라는 개념이 사실상 인간 심리를 설명하는 데에 중심이 되도록 한 점입니다. 프로이트는 무의식의 개념과 관련해서 부자 관계인 줄 모르고 아버지를 살해한 뒤, 어머니를 아내로 삼은 테베(Thebes)의 오이디푸스 왕에 대한 그리스 신화에서 개념을 따와 오이디푸스 콤플렉스를 창안하였습니다. 프로이트는 모든 신경증의 원인이 이 콤플렉스에 기인한 것으로 보고 이 콤플렉스를 어떻게 처리하는가를 신경증 치료의 중요한 단서로 인식했습니다. 프로이트는 인간의 모든 신경증의 근원에는 해소되지 않는 콤플렉스, 즉 '오이디푸스 콤플렉스'가 있는데 이는 '네다섯 살의 남자 아이가 어머니에 대한 성적 집착과 동시에 라이벌이 되는 아버지에 대한 적의의 감정, 또 아버지에 의해 자신이 피해를 받을 것에 대한 두려움의 복합을 의미한다.'라고 주장했습니다.

프로이트의 성장 배경

먼저 프로이트의 이러한 주장의 옳고 그름을 따지기 전에 간단하게 프로이트의 성장 배경을 살펴볼 필요가 있습니다. 결국 인간은 자기를 중심으로 생각하기 나름이고 프로이트 역시 예외는 아닙니다. 그는 무

---

60) 〈프로이트 전집〉의 앞날개 프로이트 소개, 열린 책들, 2006.

슨 대단한 객관적 진리를 발견했다기보다 자신의 성장 환경을 반영하는 매우 주관적인 이론을 제시했을 뿐입니다. 따라서 프로이트의 천재성과 위대성은 그의 이론 자체가 가지고 있는 객관성과 보편타당성이 아니라 개인적 선입관이 많이 포함된 매우 주관적 이론임에도 불구하고 자신의 이론을 많은 사람이 거의 진리로 인정하게 만든 그의 설득력에 있다고 볼 수 있습니다.

1856년에 태어난 프로이트는 평범한 어린 시절을 보내지 못했습니다. 그는 아버지의 세 번째 부인에게서 난 자식이었으며 프로이트의 어머니는 아버지의 전처가 낳은 장남 필립보다도 나이가 어렸습니다. 그의 이복 형제인 필립은 프로이트의 어머니에게 이성으로서의 감정을 가지고 있었습니다. 이런 환경 속에서 자란 프로이트는 후에 자신이 어렸을 때 아버지와 이복 형 필립이 죽기를 바랐었다고 고백하기도 했습니다. 따라서 자신의 어머니를 중심으로 형성된 성적인 긴장 관계 속에서 자라난 프로이트의 이런 독특한 성장 환경은 프로이트로 하여금 후에 자연스럽게 오이디푸스 콤플렉스라는 개념을 착안하게 한 토양이 되었을 것입니다.

또 한 가지 프로이트의 성장과 관련해서 주목할 사실은 그가 매우 비범한 학생이었으며 그의 학문에 대한 그의 첫 관심이 철학에서 비롯되었다는 점입니다. 그의 철학 탐구는 다윈의 진화론을 통해 절정에 다다르게 됩니다. 프로이트는 다윈을 만남으로 인해 단순히 철학을 사고의 영역에서 추구하던 기존의 태도를 버리고 생물학적 관점을 철학과 연결시켜야 한다는 자각을 하게 됩니다. 이 자각은 그로 하여금 의학을 시작하도록 한 계기가 되었습니다. 의학을 전공으로 하고 있는 중에도 철학에 대한 그의 애정은 변함이 없었습니다. 그리고 프로이트의 철학

탐구는 당시 헤겔 철학을 종교적 관점에서 새롭게 해석하던 루드비히 포이어바크[61]를 만남으로 그를 통해 프로이트가 향후 기독교에 대해 가지게 되는 유물론적 관점의 대부분을 확립하게 되었습니다.

위키피디아(Wikipedia)에서 설명하는 루드비히 포이어바크에 대해 잠시 살펴보겠습니다. 여기서 우리는 포이어바크의 주장이 프로이트가 후에 주장하는 기독교에 대한 생각과 별 차이가 없음을 알 수 있습니다.

(요약 번역)

루드비히 포이어바크는 '기독교는 사실상 인류의 이성으로부터뿐 아니라 인류의 삶에서부터 사라졌다. 기독교는 단지 고착된 생각들에 지나지 않는다.'고 주장했다.

기독교에 대한 이런 공격은 그의 가장 중요한 저작인 『기독교의 핵심』이라는 책에서 가장 잘 드러나는데 그는 이 책에서 다음과 같이 주장했습니다.

인간이 이성적이라는 것은 인간 자신이 사유의 목적이 된다는 것을 의미한다. 종교는 이런 인간의 무한함에 대한 인식일 뿐이다. 그러므로 종교는 인간 의식의 무한함에 대한 자각일 뿐이며 의식을 소유하고 있는 인간 주체는 자신의 본성 속에 무한함을 소유하고 그에 따라 표출되는 무한함을 객체로 인식할 뿐이다. 따라서 하나님은 (무한한)

---

61) Ludwig Andreas von Feuerbach (July 28, 1804~September 13, 1872).

인간을 의미하며 다른 말로 하면 인간 안에 존재하는 가장 (무한한) 본성이 밖으로 표출되어 드러난 것에 지나지 않는다.[62]

성경은 인간이 영원에 대한 자각과 갈망을 가지는 것이 하나님의 형상을 가지고 있기 때문이라고 말하는 반면, 포이어바크는 인간 속에 영원함의 본성, 다른 말로 하면 인간 속에 신이 있기 때문이라고 주장합니다. 이 얼마나 큰 차이입니까?

프로이트의 작품들

1907년 프로이트는 신경증적인 행동(neurotic behaviors)과 종교적 의식(religious rituals) 사이에는 긴밀한 유사성이 발견된다는 논문을 발표했습니다. 1913년에는 『토템과 터부』(Totem and Taboo)를 통해 원시인과 강박 신경증 환자 사이의 유사점을 묘사하며 원시인들이 힘을 합쳐 '제거' 한 '최초의 독재적인 아버지'에 대한 죄책감과 공포를 달래기 위해 시행한 토템 종교의 의례에서 절대적 신의 원형(prototype of God)으로 오늘날의 기독교를 설명했습니다. 그 이후 그는 이집트 왕자인 모세를 죽인 이스라엘이 그 죄책감을 못 이겨 환상 속에 만들어 낸 존재가 메시아라는 등의 '순수 창작'의 절정인 『모세와 유일신』(Moses and Monotheism)을 발표했습니다.

그러나 기독교와 관련한 프로이트의 가장 기념비적인 작품은 1927년에 발표한 『환상의 미래』(The future of an illusion)입니다. 그는 여기서 '우리 인간은 어린 시절 부모의 의존성으로부터 시작되는 종교적 믿음이라는 환상을 제거하고 살 수 있는가? 비록 인간이 이 환상을 상당 부

---

62) Ludwig Andreas von Feuerbach (July 28, 1804~September 13, 1872).

분 제거한 채 살아가다가도 죽음이 가까워 올수록 죽음에 대한 두려움은 (이미 상당 부분) 희석시켰던 환상을 다시 불러오고 인간으로 하여금 또다시 아버지의 품에 의존하게 하는가? 인류에게 달라붙어 떨어지지 않는 이 환상을 어떻게 근본적으로 제거할 수 있는가?' 라는 질문들에 대해 다음과 같이 말합니다.

> 종교란 특허를 낼 수 있을 정도로 유치한 것이다. 또한 실재와 너무도 차이가 나는 것이다. 대다수의 사람이 자신들의 삶과 관련해 종교의 이 유치함을 보지 못하는 것은 참으로 가슴 아픈 일이다.[63]

사실 프로이트에게 있어서 종교란, 개인에게 있어서 억압된 충동들에 의해 문득문득 드러나는 이상한 꿈 또는 황당한 말실수가 인류 전체에 의해 확산된 형태에 불과합니다. 또 동시에 기독교의 하나님은 그에게 있어서 오이디푸스 콤플렉스의 연장선상에 있는 '아버지의 모습'이라고 보아도 무방합니다.

그래서 우리는 프로이트가 종교를 인류의 집단 신경증(the universal obsessional neurosis of humanity) 또는 좋게 보아서 인류의 가공된 목발(illusory crutches of humanity)로 본 것이 이해가 됩니다. 그는 자신이 추정하는 개인 콤플렉스를 인류 전체에 확대시켜 종교를 하나의 거대한 집단 콤플렉스로 확대 이론화시킨 대단한 배짱을 지닌 사람입니다.

프로이트 이론에 대한 평가

이제 프로이트의 이론과 관련해서 살펴볼 몇 가지 중요한 점들이 있

---

63) http://www.theotokos.org.uk/pages/churpsyc/freud.html

습니다.

프로이트는 찰스 다윈의 진화론에 큰 영향을 받아 과학 발전이 이루어 낼 미래를 믿으며 영적 세계를 부정했다

첫째, 프로이트와 칼 마르크스(Karl Marx)는 놀라울 정도로 닮았습니다. 이 두 사람은 공통적으로 종교란 하나의 환상 또는 환영이라고 보았습니다. 또한 죽지 않는 영혼의 존재를 철저히 부정했습니다. 그리고 무엇보다도 이 두 사람은 모두 찰스 다윈으로부터 지대한 영향을 받았습니다. 프로이트는 우리 인간의 성장 과정 중에서 진화의 흔적을 찾아 냈습니다. 또한 인간의 무의식 역시 어떤 부분에 있어서는 진화의 흔적을 지니고 있는 것으로 파악했습니다.

프로이트의 다윈에 대한 전폭적 지지는 궁극적으로 과학에 의한 인류의 완성을 믿게 했습니다. 그는 인류는 신화적 단계에서 종교적 단계로 그리고 마지막으로 과학적 단계로 진행되는 사회적 진화를 기대했습니다. 다윈의 진화론에서 힘을 얻은 그는 분명 과학의 발전이 인간이 갈망하는 궁극적 실재(ultimate reality)의 실체를 펼쳐 보일 것이라고 확신했던 것 같습니다.

그러나 프로이트는 사실상 당시 생리학적으로 규명되던 심리학의 영역을 더 '비생리학적'인 영역으로 전환시킨 인물입니다. 과거 생리학적 해석에 의해 제한되었던 상태들에 대해 '심리학적'이라고밖에 말할 수 없는 비생리학적 개념을 부여함으로 새로운 해석을 시도했습니다. 프로이트는 물리적 영역에서 객관적 해석이 불가능하던 영역들인 인간 심리의 영역을 파악하기 위해 결국 객관적 과학의 방법을 포기하고 주관적 믿음의 영역인 종교의 영역으로 심리학을 발전 또는 변화시킨 것

입니다. 이러한 프로이트가 '인류가 종교적 단계를 지나 과학의 단계로 발전하기를 바랐다.'는 사실은 참으로 아이러니가 아닐 수 없습니다. 그러나 프로이트의 기대와는 달리 21세기에 들어선 이 세상은 점점 더 과학적이 되어 가기는커녕 점점 더 종교적 아니 점점 더 신비주의적이고 미신적이 되어 가고 있습니다. 궁극적 실체의 존재에 대한 인간의 갈망은 신비주의를 과학의 이름으로 수용하며 수단과 방법을 가리지 않고 신비적 체험을 갈망하는 데서 잘 드러납니다. 이 모습이 지금 21세기 우리의 모습이 아닐까요?[64]

19세기 말에 태어난 영국의 유명한 물리학자이자 천문학자이고 수학자인 제임스 진스 경(Sir James Jeans)은 과학이 이루어 낼 낙관적 미래를 믿었던 프로이트와는 달리 20세기에 이룬 물리학의 발전과 관련하여 다음과 같이 말했습니다.

> 20세기의 물리학이 성취한 가장 큰 공헌은 상대성 이론도 아니고 양자론도 아니며 또한 분자의 분리도 아니다. 인간은 아직도 여전히 궁극적 실체가 무엇인지 모른다는 일반적인 깨달음에 도달한 것이 물리학의 발전이 우리에게 주는 가르침이다.[65]

뿐만 아니라 프로이트에 비하면 자신은 낚싯줄에 매달린 지렁이에 불과하다며 프로이트에 대하여 인간이 할 수 있는 최고의 찬사를 보낸 아인슈타인 역시도 인간이 갈구하는 궁극적 실체의 발견과 관련한 과학의 무력함을 표현했습니다. 아인슈타인은 물리학이 발전하면 할수록 이

---

64) 이 부분은 3탄에 해당하는 책, 『부족한 기독교』 엔터테인먼트 편에서 다시 다루겠다.
65) James Jeans, *The Mysterious Universe*, The MacMillan Company, 1930, p. 140.

물리적 우주의 존재 원인에 대하여 결국은 비물리적이며 영적인 무엇인 가를 찾는 형이상학의 단계에 이를 수밖에 없다고 인정했습니다.

아인슈타인이 비록 규명하지는 못했지만 그 존재 자체에 대해서만은 인정했던 영적 세계에 대해 프로이트는 철저히 부정했습니다. 말년에 이르러 프로이트가 어떻게 생각했는지에 대해서는 여러 상충되는 증언 들이 있지만 아무튼 프로이트는 일생 동안 일관 되게 인간의 영적인 측면과 또한 실재하는 사후의 영적 세계에 대해 부정적이었습니다. 사실 프로이트의 이런 점이 영적 세계에 '과도한' 집착을 보이는 카를 융과 헤어지게 되는 하나의 이유가 되기도 합니다.[66]

프로이트 이론의 핵심인 무의식

둘째, 프로이트 이론의 핵심을 이루고 있는 무의식과 관련된 것입니다. 그의 정신 분석에 따르면 인간에게 있어서 절대적인 도덕적 원칙은 존재할 수 없습니다. 왜냐하면 겉으로 드러나는 인간의 도덕적 행동들도 사실은 보이지 않는 무의식에 의해 지배받고 있기 때문입니다. 예를 들어, 내가 비록 의식적으로는 불쌍한 사람을 도와 주는 '선한' 일을 했다고 하더라도 나의 무의식은 사실상 나의 의식과는 관련 없이 '악한' 의도를 가지고 나의 의식을 조종했을 수도 있다는 것입니다. 무의식이 나를 지배하는 한 나는 비록 내가 선한 일을 하지 않는 것에 대한 주위의 비판에 대해서도 나의 무의식 속에 존재할 수 있는 악한 의도에

---

66) 물론 카를 융이 프로이트의 이론들, 특히 그의 성 이론(sex theory)에 대해 한계를 느끼고 떠났다고 주장하기도 하지만 사실은 프로이트가 폴터가이스트(외부 세계의 영의 도움을 받아 사물을 움직이는 것, 영화에 나오는 장면 중 여러 명이 식탁에 손을 올리고 있으면 식탁이 막 흔들거리면서 영이 나타나고 그 영과 교감하는 모습이 폴터가이스트의 전형적인 형태다.)를 시범 보이며 자신을 압박하는 융을 '피했고 두려워했다'는 것이 당시의 더 정확한 상황이었던 것으로 보인다.

대한 우려 때문에 선한 일을 '의식적으로는' 하고 싶었지만 하지 않았다고 말함으로서 얼마든지 나 자신을 합리화할 수 있게 됩니다. 즉, 무엇이 옳고 무엇이 그른지에 대한 기준 자체가 사라지며 내가 책임져야할 영역은 그 자체가 실종될 수밖에 없습니다. 무의식의 발견은 인간행복을 향한 중요한 시발점이 아니라 인간을 꼭두각시로 만드는 인간실종의 시작입니다.

프로이트는 자신의 저서 『환상의 미래』(The future of an illusion)에서 다음과 같이 말합니다.

> 인간의 본성 속에 들어 있는 열망은 근친상간에의 열망, 잔혹 행위
> 와 살인에의 열망이다.

인간을 한없이 선한 존재로 파악한 칼 로저스에 비해 프로이트는 인간을 근원적으로 악한 존재로 보았습니다. 아니, 프로이트에게 인간은 악한 존재라기보다 어린 시절부터 쌓인 억압들에 의해 자신도 자기를 모르는 수수께끼적인 존재였다는 것이 더 정확할 것입니다. 그 수수께끼의 존재는 말도 안 되는 것을 종교의 이름으로 믿고 숭상하며 따르는 어리석은 존재이기도 했을 것입니다.

분명 프로이트는 똑똑하고 뛰어난 사람이었습니다. 그리고 그의 업적은 어쩌면 아인슈타인[67]과 더불어 20세기를 대표하는 사람으로 인정받기에 부족함이 없을지도 모릅니다. 세상 사람들은 모두 그를 천재라

---

67) 「타임」지는 매해 '그 해의 인물', 그리고 10년마다 '지난 10년의 인물'을 선정해서 발표한다. 그리고 2000년, 「타임」지는 '지난 100년의 인물'을 선정했는데 그 사람이 바로 아인슈타인이었다.

고 부를지 몰라도 하나님 앞에서 그는 단지 수많은 '어리석은 사람' 가운데 한 명일 뿐입니다. 성경은 프로이트와 같은 사람을 '어리석은 사람'이라고 말합니다.

어리석은 자는 그의 마음에 이르기를 하나님이 없다 하는도다 그들은 부패하고 그 행실이 가증하니 선을 행하는 자가 없도다(시 14:1).

프로이트에 대한 일부 기독교인의 무분별한 칭송

앞에서도 언급했지만 하나님이 주신 과학의 영역을 기독교가 배척하거나 부정하는 것은 잘못된 것입니다. 그러나 기독교가 과학의 가면을 쓴 우상의 실체를 파악하지 못하고 그 앞에서 아양을 떠는 것을 보면 참으로 가슴이 아픕니다.

2006년 9월에 연세대학교에서 프로이트 출생 150주년을 맞아서 '정신 분석과 기독교 심포지엄'이 열렸습니다. 여기서 프로이트에 대한 적극적인 옹호와 활용에 대하여 많은 토론이 발표되었던 것 같습니다. 그 강의를 직접 들은 것이 아니라 신문에 난 제한적 기사를 통해 보았기 때문에 제 판단에 오류가 있을 수도 있을 것입니다. 그럼에도 불구하고 프로이트에 대한 기독교계의 사랑은 실로 '아낌없이 주는 나무'의 사랑을 연상케 합니다.

프로이트, 종교적 깊이를 탐구하는 인간의 능력 심화 확대

종교에 대한 프로이트의 이러한 신랄한 비판은 정신 분석학과 종교와의 적극적인 대화와 교류에 장애물이 돼 왔다. 특히 무신론에 근거를 두고 있는 그의 정신 분석 이론은 유신론에 바탕한 기독교와 전혀 다른 세계관을 가지고 있어, 기독교에서는 그의 정신 분석학 자체를 부정해 왔다.

하지만 최근에는 프로이트나 그의 정신 분석학이 결코 '반종교적'이거나 '비종교적'인 것으로 볼 수 없다는 견해들이 나오고 있다. 나아가 인간 내면 세계에 대해 실제적인 성찰에 근거한 그의 이론을 통해 인간에 대한 이해와 종교의 성숙을 이루도록 해야 한다는 얘기까지 나오고 있다.

이러한 견해는 이 날 참가자들에 의해서도 발견됐다. 연세대학교 의과대학 민성길 교수는 개회사를 통해 "프로이트의 종교 내지 기독교에 대한 비판은 종교적 행동의 유아적 측면을 비판한 것"이라며 "프로이트의 종교론은 오히려 종교적 깊이를 진지하게 탐구하는 인간의 능력을 심화 확대한 공로가 크다."고 밝혔다.

또한 민 교수는 "인간의 문제나 고통의 문제, 그리고 그 해답에 있어서 프로이트의 입장이 기독교와 다르다 해도, 그는 그 누구보다 철저하고 깊이 생각했다."며 "그런 태도는 종교적이라고까지 할 수 있을 정도"라고 설명했다.

연세대학교 의과대학 전우택 교수도 '인간에 대한 이해와 그 해결을 위한 접근에 있어서 프로이트의 기여도'를 높이 평가했다.

그는 "프로이트는 인간의 본성을 새롭게 발견한 사람이 아니라 그 본성을 정확하고도 새로운 용어로 다시 설명한 사람이었다."며 "그는 인간 정신의 거대한 타락의 모습을 선명하게 인간들에게 드러냈을 뿐 아니라, 종교가 그 역할을 제대로 하지 못하고 있음을 고발한 사람"이라고 밝혔다.

신학자인 연세대학교 권수영 교수 역시 "프로이트가 비판한 종교론은 종교라는 코끼리의 한 부분에 불과하다."며 "기독교와 프로이트의 만남을 갈등이 아니라 서로 융합되어야 할 의미로서 해석하고 되짚어 봐야 한다."고 말했다.[68]

이 기사에 나오는 '인간 내면 세계에 대해 실제적인 성찰에 근거한 그의 이론을 통해 인간에 대한 이해와 종교의 성숙을 이루도록 해야 한다.'는 주장은 참으로 어이가 없습니다. 이제 프로이트를 비판하는 것은 미성숙한 기독교인의 모습인가 봅니다. 프로이트가 깊이 생각했으며 또한 그가 고민을 많이 한 만큼 그를 종교적으로 접근해야 한다는 말은 도대체 무슨 뜻인지 감을 잡을 수가 없습니다. 이 세상에 철저하고 깊이 생각하지 않는 이단이 있을까요? 종교적이지 않는 이단이 있을까요? 프로이트가 제시한 이론이 인간 문제를 이해하고 그 해결을 위해 접근하는 데 도움을 준다니 참으로 프로이트에 대해 '긍정적'인 생각입니다. 또한 '프로이트가 인간 본성을 새로 발견하고 그 인간 본성을 거대한 타락의 모습으로 보았다.'는 것은 프로이트의 이론을 너무도 '성경적'으로 해석한 것입니다. 이런 식으로 해석하면 세상에 '성경적'으로 해석하지 못할 이론이 없을 것입니다. 김일성의 '주체사상'이라고 성경적으로 해석 못할 법도 없습니다. 프로이트가 인간을 성경이 말하는 '죄인'으로 보았을까요? 아니, 아예 하나님의 존재 자체를 인정하지 않는 그에게 죄는 과연 어떤 기준으로 존재할 수 있다는 말입니까? 결코 하나님에 대한 죄는 아닐 것입니다. 프로이트에게 과연 보편성을 가진 선과 악이 존재한다는 개념이 있었을까요?

이와 더불어 프로이트를 '그 역할을 하지 못하고 있는 종교를 고발

---

68) http://www.duranno.com/news/news_detail.asp?id=2656

한 사람'으로 보는 주장은 정말로 혀를 차게 합니다. 프로이트에게 있어서 종교라는 것은 인류가 제거해야 할 질병일 뿐이었습니다. 우리가 감기에 걸리면 감기를 없애려고 하지 감기가 지금 내게 제 역할을 하지 않고 있어서 안타까워합니까? 내 몸에 있는 종양이 제 역할을 못해 가슴 아파하는 사람이 있습니까?

만약 위의 심포지엄에 프로이트가 참석했다면 그는 뭐라고 생각했을까요? '야, 기독교가 이제 나의 이론을 받아들이는구나, 이제 기독교가 성숙해 가는구나!' 하며 박수쳤을까요? 천만의 말씀입니다. 아마도 자신에 대한 왜곡에 치를 떨었을 것입니다. 그리고 어떠한 가치 체계에 대한 정확한 분석도 없이 필요한 경우 무조건 가져다가 자기 유리한 대로 이리 떼고 저리 떼서 갖다 붙이는 기독교의 행태에 대해 더 치를 떨었을 것입니다. 자기가 애초에 생각했던 것보다 기독교라는 종교가 가진 '신경증'의 증세가 훨씬 더 심각하다고 결론을 내렸을 것입니다.

프로이트를 숭상하는 많은 사람은 어쩌면 그가 이 인생의 문제를 다 해결하고 인생의 답을 알고 있었던 사람이라는 환상을 가지고 있을지도 모르겠습니다. 그러기에 그가 제시한 방법들은 인간의 문제를 해결하는 정답이 된다고 믿는지도 모릅니다. 그러나 프로이트는 인생의 해답을 알고 있는 사람이 아니었습니다. 그는 상습적으로 코카인을 사용하던 사람이기도 했습니다. 자신의 인생에 대해서도 답을 모르는 사람이 다른 인간 더 나아가 인류의 문제에 대한 답을 주겠다는 것은 매우 어리석은 일입니다.

그러나 더 어리석고 비참한 것은 답을 가지고 있는 사람이 자신이 가지고 있는 것이 답인지 아닌지도 모른 채 방황하는 것입니다. 그는 프로이트보다도 더 불쌍하고 어리석은 사람일지도 모릅니다.

카를 융(Carl Jung)

정신 분석에 있어서 프로이트와 필적할 만한 사람은 딱 한 명밖에 없습니다. 바로 카를 융입니다. 비록 융 역시 프로이트의 무의식의 개념을 바탕으로 자신의 정신 분석 이론을 발전시켰지만 융은 그의 이론이가진 독창성과 영향력을 통해 단지 프로이트의 이론을 발전시킨 정도의 정신 분석 학자가 아니라 프로이트와 어깨를 나란히 하는 동등한 수준의 독창적 이론을 확립한 사람으로 인정받고 있습니다.

오늘의 기독교가 융에게 직 · 간접으로 받은 영향

그러나 이런 융에 대해서는 기독교가 프로이트에 대해서만큼의 노골적인 애정 표시를 하지 않습니다. 그러나 기독교가 융을 프로이트와는달리 공개적으로 받아들이든 아니든 기독교가 정신 분석의 정당성 자체를 인정하고 받아들이는 한, 정신 분석 이론의 중심에 서 있는 융을받아들이는 것과 다름없습니다. 그러나 좀더 깊이 들여다보면 비록 융이 프로이트가 받는 것만큼 공개적 사랑을 받지는 못해도 사실 프로이트보다 훨씬 더 큰 영향력을 기독교에 미치고 있음을 쉽게 알 수 있습니다.

한두 가지 예를 들면 요즘 교회와 신학교에서 마치 성경적인 성격 분석인 양 시행되는 Myers-Briggs Type Indicator(MBTI)가 융의 이론에 근거한 성격 분석이라는 점입니다. 이뿐 아니라 1993년 유명한 프라미스 키퍼스 연례 콘퍼런스(The Promise Keepers annual conference)에서는융의 사상을 그대로 기독교적인 용어를 삽입해서 융화시킨 로버트 힉스의 책 『남성의 여행』(Masculine Journey)이 콘퍼런스에 참가한 5만 명이 넘는 전원에게 배포되기도 했습니다.

윤이 기독교에 영향을 미치는 것은 영적 세계를 인정하고 기독교의
상대적 가치를 인정하기 때문이다

윤이 이렇게 기독교에 영향을 미치고 있는 가장 큰 원인은 공개적으
로 영적 세계를 부정하고 기독교를 경멸한 프로이트에 비해 윤이 영적
세계를 인정할 뿐 아니라 기독교의 상대적 가치를 인정하는 그의 이론
적 바탕에 있다고 보입니다. 즉 영적 세계와 상대적 가치로서 기독교를
인정하는 윤의 이론은 영적 세계를 거부하고 기독교를 경멸하는 프로
이트에 비해 더 자연스럽게 기독교 사상과 융화됩니다. 그러나 우리는
윤이 기독교를 하나의 상대적 가치로 인정했다는 것이 그가 기독교를
진리 또는 진리 중의 하나로 받아들였다는 것을 의미하는 것은 아니라
는 사실을 분명히 알아야 합니다.

프로이트는 기독교를 부정한 반면 윤은 기독교를 신화화했다

프로이트가 종교 또는 기독교를 신경증으로 파악함으로써 종교를 본
질적으로 '악한 것'으로 본 반면 윤은 기독교를 포함한 모든 종교를 집
단 신화들(collective mythologies)로 파악했습니다. 즉, 그에게 종교란 본질
적으로 '실제로' 존재하는 그 무엇은 아니지만 그 실제 여부와 관계 없
이 인간의 정신 세계에는 '실제로' 영향력을 미치고 있는 신화 가운데
하나라는 것입니다. 프로이트가 기독교를 부정했다면 윤은 기독교를
신화화했습니다. 쉽게 얘기하면 윤은 우리 나라의 단군 신화가 사실성
여부와 관계 없이 신화로서 가치를 갖듯이 기독교 신화도 단순히 신화
로서 그 가치를 가진다고 생각했습니다. 그리고 윤이 생각하는 신화로

서의 기독교는 그의 가장 대표적 이론인 집단 무의식(collective unconscious)에 그대로 반영되었습니다.

융의 집단 무의식 이론

융은 프로이트와 마찬가지로 무의식 속에 억압된 채로 인간의 삶에 지대한 영향을 미치는 망각된 기억들과 욕망들을 중심으로 그의 이론을 전개합니다. 그러나 한 걸음 더 나아가 개인 무의식(personal unconsicous)과 집단 무의식(collective unconscious)을 구분했습니다. 그는 개인 무의식은 무의식 중에서도 비교적 의식으로 드러나는 표면에 가까운 것으로 삶에서의 체험 가운데서도 의식 상태를 좌우할 정도의 중요한 사건들이 남긴 굵직굵직한 감정들의 찌꺼기를 중심으로 형성되어 있다고 주장합니다.

이에 반해 집단 무의식은 개인 무의식보다 더 깊은 곳에 위치하고 있다고 말합니다. 이 집단 무의식의 가장 큰 특징은 개인마다 상이한 개인 무의식과는 달리 인류 보편적인 성격을 띤다는 점입니다. 융은 이 집단 무의식은 인간이 인간으로 진화하기 이전 인간이 동물일 때부터 이어 내려온 잠재된 기억들로 구성되어 있다고 보았습니다. 그리고 이 잠재된 기억들이 어떤 것인지를 파악하기 위한 가장 효과적인 방법은 이 세상에 편재되어 있는 인류의 각종 신화들, 종교들, 의식들, 상징들 그리고 꿈과 환상 등을 연구하는 것이라고 믿었습니다. 따라서 이 집단 무의식은 개인차가 있는 것이 아니라 인간 모두에게 공통적으로 발견될 수밖에 없는 것입니다. 결국 융에게 기독교는 다른 신화들과 마찬가지로 집단 무의식의 잠재된 기억들을 파악하는 데 필요한 하나의 단서일 뿐 그 이상도 이하도 아니었습니다.

강신술에 접촉된 융의 성장 배경

스위스의 개신교 목사의 아들로 태어난 융은 이미 어린 시절부터 남들과는 다른 영적인 경험을 하면서 성장했습니다. 비록 아버지뿐 아니라 외할아버지도 개신교 목사였지만 사실상 그가 가정에서 받은 영향은 바른 의미의 기독교 가르침이 아니었습니다. 목사였던 그의 외할아버지는 죽은 융의 할머니와 대화하기 위한 강신령(séance)을 정기적으로 열었던 사람이었고 그의 두 번째 외할머니는 자기 집에 방문하는 영들을 위해 방에 특별히 '영들이 주무시는 침대'를 놓고 지내던 사람이었습니다. 융은 이미 세 살 때 자기 속에 존재하는 또 하나의 인격체를 느끼고 있었습니다.

영적인 존재와 접촉하며 저술 활동을 한 융

그러므로 융이 1902년에 출판한 박사 논문이 강신령에 대한 것이라는 사실은 전혀 놀라운 일이 아닙니다. 융은 그 논문을 위해 조카를 최면 상태에 놓고 그 조카의 죽은 조상들과 조카가 접촉케 하는 실험을 자기 논문의 주제로 삼았습니다.

융은 어린 시절부터 영들과 접촉했지만, 후에는 그가 원형(archetypes)이라고 부른, 육체가 없는 영들의 실체들과 접촉하며 그들의 영향을 받아 저술 활동을 했습니다.

융이 평생 가장 큰 영향을 받은 영, 필레몬

융은 1916년 그 영 가운데서 평생에 걸쳐 그에게 지대한 영향력을 끼친 영적 존재인 필레몬을 만납니다. 융은 처음에는 그 필레몬이 자신의 무의식이 투사한 자기 자신의 일부로 인식했습니다. 그러나 나중에 필레몬이 자신의 일부가 아닌 그 이상이라는 것을 알게 되었습니다.

내 환상 속에서 만나던 필레몬과 다른 존재들은 사실은 내가 나의
정신 세계에서 스스로 만들어 내던 가상의 존재가 아니라 자기들 스
스로 존재하고 자신들의 생명을 갖고 있는 독립적인 존재들이라는 사
실을 나는 확실히 알 수 있었다. 필레몬은 내가 아닌 하나의 독립된
힘이었다. 나는 환상 중에서 그와 대화를 나누었고 그는 내가 무의식
에서조차도 결코 알 수 없는 일들에 대해 나에게 알려 주었다. 나는
확실히 알 수 있었다. 말하는 주체는 내가 아닌 필레몬이라는 사실을.
심리적으로 말하면 필레몬은 어떤 우월한 영감을 의미할 수도 있다.
그는 나에게 실로 신비스런 존재였다. 어떤 때는 그의 존재가 내게 너
무 생생해서 마치 그가 살아 있는 인격체라고 느낄 수밖에 없었다. 그
와 함께 정원을 산책할 때면 그는 내게 마치 인도 사람들이 '구루' 라
고 부르는 영적 지도자와도 같았다.[69]

융이 얼마나 영적인 존재들과 접촉하고 살았는지는 다음의 글을 통
해서도 잘 알 수 있습니다.

죽은 자들의 영혼들이 너무 생생해서 융은 때때로 자신이 그들과
함께 여행을 하고 있고 자신이 그들의 '담당 목사' 라고 느낄 정도였
다. 영들로 가득 차 있는 집에서 영들의 요구와 영들이 주는 영감에
의해 영들에게 설교를 한 놀라운 경험에 대해 융은 "영들에게 한 일곱

---

69) C. G. Jung. *Memories, Dreams, Reflections*, By Aniela Jaffe, Pantheon, 1963, p. 55.

편의 설교는 그냥 나로부터 자연스럽게 흘러나왔다. 그리고 3일 밤에 걸쳐 나는 그 설교들을 기록했다."라고 말했다. 그 설교들은 융에게 핵심이 되는 작업이었다. 그 죽은 자들의 영혼들은 융에게 가장 중요한 문제들에 대해 답을 하도록 강요했는데 예를 들면 하나님의 성품, 우주 그리고 인간에 대한 문제 등이다. 그 때 그의 대답들이 향후 융이 심리학의 연구를 진행하는 데에 이론적 뿌리가 되었다. 그로부터 40년 이상의 시간이 흐른 후 융의 자서전이 마침내 완성되었을 때에 그 자서전을 출판하는 미국의 출판사는 그의 자서전 『기억들, 꿈들, 회상들』(Memories, Dreams, Reflections)에서 이 '영들에게 한 일곱 편의 설교' 부분만은 뺐는데 아마도 그 이유는 이 사건이 융의 삶 자체를 너무도 믿지 못하게 만든다고 판단했기 때문인 듯하다. 그럼에도 불구하고 이 사건은 융이 그의 이론들을 형성하는 데 가장 뼈대가 되는 사건이었다.[70]

심리학자 빅터 본 와이즈잭커(Viktor Von Weizsaecker)는 그의 책 『프로이트와 융에 대한 회상』(Reminiscences of Freud and Jung)에서 융은 정신 분석이 과학이 아닌 종교적 영역에 속하는 것임을 최초로 이해한 사람이라고 평가했습니다. 융은 신을, 위에서 설명한 집단 무의식 속에 숨어 있는 어떤 실체로 생각했기 때문에 모든 인간은 자신의 무의식 속에 자기 자신의 '신'을 소유하고 있다고 생각했습니다. 따라서 융은 신화, 종교적 상징, 꿈 등을 이용해 개인의 정신(psyche) 속을 파고들어가 밝히는 것이 자기 자신을 이해하는 차원을 넘어 자신 속에 있는 신의 존재

70) Dave Hunt and T. A. McMahon, *America, The Sorcerer's New Apprentice*, Harvest House, p. 112.

를 깨워 내는 데 필요하다고 주장했습니다. 그런 장치 중의 하나로 융은 기독교와 기독교 역사 속에 존재하는 다양한 상징을 매우 유용한 수단으로 파악합니다.

이렇게 융이 모든 인간 속에 존재하는 신적 존재를 깨우기 위해 사용한 다양한 방법과 그 방법들이 지금 기독교 속에 어떻게 들어와 있는지를 살펴보는 것은 앞으로 우리의 매우 중요한 과제가 될 것입니다.

프로이트와 융의 이론을 진리로 받아들이는 사람은 '창조적 진화론'을 주장하는 사람과 마찬가지다

우리는 이러한 프로이트와 융의 사상을 받아들이는 것이 기독교에서 어떤 의미인지에 대해 다시 한 번 생각해 보아야 합니다. 프로이트와 융이 가진 기독교에 대한 잘못된 생각들은 거부해도 그들이 발견한 인간 심리와 관련한 뛰어난 업적은 인정하고 수용해야 되지 않겠느냐는 생각은 잘못된 것입니다. 이는 마치 죄는 미워해도 사람은 미워할 수 없다는 논리 아래 은행 강도 출신의 전과자를 은행의 경호원으로 채용하는 것과 마찬가지 논리입니다.

프로이트와 융이 정신 분석을 통해 끼친 영향은 단순히 심리학에 그치는 것이 아니라 인간 사고 전체에 영향을 미치고 있습니다. 이는 마치 다윈의 진화론이 끼치는 영향이 단순히 생물학에 그치지 않는 것과 동일합니다. 앞에서 살펴보았듯이 프로이트와 융의 무의식 이론은 진화론과 떼어서 생각할 수 없습니다. 그러므로 그들의 무의식에 대한 이론을 마치 과학이자 진리인 양 성경의 가르침과 융합하려고 하는 것은 몇몇 자칭 기독교인이라고 고백하는 사람들이 '창조적 진화론'을 주장하는 것과 전혀 다르지 않습니다. 성경을 믿으며 동시에 진화론을 수용

하는 경우가 상상이 됩니까? 그런데 그 혼합이 전혀 어렵지 않은 사람들이 있습니다.

창조적 진화론을 믿는 마크 놀 교수

시카고에 있는 휘튼 칼리지(Wheaton College)가 가장 자랑하던 마크 놀(Mark Noll) 교수는 기독교 역사계와 지성계에서 큰 주목을 받았던 『복음주의 지성의 스캔들』(The Scandal of the Evangelical Mind, 1995)과 『미국과 캐나다의 기독교 역사』(A History of Christianity in the United States and Canada, 1994)와 같은 책을 저술함으로 기독교 지성계에 주목을 받았습니다.[71] 2006년 초 「타임」지가 선정한, 미국에서 가장 영향력이 있는 크리스천 25인 가운데 한 명으로 선정되기도 한 마크 놀은 한 인터뷰에서 다음과 같이 말했습니다.

> 상당수의 복음주의 크리스천은 진화와 기독교의 전통적인 믿음 중의 하나인 창조주이자 지금도 우주를 지탱하고 계신 하나님, 이 둘의 개념을 통합하는 것에 대해 어려움을 느끼고 있다. 그러나 나는 그렇지 않다. 복음주의 내에서도 나는 칼빈주의에 속하는데 이 칼빈주의는 오랜 세월 동안 하나님이 인간에게 자연과 성경, 이 '두 권의 책'을 통

---

71) 개신교와 가톨릭 사이의 통합에 대해 크게 관심을 갖고 있는 마크 놀은 2005년 자신의 모교 휘튼 칼리지를 떠나 미국에서 가장 유명한 가톨릭 대학인 노틀담 대학(The University of Notre Dame)의 역사학과로 자리를 옮겨 휘튼을 큰 충격에 빠뜨렸다. 휘튼 칼리지 졸업생이기도 한 놀은 사실상 휘튼이 배출한 당대의 가장 걸출한 기독교 역사학자로 인정받고 있었기 때문에 휘튼의 충격은 더 클 수밖에 없었다. 이 부분을 의식했었기 때문인지 몰라도 놀은 노틀담 대학과의 협상을 매우 비밀스럽게 진행해 나중에 비난을 받기도 했다. 노틀담 대학은 한국에서 특히 인기가 높은 헨리 나우웬이 하버드 대학으로 옮기기 전 교수로 재직하기도 했었고 김수환 추기경이 유학을 했던 학교이기도 하다. 미국 메이저 대학 가운데 유일하게 학내에 동성애 클럽을 인정하지 않는 학교다.

해 말씀해 오셨다는 점을 믿고 있다. 즉, 성경과 자연이라는 이 두 권의 책이 동일한 한 저자에 의해 기록된 이상 이 둘 사이에는 결코 어떤 갈등이 있어서는 안 된다. 즉, 인간이 확고한 과학으로부터 얻는 지식과 바른 해석을 통해 얻는 성경 지식 사이에 상호 모순이 있어서는 안 되는 것이다. 물론, '진화'라는 이 말이 완전한 우연에 의존하는 거대 철학적 의미를 함축하는 이 세상 근원에 대한 설명으로서의 진화를 말한다면 나는 그 진화는 전혀 믿지 않는다. 그러나 생물들이 적자 선택에 의해 어떻게 발전해 왔는지에 대한 과학적 설명으로 존재한다고 할 때 내가 말하고 싶은 것은 우리가 과학의 힘을 통해 발견할 수 있는 것은 최대한 발견하도록 노력해야 하며 또한 그 일을 가장 잘 하는 과학자들을 우리는 신뢰해야 한다는 사실이다. 성경과 관련해서 생각할 때 우리가 「뉴욕 타임즈」에 실리는 신문 기사들이 사실을 바탕으로 씌어지는 것과 같은 형태로 창세기의 초반 부분이 씌어졌다고 생각할 필요는 없다. 즉, 창세기의 초반 부분이 실제로 일어난 사실을 바탕으로 씌어졌다고 생각할 필요가 없다는 것이다. 그러나 믿음에 필요한 바탕으로 말할 수 있는 것은 1) 하나님이 이 세상의 바탕이 되는 재료들을 만드셨다. 2) 하나님은 그의 섭리에 따라 발생하는 모든 자연적인 진행을 책임지고 계신다. 그리고 3) 하나님은 당신의 특별한 창조의 행위(아마도 무에서 유의 창조, 그리고 아마도 유인원과 비슷한 모습을 가진 우리의 조상의 창조)를 통해 인간에게 당신의 형상을 불어넣으셨다. 성경은 책임 있는 과학의 연구로 인해 위협받을 이유가 없다.

역사학자로서 나는 19세기 보수적 장로교도인 벤저민 워필드의 말에 크게 감동을 받았다. "만약 우리가 진화론을 단지 전반적으로 진행되는 모든 과정에 있어서 하나님이 감시하시고 계시는 것, 그리고 종종 필요한 경우에 하나님의 초자연적인 간섭에 의해 새로운 종들이 발생할 수 있도록 하나님이 적절한 창조 행위를 하신 것으로 볼 수 있다면……아마 우리는 이와 같이 수정된 진화론을 지지하면서 동시에 정통적인 교리를 고수하는 기독교인이 될 수 있을 것이다." 그의 말은 오늘날에도 여전히 유효하다.[72]

마크 놀은 자신을 기독교 지성계의 선두주자로 등극시킨 그의 화제작 『복음주의 지성의 스캔들』(The Scandal of the Evangelical Mind, 1995)에서도 소위 말하는 창조적 진화론을 지지하는 자신의 생각을 감추지 않고 있습니다. 그는 이 책에서 19세기 하버드 대학에서 교수로 있었던 아사 그레이(Asa Gray)를 인용하면서 그가 진화론을 지지하는 지성인이면서 동시에 보수적 기독교 신앙을 받아들이는 것을 상기시키며 이 둘의 양립이 가능하다는 것을 강조하고 있습니다.[73]

성경을 하나님의 말씀으로 믿으면서 성경의 일부를 신화로 취급하며 진화론과 하나님의 창조를 융합하는 데에 전혀 모순을 느끼지 않는 것은 참으로 특별한 능력을 가진 사람임에 틀림없습니다. 마크 놀과 마찬가지로 성경에서 하나님이 말씀하시는 인간에 대한 진단을 믿으면서 동시에 프로이트나 융이 말하는 인간에 대한 이론들을 '기독교 심리학'이라고 받아들이는 사람들도 참으로 특별한 사람들입니다.

---

72) From http://www.pbs.org/wgbh/evolution/religion/ faith/statement_02.html
73) Mark A. Noll, *The Scandal of the Evangelical Mind*, Eerdmans, 1994, p. 179.

창조적 진화론과 기독교 심리학을 믿는 사람들은 기본적으로 과학에 주눅이 들어 성경을 부끄러워한다

나는 '창조적 진화론'과 '기독교 심리학'은 이름만 다른 쌍둥이와 같다고 생각합니다. 왜 이런 쌍둥이가 존재할 수 있는 것일까요? 이런 이론들을 믿는 사람들이 이 양립될 수 없는 두 개의 가르침을 섞는 것은 성경만으로는 부끄럽기 때문입니다. 그들은 과학이라는 이름을 가진 학문들 앞에 서면 왠지 작아지고 주눅이 드는 사람들이기도 합니다. 과학이라는 이름 앞에서는 '성경이 진리다.'라고 내어 놓기가 영 부끄러운 것입니다. 그들은 아직도 성경이 가르치는 진리를 다 파악하려면 과학이 멀어도 한참 멀었다는 것을 모르고 있습니다. 그들은 성경을 과학의 이론으로 각색하며 스스로가 지성적이라고 착각하는 불쌍한 사람들입니다. 무엇보다도 성경을 가르치는 사람들이 성경의 진리를 부끄러워하는 것은 참으로 가슴 아픈 비극입니다. 왜냐하면 성경의 진리가 부끄러운 사람들에게는 진짜 부끄러운 것이 미래에 실제로 기다리고 있다고 성경이 증언하기 때문입니다.

> 누구든지 나와 내 말을 부끄러워하면 인자도 자기와 아버지와 거룩한 천사들의 영광으로 올 때에 그 사람을 부끄러워하리라(눅 9:26).

정신 질환의 시대

*DSM*이라는 책이 있습니다. DSM은 Diagnostic and Statistical Mental Disorder의 약자로 '정신병 진단 및 통계에 관한 책' 정도로 번역할 수 있겠습니다. 이 책은 미국 정신과 의사 협회인 American Psychiatric Association(APA)에서 펴낸 것으로 정신병에 관한 '성경'

으로 여겨지는 책입니다. 1968년에 초판이 나온 이래 1990년대 중반에는 4판째의 개정판이 발행되었습니다. 거의 천 페이지에 가까운 엄청난 양의 정보를 담고 있는, 보기만 해도 기가 질리는 책입니다.

이 책은 이 세상에 존재하는 모든 정신병의 종류와 증세들을 상세하게 담고 있습니다. 1968년 초판은 182가지의 정신 질환을 수록하고 있습니다. 그런데 1980년 발행된 2판에는 정신병의 가짓수가 265개로 늘었고 1987년의 3판에는 292개로 또 늘었습니다. 그리고 1994년 4판에는 정신 질환 종류가 374개로 비약적으로 증가한 것을 보여 주고 있습니다. 이제 조만간 5판이 나올 텐데 거기에는 과연 몇 개나 더 '새로운' 정신 질환이 들어갈지 모르겠습니다.

이 책에 있는 몇 가지의 정신 질환들을 살펴보겠습니다.

이 책에 따르면 우리가 일반적으로 '윗사람에게 좀 개기는 사람'도 심각한 정신 질환을 가진 사람입니다. 그런 사람에게 붙은 병명은 Oppositional defiant disorder로서 번역하면 '반대편을 향한 도전적 성향의 질환'이라고 할 수 있습니다. 이 질병의 증세로는 화를 잘 내며, 논쟁하기를 좋아하고, 다른 사람의 신경을 자극하는 경향이 있으며 다른 사람을 비난하는 것입니다. 이제 부모에게 말대꾸를 하거나 직장 상사의 지시 사항에 의문을 표시하는 사람은 이 질환을 가진 사람으로 보면 됩니다.

그런데 문제는 위의 도전적 성향의 질환이 전혀 없이 얌전한 사람도 이 책에 따르면 결코 정상이 아니라는 사실입니다. 그런 사람이 가지는 병명은 Narcissistic personality disorder로서 '나르시스적인 성격의 질병'으로 볼 수 있는데 일반적으로 우리가 알고 있는 '수줍음이 많은 사람'이 여기에 해당됩니다.

만일 어떤 사람이 "아니, 그래도 나는 정상이야. 나는 아무런 치료가 필요 없어."라고 말한다면 그 사람 역시 이 책이 규정하는 정신 질환의 범주를 벗어나지 못합니다. 그런 사람은 Noncompliance with treatment disorder, 즉 '치료에 동의하지 않는 질환'을 가진 사람이기 때문입니다.

"무슨 소리야? 나는 절대로 정상이야!"라고 여전히 주장하고 싶은 사람이 있다면 그 사람은 이제 다음의 병명에 해당하는 사람입니다. 아무리 건강해 보이는 사람도 쉽게 빠져 나갈 수 없는 Unspecified mental disorder, 즉 '병명을 확실히 알 수 없는 질환'의 범주에 속할 것이기 때문입니다.

그러므로 심리학의 정신 분석 차원에서 볼 때 객관적인 인간의 '정상 상태'라는 것은 존재하지 않습니다. 왜냐하면 이 이론 체계 자체가 결코 과학적일 수 없기 때문입니다. 자신의 상태를 말하는 사람 마음대로 이고 또 그 이야기를 듣는 사람 마음대로이기 때문입니다. 귀에 걸면 귀걸이고 코에 걸면 코걸이가 됩니다. 누구에게는 한없이 정상적으로 보이는 사람이 다른 사람에게는 병원에 입원해야 할 중증 환자로 비칠 수도 있습니다.

기독교의 '죄'와 '구원'이 사라진 자리에 각종 그럴듯한 이름의 '병명'들만 늘어 가고 있습니다. 이제 모든 인간은 책임질 것이 전혀 없는 '피해자 또는 환자'일 뿐입니다. 피해자에게 무슨 구세주가 필요하고 구원이 필요합니까? 환자에게 필요한 것은 구원이 아닌 치료일 뿐입니다.

우리가 가장 경계해야 할 적은 노골적으로 기독교를 부정하는 이단이 아니라 가면을 쓰고 교회 안에 들어온 심리학이다

우리는 이런 거짓된 가르침을 성경의 진리와 바꾸려는 정교한 사탄의 계략에 정신을 바짝 차려야만 합니다. 기독교의 가장 무서운 적은 결코 정면으로 기독교의 진리를 부정하는 통일교나 영생교와 같은 소위 '공인된 이단'들이 아닙니다. 오히려 가장 무서운 적은 진리인 채 가장해서 들어와 진리와 혼합됨으로 더 이상 무엇이 옳고 그른지를 분간할 수 없도록 만드는 가르침입니다.

성경은 사탄을 무엇이라고 불렀습니까? '거짓말장이'라고 불렀습니다. 거짓말을 가장 그럴듯한 '참말'로 들리도록 하는 것이 사탄입니다. 그리고 사탄은 결코 멍청하지 않습니다. 우리가 앞에서 간략하게 살펴본 대로 프로이트나 융과 같은 심리학자가 사용하는 노골적인 비기독교적 언어를 통해 기독교를 혼합시키지 않습니다. 심리학의 이론적 바탕 위에 누가 보아도 성경적으로 보이는 새로운 옷을 곱게 차려 입고 얼굴에는 천사의 미소를 띠고 교회 속으로 들어옵니다.

이제 다음 장에서는 이미 너무 깊숙하게 교회 속에 파고든 심리학의 가면 세 가지를 살펴보겠습니다.

04
심리학이 쓴 세 개의 가면

심리학은 첫째 가면인 자기 사랑을 통해 나의 무의식의 가치를 일깨우고 그 위에 두 번째 가면인 긍정적 사고를 통해 나의 무의식을 살찌우며 마지막으로 세 번째 가면인 성공의 법칙의 획득을 통해 내 속에 있는 무의식에게 결코 불가능이란 없다는 사실을 확인시켜 줍니다.

04

심리학이 쓴 세 개의 가면

지금부터 우리는 심리학이 쓰고 있는 세 가지의 가면을 살펴보려 합니다. 그런데 이 세 가지의 가면 뒤에 감추고 있는 심리학의 진짜 얼굴은 무의식입니다.

심리학은 첫째 가면인 자기 사랑을 통해 나의 무의식의 가치를 일깨우고 그 위에 두 번째 가면인 긍정적 사고를 통해 나의 무의식을 살찌우며 마지막으로 세 번째 가면인 성공의 법칙의 획득을 통해 내 속에 있는 무의식에게 결코 불가능이란 없다는 사실을 확인시켜 줍니다. 이 달콤하면서도 힘을 주는 심리학의 가르침 속에 숨은 거짓말을 파헤치는 것이 이번 장의 목표입니다.

1. 심리학의 첫 번째 가면: 자기 사랑(Self-Esteem, Self-love, Self-image)[74]

오늘날 동기부여를 중심으로 하는 인간 특성에 대한 심리학 이론을 보면 마치 자신에 대한 보상이야말로 옳고 그름을 결정하는 가장 중요한 윤리적 원칙의 기준이라고 주장하는 것과 별로 다르지 않습니다. 어떤 행동의 옳고 그름의 여부는 그것이 내게 어떤 보상을 주는가에 따라 결정되는 것이지 어떤 객관적인 윤리적 원칙에 근거하지 않는다는 것입니다. 그리고 내가 받을 수 있는 최고의 보상은 바로 나에 대한 나의 사랑, 자존감입니다. 나의 자존감을 높일 수 있는 것은 무엇이든 옳고 좋은 것이며 나의 자존감을 낮추는 것은 나쁘고 피해야 하는 대상이 됩니다.

이 지극 정성의 자기 사랑에 따르면 누군가를 비판하는 비판적 사고만큼 자존감에 해를 주는 것도 없습니다. 그러니 남을 비판하는 것, 부정적인 것은 나쁜 것이 됩니다. 왜 비판하는지에 대해서는 알려고 하지 않습니다. 비판 자체가 자아에 손상을 끼친다는 것입니다. 자존감을 높여 당당하고 자신 있는 세일즈맨을 양성하기 위한 세일즈 교육에서 중요하게 취급하는 한 가지 행동 원칙은 무조건 상대에 대해 "Thank you."라고 말하도록 훈련하는 것입니다. 상대가 무례하게 대하더라도 무조건 "감사합니다."라고 하는 것이 중요합니다. 왜냐하면 '당신의 무례함을 통해 내가 더 발전이 필요한 사람이라는 것을 깨달았습니다.' 라는 메시지를 스스로에게 전함으로 동기부여의 요소로 활용할 수 있을 뿐 아니라 상대의 옳고 그름에 관계 없이 감사하는 마음을 표현하

---

74) 아래의 글에서 자존감과 자기 사랑은 같은 의미로 자주 사용되었으며 많은 경우 서로 바꾸어도 의미에 아무런 변화가 없다.

는 것처럼 나 스스로에 대한 자존감을 높이고 나 스스로가 나에게 감동하는 방법이 다시 없기 때문입니다.

자기 실현(self-actualization), 자기 충족(self-fulfillment) 등의 각종 용어로 대표되는 자신에 대한 이 애틋한 자기 사랑이 기독교 속으로 들어온 지는 매우 오래되었습니다. 기독교 상담 심리 속에 자존감으로 대표되는 자기 사랑의 영역이 빠진다는 것은 상상할 수 없는 상황입니다. 사실상 이제 나라는 존재는 하나님을 이용해서라도 사랑해야 할 목적이자 이유가 되었습니다.

그러면 이 자기 사랑의 대표적 이론가들에 대해 먼저 살펴본 후 이 자기 사랑의 정체가 무엇인지를 말씀드리겠습니다. 또 무엇보다 성경 말씀이 이 자기 사랑에 대해 어떻게 가르치고 있는지에 대해서도 자세히 알아보겠습니다.

자기 사랑의 전파자들

카를 융(Carl Jung)

앞 장에서 카를 융에 대한 부분을 자세히 살펴보았다면 왜 이 자기 사랑과 관련해서 프로이트는 사라져도 융은 여전히 등장하는지 이해할 수 있을 것입니다. 결론적으로 말하면 융에게 인간은 (드러나지 않은) 신의 모습을 담고 있는 존재이기 때문입니다. 융에게 인간이 하나의 신인 자신을 사랑하는 것은 너무 당연하며 그 표현이 사랑을 넘어 자신에 대한 숭배로까지 연결되는 것은 대단히 자연스러운 결과입니다. 지금 미국에서 기독교 사상가로 활동하는 라비 마하라지(Rabi R. Maharaj)가 저술한 『한 힌두교 스승의 죽음』(Death of a guru)에 따르면 요가에 도통한 요기

(yogi)들은 거울 속의 비친 자신을 보며 절하고 예배하는 것을 당연시한다고 합니다. 왜냐하면 거울 속에서 보이는 것은 자기 자신이지만 동시에 신이기도 하기 때문입니다. 물론 신이 신한테 예배하는 것이 말이 되느냐고 반문할 수 있겠지만 곧 살펴볼 조엘 오스틴의 부인에 따르면 신은 단순한 존재이므로 걱정할 이유는 전혀 없습니다.

여기서 융이 생각한 정신 분석의 역할에 대해 한번 들어 보겠습니다.

> 환자들은 정신 치료사들이 사제의 역할까지 하기를 강요하고 있다. 그들은 자신의 정신 치료사가 자신들을 우울증에서 해방시켜 줄 것을 기대하고 또 요구하고 있다. 따라서 우리, 정신 치료사들은 신학의 영역에 속한 문제들에 대해서도 감당할 수 있는 사람들이 되어야 한다.[75]

정신 분석에 대한 융의 이런 관점과 관련해서 융의 대표적 제자 가운데 한 사람인 자코비가 한 말은 주목할 필요가 있습니다.

> 융파의 정신요법을 요약하면……헤일스웨그……두 가지 측면을 동시에 가지고 있다는 의미의 독일어로 요약할 수 있다. 그 두 측면이란 치료와 구원을 의미한다. 정신요법이 사람을 치료하는 능력이 있을 뿐 아니라……정신요법은 한 개인으로 하여금 구원에 이르게 하는 길과 방법을 알고 있기도 하다. 여기서 말하는 구원이란 자신의 존재 전체에 대한 지식과 충족에 이르는 것을 의미한다. 그리고 이것은 항상 모든 영적 구도의 목적이기도 했다. 융 사상 시스템은 어느 정도의 측

---

75) Carl Jung, *Modern Mand in Search of a Soul* 9, Harcourt, 1933, p. 278.

면까지는 신학적으로도 해석될 수 있다. 그의 사상을 완전히 이해하고자 하는 사람이라면 반드시 자신의 내부에서 꿈틀거리는 '또다른 자신'을 경험해 보았거나 더 나은 경우에는 그로 인해 고통받은 사람이어야만 한다. 의학적 측면을 제외하고 나면 융의 정신요법은 교육과 영적 인도를 위한 시스템이라고 보아도 무방하다.[76]

융에게 있어서 정신 분석은 의학이 아니라 종교이며 그에게 있어서 치료는 단순한 질병의 치료가 아니라 영혼의 구원이었습니다. 또한 그에게 있어서 그 구원의 모습은 인간이 자신에 대한 완전한 지식을 겸비함으로 발생하는 '인간 완성'의 결과 그 이상도 이하도 아니었습니다. 그에게 있어서 영적 추구란 인간 완성을 위해 필요한 여정이었습니다.

이를 위해 융은 인간 개개인마다 집단 무의식과 개인 무의식으로 구성된 자신의 무의식 구조를 파악하는 것을 시작으로 그 무의식의 구조가 개인의 삶 속에서 어떻게 표현되고 있는지를 파악한 후 마지막으로 무의식의 구조와 삶 속에서 의식을 통해 표출되는 표현들 간의 상호 상관관계를 파악함으로 인간 구원의 과정이 완성될 수 있다고 믿었습니다.

결론적으로 역사 속에서 또 이 피조물의 범위 너머에 실존하시는 기독교의 하나님은 개개인의 무의식 속에 존재하는 개념상의 신으로, 또 하나님을 아는 데에 사용되어야 할 인간의 이성과 열심은 나 자신을 알기 위한 것으로 100% 대체되었습니다.[77]

---

76) J. Jacobi, *The Psychology of C. G. Jung*, 8th ed., Yale University Press, 1973, p. 60.
77) 프로이트는 융과 아들러의 심리학 이론이 가지고 있는 종교적 측면에 대해 잘 파악하고 있었다. 프로이트는 "정신 분석이 인간이 가지는 존재의 근원에 대한 문제를 다룰 수 있는 것으로 보면 안 된다. 정신 분석을 통해 가톨릭 또는 개신교가 주고자 하는 것을 주려고 시

에릭 프롬(Erich Fromm)

1900년 독일에서 태어나 베를린에서 정신 분석학을 공부한 후 1933년에 미국으로 건너온 에릭 프롬은 한국 교회 내에서 '사랑'과 관련하여 성경의 메시지를 현대인의 언어에 맞게 재해석한, 마치 사랑의 전도사라도 되는 듯 잘못 알려진 대표적인 사람입니다. 에릭 프롬은 생물학적으로 인간을 해석한 프로이트의 의견에 대해 공개적으로 반대했으며 동시에 프로이트가 인간의 형성과 관련해서 가장 중요하게 취급한 '성(sex)' 역시 별로 중요하게 생각하지 않았습니다. 그는 인간을 형성하는 데에 가장 중요한 요소를 '사회(society)'라고 파악했습니다. 따라서 프롬은 프로이트가 정신 분석에 있어서 중요하게 생각한 요소들, 예를 들어 꿈의 해석 등에 대해 거의 가치를 두지 않았고 사회가 인간의 무의식에 주는 영향에 대해 자신의 연구를 집중한 사람입니다. 그렇다고 에릭 프롬이 프로이트로부터 독립하여 무슨 독자적인 이론을 만들 정도의 뛰어난 학자라는 의미는 전혀 아닙니다. 그는 직·간접적으로 프로이트의 영향에서 전혀 벗어나지 못했으며 사실상 신프로이트파(neo-Freudian)로 분류되는 사람입니다. 또한 그는 당대의 다른 심리학자들에 비해서도 검증 자체가 '전혀' 불가능한 자신의 희망사항들을 거창하게 서술한 '몽상가'에 가까운 수준입니다. 그럼에도 불구하고 그가 알게 모르게 기독교에 많은 영향을 끼쳤다는 것은 참으로 유감스러운 일입니다.

이런 프롬의 이론 중에서 가장 중요한 핵심을 차지하고 있는 것이 바로 인간 본성에 대한 낙관적 사고입니다.

도하면 안 된다."라고 말하기도 했다. 그는 정신 분석을 통해 '인생의 의미를 발견하도록 돕는다.'고 주장하는 아들러파에 대해 공개적으로 '멍청이들(buffoons)'이라고 부르기도 했다.

자기 포기나 이기심이 아니라 진정한 인간 그 자체에 대한 확신을
통해 우리는 인간 윤리의 최고 가치를 이룰 수 있다. 만약 우리가 그
윤리적 가치에 대해 확신을 갖기 원한다면 우리는 무엇보다 우리 자
신에 대해 알아야 하며 그것은 선함과 생산성을 간직하고 있는 인간
본성에 대해 아는 것이다.[78]

프롬에게 있어서 사랑은 인간 스스로의 내부에서 샘솟는 것이지 어
디선가에서 주어지는 그 어떤 것이 아니었습니다.

사랑은 인간 속에 내재된 것이며 인간 자체로부터 *발산되*는 것이
다. 사랑은 어떤 고귀한 존재로부터 인간에게 부여된 것도 아니며
또 우리에게 의무로 주어진 것도 아니다. 사랑은 인간이 (자신 밖의)
세상과 자신을 연결시키는 인간 고유의 힘이며 또 이 사랑을 통해 인
간은 진정한 인간이 된다.[79]

여기까지 보면 알겠지만 인간에 대한 프롬의 생각은 기독교가 말하
는 인간에 대한 생각과 정면으로 배치됩니다. 따라서 프롬이 기독교에
대해 갖고 있던 반감은 어떻게 보면 너무 자연스러운 결과입니다. 인간
본성에 대하여 이렇게 낙관적이고 희망적인 생각을 갖고 있는 사람이
기독교에 대해 좋은 생각을 가진다면 그것이야말로 심각한 정신분열이
아닐까요? 최소한 프롬은 그 면에서는 자신의 생각에 지조와 일관성이
있는 사람이었으며 그는 기독교가 주장하는 것이 무엇인지 정확히 알

---

78) Erich Fromm, *Man for Himself*, Routledge, 1964, p. 17.
79) 앞의 책, p. 23.

고 있었던 사람이었습니다. .

프롬은 자신이 기독교의 교리를 받아들이는 순간 그것은 자신이 믿는 이론 전체가 붕괴되는 것임을 잘 알고 있었습니다.

> 인간은 스스로 무엇이 옳은지 알 수 있는 능력이 있고 또 자연적으로 주어진 인간의 잠재력과 지성을 사용해 옳은 것을 행할 수 있다는 (나와 같은) 인간 중심의 가치관을 갖고 있는 사람의 주장은 인간의 내재된 본성이 악하다는 (기독교의) 주장이 옳은 것으로 판명되는 경우에 순식간에 허물어질 수 있다.[80]

따라서 프롬이 반기독교적 사상을 가졌을 뿐 아니라 공개적으로 기독교를 공격한 것은 당연한 귀결이었으며 그것은 자신의 사상이 죽고 사는 것과 관련된 문제였습니다. 그는 『그리스도 교리』(The Dogma of Christ)라는 책에서 기독교의 하나님을 믿는 것은 필연적으로 정치적 지배자와 기독교인들을 동지로 만든다고 주장했습니다. 즉, 기독교의 교리가 인간 스스로 천국을 만드는 인간의 능력 자체를 부정하는 이상 기독교인은 지도자(정치적 지배자)를 의지하게 되고 그 지도자는 기독교도의 힘을 이용해 자신의 정치적 목적을 이루게 된다고 주장했습니다. 이 주장은 한 마디로 황당한 수준을 뛰어넘습니다. 초대 교회 당시 로마에 의해 처형된 수많은 성도는 잠시 접어놓고라도 그가 활동하던 당시만 하더라도 소련의 공산주의자들에 의해 수많은 기독교도가 처형당하던 시대였다는 사실을 감안하면 더더욱 말이 되지 않습니다. 그는 기독교인의 정치 세력화를 비판하는 동시에 또다른 곳에서는 이 세상에서 출

---

80) 앞의 책, p. 212.

세의 길이 불가능해진 프롤레타리아들이 내세의 희망을 위해 만들어 낸 환상이 기독교라고 주장하는 등 프롬 스스로가 기독교에 대한 반감이 너무 커서 그랬는지 몰라도 기독교 비판과 관련해 하나의 일관되고 논리적인 주장을 하지 못하고 있습니다.

그러나 기독교를 떠나 그가 바라보던 세상은 융의 시각과 크게 다르지 않습니다. 그는 『너는 신이 될지어다: 구약 성경과 그 전통에 대한 완전 새로운 해석』(You Shall Be As Gods: A Radical Interpretation of the Old Testament and Its Tradition)이라는 책에서 다음과 같이 주장합니다.

> 이제 기존의 하나님이라는 개념은 인간이 하나님이라는 개념으로 발전되고 수정되어야 한다. 그리고 (성경에서 말하는) 거룩한 신이 진짜 존재한다면 그 신은 내 속에 존재하는 바로 그 신이며 또 동시에 내 곁에 있는 사람의 속에도 존재하는 그 신이다.

에릭 프롬은 또한 종교개혁가 존 칼빈에 대해서도 칼빈이 『기독교 강요』에서 인간의 전적 타락을 주장한 부분과 관련하여 칼빈이야말로 인류의 전염병과 같은 존재라고 말했습니다. 이런 에릭 프롬의 글들이 수많은 기독교 서적에 아직도 인용되고 있는 것은 참으로 안타까운 일이 아닐 수 없습니다. 그가 나름대로 개념화한 사랑의 정의, 사랑의 종류 등은 '거룩한' 인간이 드러내는 한 측면을 표현한 것일 뿐 성경이 말하는 사랑과는 전혀 관계가 없다는 것은 너무 확실합니다. 신으로 격상된 인간을 우리가 어찌 사랑하지 않을 수 있단 말입니까? 자신이 신인 줄도 모르고 고개를 숙이고 사는 한 사람 한 사람에게 '네가 신이야, 사랑하고 사랑받아야 할 신이라고!' 라는 복음을 전하라고 에릭 프롬은 지금도 무덤 속에서 외치고 있는지도 모릅니다.

칼 로저스(Carl Rogers)

정신 분석 시장에 있어서 칼 로저스의 공헌은 참으로 지대합니다. 그는 정신 치료 또는 심리 치료란 일반적으로 환자라고 알려진 사람에게만 필요한 것이 아니라 인간이라면 누구나가 필요한 것으로 확대 발전시켰기 때문입니다. 1902년에 태어나 한때 목사가 되기 위해 신학교를 다녔던 로저스는 그가 다니던 신학교(Union Theological Seminary)에서 종교와 관련한 자유주의 철학 사항을 접한 후 기독교를 완전히 버렸습니다. 그리고 그는 기존의 틀에 박힌 믿음들, 진리인지 아닌지 검증도 되지 않은 채 마치 진리인 양 주장되는 그런 믿음들에 근거하지 않고 처음부터 시작함으로 진짜 인간을 도울 수 있는 사상을 찾아 그 사상을 통해 인간을 돕겠다고 다짐합니다.

로저스가 정신 치료의 범위를 일반적으로 알려진 환자의 범주에서 일반인 전체로 확대시킬 수 있었던 것은 그가 새로이 개발한 치료 방법 때문이었습니다. 그는 소위 말하는 간접적 또는 고객 중심(non-direct or client-centered)의 상담법을 개발하여 자신을 찾는 사람들에게 적용했습니다. 그는 또한 심리 치료를 단순한 '치료'가 아니라 인간이 자신을 자기가 원하는 방향으로 바꾸며 자아를 발전시키는 하나의 과정으로 인식했습니다. 그렇기에 심리 치료는 더 참되고 더 완성된 자기 자신을 이루려는 모든 사람에게 필요한 과정이라고 그는 강조했습니다.

그리고 그 과정에서 의사는 자기 앞에 앉아 있는 그 사람이 스스로 깨닫고 성취하는 것을 도와 주는 하나의 중재자일 뿐 그 이상도 이하도 아니라고 주장했습니다. 그는 자신의 치료 방법의 특징을 다음과 같이 말합니다.

　　나는 고객이 자신이 완전히 받아들여지고 있음을 체험하고 있다고
　간주한다. 받아들여지고 있다는 이 말이 의미하는 것은 고객이 자신의
　느낌-두려움, 절망, 불안, 화-이 무엇이든지 간에 또 자신이 자신의
　감정을 표현하는 방식-침묵, 제스처, 눈물, 말-이 무엇이든지 간에
　관계 없이 그는 자신이 지금 자신의 있는 모습 그대로 앞에 있는 치료
　사로부터 받아들여지고 있음을 심리적으로 느끼고 있는 것이다.[81]

　그리고 그는 7단계까지 진행되는 단계적 그의 치료 방법을 통해 궁
극적으로 인간은 모든 사물의 중심이 되는 인간 완성의 단계에 이를 수
있음을 주장합니다. 로저스는 로저식 치료 방법(Rogerian therapy)이라고
알려진 그의 치료 방법의 정점을 이루는 7단계를 다음과 같이 서술하
고 있습니다.

　　치료 과정은 모든 요소와 실타래들이 각각 개별적으로 묘사되고 구
　별되며 또 이해되었던 고착 지점으로부터 자연스럽게 치료의 완성 단
　계로 흘러가게 된다. 이 단계에서는 모든 실타래가 서로 이어지며 하
　나로 묶이게 된다. 이 새로운 체험을 하는 시점에서 감정과 인식이 서
　로 분리할 수 없는 하나로 통합되며 이 모든 것을 체험하는 자신은 이
　체험의 중심에 서 있는 주관적 존재다. 자신의 결단도 단지 유기체적
　방향의 조화와 균형을 따라 자연스럽게 진행되는 과정이다. 이제 인
　간은 흐름과 동작의 일치를 이루게 되고 또 모든 변화의 과정 가운데

---

81) Carl R. Rogers, *On Becoming a Person*, Houghton Mifflin, 1961, pp. 37~38.

에서도 통합된 존재가 되는 것이다.[82]

칼 로저스 역시 인간 완성의 가능성을 믿었을 뿐 아니라 그 과정에
있어서 자신과 같은 심리학자가 얼마나 큰 역할을 할 수 있는지를 강조
함으로 이 정신 치료의 시장이 획기적으로 확대되는 데에 큰 기여를 했
습니다. 물론, 신적 요소를 가진 인간이 스스로 신이 되기는 부족하기
에 누군가의 도움을 받아야 비로소 신이 될 수 있다는 점이 좀 마음에
걸리기는 하지만 어쨌든 결과가 중요한 것이 아니겠습니까?[83]

이 외에도 아브라함 매슬로(Abraham Maslow), 롤로 메이(Rolo May)를 비
롯해 오늘날 우리 사회가 이토록 자기 사랑과 자존감에 수많은 돈을 쏟
아붓는 사회가 되도록 하는 데 공헌한 여러 명의 이론가가 있습니다.
물론 이 가운데 융을 제외하고는 소위 말하는 '중요한 사상가'라고 부
를 만한 사람은 없습니다. 한 사람 한 사람마다 비록 '흥미 있고 유용
한' 주장을 펴기는 했지만 프롬의 경우에서 드러나듯이 중심 되는 이론
이 내용적으로 현실과 너무 동떨어지거나 심각한 논리적 오류를 안고
있는 한, 다른 분야로까지 그 이론이 퍼져 나가는 데에 한계가 있었기
때문입니다. 그럼에도 불구하고 이들의 공적이라고 한다면 비록 이미
존재했지만 학계에서나 유통되던 정신 분석의 지식들을 일반 사회로,
일반 사람들이 일상의 대화 중에서도 얼마든지 등장하는 일상의 주제

---

82) 앞의 책, p. 158.
83) 이 칼 로저스야말로 자기 사랑의 메시지를 교회 속으로 끌어들인 주역이기도 하다. 그가
어떻게 자신의 이론을 바탕으로 기존의 신학을 자기 사랑과 융합시켰는지는 별도의 작업
을 통해 깊이 파헤쳐 볼 만한 중요한 주제다. 기독교가 그냥 '사랑', '하나님'이라는 단어
만 들어가면 그것이 성경적인 줄 알고 무조건 받아들이는 경향에 대해 경종을 울리는 하나
의 사례로 가치가 있기 때문이다. 물론 이 부분에 있어서 에릭 프롬도 예외가 아니지만 프
롬이 기독교에 준 영향력이 더 감성적이고 단편적이라고 한다면 로저스의 영향은 훨씬 더
이론적이고 논리적이기 때문에 그 영향력에서 훨씬 광범위하다.

로 확대시키고 유통시킨 것이라고 할 수 있습니다.

자기 사랑이 가진 오류

우리는 이러한 자기 사랑이 가진 오류 또는 자기 사랑이 주는 환상에 대해 크게 두 가지의 문제점을 지적할 수 있습니다. 첫 번째로 자기 사랑을 하나의 치료약, 다른 말로 하면 결과를 내기 위한 원인으로 인식하고 있는 점을 꼽을 수 있습니다. 이 자기 사랑은 단순히 교회와 학교의 문제가 아니라 전반적인 사회에서도 각종 사회 문제까지 다 해결해 줄 것이라는 환상을 주는 하나의 만병통치와 같이 인식되고 있습니다. 그리고 마치 자존감의 결여가 범죄를 일으키는 가장 큰 원인 가운데 하나라는 식으로까지 오해를 주고 있습니다.

그러나 현실을 살펴보면 진짜 악독한 범죄자일수록 엄청나게 높은 자존감, 자신에 대하여 엄청나게 높은 자부심을 가지고 있는 것을 우리는 흔히 목격합니다. 자존감이 없는 것이 문제가 아니라 왜곡된 자신에 대한 사랑이 어쩌면 범죄의 더 큰 원인이라고 볼 수 있습니다. 잘못 유도된 자존감은 오히려 인간이 가진 죄성을 합리화시키며 상상할 수 없는 괴물을 만들어 내는 사탄의 도구로 이용될 수 있는 여지까지도 있는 것입니다.

자기에 대한 진정한 사랑은 그냥 자연스럽게 솟아나는 것이지 강제로 심은 후 빨리 뿌리를 내리고 빨리 자라도록 하기 위해 마구 그 위에 비료를 뿌릴 수 있는 것이 아닙니다. 아침마다 거울을 보며 "나는 내가 좋아."를 반복하거나 내가 얼마나 대단한 존재인지를 상기시키는 책의 구절들을 반복해서 읽게 하는 등의 '조작' 을 통해 강제로 생기고 자라게 하는 것이 아닙니다. 자기 사랑은 어느 날 돌아보니 전보다 더 책임감 있고 남에 대해 배려하는, 더 성숙해진 나 자신을 보고 그냥 씩 웃을 수 있는 정도면 됩니다.

자기 사랑의 문제가 주는 두 번째 오류 또는 환상은 지금 우리 주변의 사람들이 자기 사랑이 너무 모자라서 문제라는 시각입니다. 그렇기에 이 부족한 자기 사랑을 키워 주기 위한 전방위적인 노력이 필요하다는 것입니다. 그러나 이 세상에 자기 사랑이 부족한 인간은 결코 존재하지 않습니다. 모든 인간은 자기 사랑이 너무 지나쳐서 문제이지 결코 모자라서 문제가 되지는 않습니다. 우리가 주변에서 가끔 만나는 사람 가운데 자신의 부족한 점을 말하면서 자기 스스로를 비난하는 사람을 가끔 접할 수 있습니다. 이런 사람에게 일반적인 자기 사랑의 이론에 근거하면 "너는 너를 더 사랑하고 아끼는 법을 배워야 해."라고 말할 수 있을 것입니다. 그러나 진실은 그는 지금도 자신을 너무 아끼고 있으며 그가 자신에 대해 가지고 있는 기준을 스스로 만족할 수준으로 채우지 못하는 것에 대해 분노하고 있을 뿐입니다. 그런 사람은 단지 자신에 대한 기대가 너무 커서, 즉 자신에 대한 사랑이 너무 커서 실망도 큰 것입니다. 정말로 자기에 대한 사랑이 전혀 없는 사람이라면 그 특징이 자신에 대한 비하나 분노로 표현될 이유가 전혀 없습니다. 그냥 무관심할 뿐 더 이상 무슨 표현이 있을 수 있겠습니까? 자신을 비하하는 사람일수록 자기 자신에 대한 기대 수준이 높고 자신에 대한 자기 사랑이 지나친 사람이라는 것을 증명합니다. 그 사람에게 '자기를 사랑하는 법을 배워야 한다.' 라고 가르치는 것은 방향을 잘못 짚어도 한참 잘못 짚은 것입니다.

자기 사랑에 대한 토저의 경고

약 백 년 전 이미 당시의 세대와 다가올 세대를 꿰뚫어 본 토저 목사는 다음과 같이 경고하고 있습니다.

> 자랑하는 것은 우리가 나 자신에 대해 매우 흡족해하고 있다는 것을 증명한다. 이와 마찬가지로 자신을 비하하는 것은 내가 자신에 대해 실망했다는 것을 의미한다. 어떤 쪽이든 간에 우리는 내가 나 자신에 대해 매우 높은 기대 수준을 갖고 있다는 것을 의미한다.[84]

성경이 자신을 부인하고 자신을 미워하라고 가르치는 것은 무엇 때문입니까? 인간은 자신을 사랑하지 않는 자가 단 한 명도 없기 때문입니다. 만약 자신을 사랑하지 않는 것이 인간의 문제라면 성경은 분명자신을 사랑하는 법을 배우라고 우리에게 말씀했을 것입니다. 그러나성경의 단 한 군데에서도 자신을 사랑해야 할 대상으로 표현한 곳은없습니다. 자신에 대한 과도한 사랑과 기대가 에덴 동산에서 인간이사탄의 꾐에 넘어가도록 한 바로 그 근본 이유가 아니겠습니까? 마치교회 내에서도 자신에 대한 사랑이 모자라서 고통하는 사람이 많은 듯이 착각하게 하는 가르침에 대해 우리는 조심해야 합니다.

자기 사랑에 대한 성경의 경고

성경은 이러한 자기 사랑에 대해 어떻게 말하고 있습니까? 성경은자기 사랑이 하나님이 우리에게 원하시는 길이라고 말하기는커녕 자기사랑이야말로 말세에 드러나는 가장 조심해야 할 위험이라고 말씀하고

---

84) A. W. Tozer, *Man the Dwelling Place of God*, Christian Publication, 1976, p. 71.

있습니다.

> 너는 이것을 알라 말세에 고통하는 때가 이르러 사람들은 *자기를 사랑하며* 돈을 사랑하며 자랑하며 교만하며 비방하며 부모를 거역하며 감사하지 아니하며 거룩하지 아니하며(딤후 3:1~2).

위의 구절에서 자기 사랑 이후에 나열되는 돈에 대한 사랑이나 자랑이나 교만이나 모두 어떻게 보면 자기 사랑에 대한 결과적인 모습으로도 볼 수 있습니다.

이 구절을 보고 "이봐요. 이건 자신에 대한 이기적 욕망에 대한 것이지 건전한 자아상에 바탕을 한 자존감에 대한 얘기가 아니지 않소?"라고 반박할 수 있을 것입니다. 물론 일리가 있는 말입니다. 그렇기에 과거 19세기 말 자기 사랑에 대한 심리적 연구를 진행한 학자들은 자기 사랑의 형태를 적게는 세 가지 많게는 다섯 가지로 분류했습니다.

윌리엄 제임스가 말하는 자기 사랑 3가지 방법

1890년 윌리엄 제임스는 그의 대표적인 저서 『심리학의 원칙들』(Principles of Psychology)에서 인간은 주체로서의 자신과 객체로서의 자신을 구별할 수 있는 존재이며 그 두 존재는 항상 함께 공존하며 때로는 서로 사랑하며 때로는 서로 미워하는 관계라고 말했습니다. 그는 그 책에서 주체로서의 내가 객체로서의 나와 세 가지 종류로 관계를 맺을 수 있다고 설명했는데 첫 번째 종류가 지금의 자존감에 해당하는 자기 느낌(self-feeling),[85] 두 번째가 자기 사랑(self-love) 그리고 마지막으로 자기 평가(self-evaluation)라고 주장했습니다. 그런데 오늘날 자존감 또는 자기 사랑을 말할 때 이처럼 구분하는 경우는 거의 없습니다. 그냥 위의 세 가지를 합쳐 자기 사랑이라고 통칭하는데 사실상 그 내용은 윌리엄 제임스가 주장한 세 가지 가운데 처음인 자기 느낌이 대부분을 차지하고 있습니다. 앞으로의 논의와 관련해서 위의 세 가지 중 처음 두 가지에 대해서만 간단히 알아보겠습니다.

윌리엄 제임스는 자기 느낌은 사람마다 다른 대단히 주관적인 것이라고 주장했습니다. 즉, 남들이 볼 때 세상 모든 것을 다 가지고 있으면서도 마냥 열등감에 시달리는 사람이 있고 또 남들이 보기에 대단한 것이 없는데도 불구하고 자신에 대해 끝없는 자신감에 충만한 사람이 있다는 것입니다. 즉, 자기 느낌은 상당 부분 자연적으로 타고나는 '천성'에 기인한다는 것이 그의 주장입니다. 그리고 비록 타고난 천성이 주는 자기 느낌이 부정적이라 하더라도 그것을 끌어올릴 수 있는 가장 효과적인 방법은 자기에게 주어지는 일 또는 스스로가 약속하는 일들을 꼭 지킴으로서 자기 느낌을 개선할 수 있다고 말했습니다. 그는 천성에 기인한 자기 느낌보다 자신과의 약속을 지킴으로 개선시킬 수 있는 자기 느낌의 여지가 더 많다고 주장했습니다. 즉, 성과(performance)가 천성(nature)에 우선한다는 것이었습니다.

이에 반해 윌리엄 제임스가 말한 자기 사랑은 더 정확히 표현하자면 자기 보호 본능에 가까운 개념입니다. 내가 나 자신을 보호하기 위해 취하는 본능에 가까운 '행동' 중심의 개념으로 비록 '사랑'이라는 개념이 앞에 붙었지만 사실상은 행동적인 측면을 더 많이 내포하고 있습니다. 이 자기 사랑은 사람이라면 누구나 가지고 있는 것으로 배가 고프

---

85) 이 당시는 self-esteem이라는 용어가 생기기 전이다.

면 음식을 찾고 추우면 따뜻한 곳을 찾아가는 모든 인간의 당연한 모습을 개념화한 것입니다.[86]

성경은 자기 사랑에 대해 무엇이라 말하고 있는가

이제 우리는 윌리엄 제임스가 말한 개념들을 염두에 두면서 구체적으로 과연 성경이 자기 사랑을 가르치고 있는지, 만약 있다면 어떻게 가르치고 있는지 살펴보겠습니다.

먼저, 자기 사랑이 성경적이라고 주장하는 사람들을 크게 두 가지 형태의 주장으로 구분한 후 이러한 주장을 반박하겠습니다.

자기 사랑에 대한 가르침이 성경에 분명하게 나온다는 가르침은 성경에 대한 잘못된 해석에서 비롯된 것이다

첫 번째로 자기 사랑에 대한 가르침이 성경에 확실히 등장한다는 주장입니다.

이 말을 듣는 순간 어느 정도 교회를 다닌 사람에게는 머리에 떠오르는 구절이 있을 것입니다. "네 이웃을 네 몸과 같이 사랑하라." 그리고 이 구절 이후에 따르는 전형적인 설교는 다음과 같은 것입니다.

> 그러니까 네가 너를 제대로 사랑하지 않으면 너는 이웃도 사랑할
> 수 없는 존재야. 남을 사랑하려고 애쓰기 전에 너부터 먼저 사랑하려
> 고 애를 써야 해.

---

86) 심리학이라는 학문을 통해서도 성경에 근거할 때 배울 점들이 분명히 있다는 사실을 윌리엄 제임스와 같은 학자를 통해 확인할 수 있다.

이 구절의 사용이 얼마나 광범위한지는 앞에서 여러 번 인용한 데이비드 시먼스의 책 『상한 감정의 치유』에서도 역시 등장합니다.

> 진정한 그리스도인의 겸손은 자신을 스스로 격하시키는 것이 아니다. 이것은 오히려 믿음의 기본적 가르침에 역행하는 태도이다. 하나님의 말씀 중 제일 큰 계명은 "너의 온 마음을 다하여 하나님을 사랑하라."는 것이다. 두 번째 큰 계명은 첫 번째 계명의 연장으로서 "네 이웃을 네 몸과 같이 사랑하라."는 것이다. 여기에 우리는 두 가지가 아니라 세 가지 계명이 나타난 것을 발견한다. 하나님을 사랑하는 것과 당신 자신을 사랑하라는 것과 또다른 사람들을 사랑하라는 것이다. 나는 여기에 자기 사랑을 두 번째로 놓았다. 그 이유는 예수님께서 말씀하신 내용을 보면 이웃에 대한 사랑은 적절한 자기 사랑을 토대로 한 것임이 분명하기 때문이다. 자기 사랑이란 용어가 어떤 사람에게는 잘못된 의미로 전달된다. 그것을 바꾸어 자존감이라고 부르든지 혹은 자기 가치감이라고 부르든지 상관 없다. 확실한 사실은 *그것이 없이는 다른 사람을 위한 그리스도인의 사랑의 토대는 확고하지 못하다는 것이다.* 많은 그리스도인들이 이러한 사실을 이해하지 못하고 그것을 정반대로 생각하는 오류에 빠지고 있다.[87]

가장 큰 계명이 무엇이냐는 질문에 대해 예수님이 대답하신 이 구절을 성경이 가르치는 자기 사랑의 대표적 구절로 사용하기 시작한 사람은 다름 아닌 에릭 프롬입니다. 그가 자신의 책에서 이 구절을 인용한 이후로 수많은 교회의 강단에서 이 구절은 자기 사랑을 강조하는 대표

---

87) 데이비드 A. 시먼스, 『상한 감정의 치유』, 두란노, 2000, p. 106.

적 성경 구절로 인용되었고 자기 사랑의 심리학 이론을 전하는 데에 필요한 들러리 성경 구절로 사용되었습니다. 이 면에서 에릭 프롬은 성경해석과 관련해서 기독교에 참으로 큰 공헌을 한 셈입니다.

또한 이 구절과 더불어 자주 인용되는 구절은 에베소서 5장 28절의 말씀입니다.

> 이와 같이 남편들도 자기 아내 사랑하기를 자기 자신과 같이 할지니 자기 아내를 사랑하는 자는 자기를 사랑하는 것이라.

위 구절을 통한 자기 사랑의 합리화 논리는 네 몸을 사랑하듯이 네 이웃을 사랑하라는 예수님의 말씀을 토대로 주장하는 논리와 크게 다르지 않습니다. 자기를 제대로 사랑하지 않아서 남편이 부인을 때리기도 한다는 것입니다.

우리가 여기서 주목할 점은 예수님과 사도 바울이 "자신을 사랑하듯이 사랑하라."고 하는 말씀에 내재된 '당연하다.'의 의미입니다. 또 하나 주목해야 할 점은 예수님의 말씀에 있는 "자기 자신과 같이"라는 구절의 의미입니다. 자기 내면을 사랑하듯, 또는 자기 자아를 사랑하듯이 아니라 자기 몸을 자기가 사랑하듯이 이웃을 사랑하라는 것입니다. 자기 몸이 배가 고프다고 하면 자기가 먹이고 자기 몸이 힘들다고 하면 잠을 자고 자기 몸이 춥다고 하면 옷을 더 입듯이 그렇게 자기 이웃을 사랑하라는 것입니다. 즉, 자기가 자기 자신을 당연히 보호하듯이 그런 마음을 가지고 이웃을 대하라는 것입니다. 위에서 제임스가 말한 자기 사랑의 세 가지 종류 중 두 번째에 해당하는 '자기 보호' 차원의 자기 사랑의 모습인 것입니다. 세상의 모든 인간은 이 보호 본능에서 출발한, 자기 사랑을 누구나 하고 있습니다. 그것을 너 자신의 몸에만 적용하지 말고 춥고 헐벗은 이웃에게도 같이 적용하라는 것이 예수님의 말씀의 요점입니다. 이것은 자신에 대한 자존감을 키운 후에 이웃에게 가서 "너는 왜 그렇게 자존감이 낮니? 너는 4억 개의 정자 중에서 선택되어 난자와 수정된 소중한 존재라는 것을 모른다는 말이니?"라는 소리를 떠들라는 것이 아니라 자신 앞에 있는 사람이 배고프면 먹을 것을 주라는 말씀입니다.

이 말씀은 말세에 심판과 관련해서 예수님이 말씀하신 구절과 바로 직결됩니다.

> 내가 주릴 때에 너희가 먹을 것을 주었고 목마를 때에 마시게 하였고 나그네 되었을 때에 영접하였고(마 25:35).

예수님이 가장 큰 명령 가운데 하나로 주신 이웃 사랑의 명령을 지키지 않는 자는 심판 날에 부끄러움을 당한다는 것입니다. 왜냐하면 그 명령을 지키지 않았다는 것은 예수님을 무시한 것과 같은 의미이기 때문입니다. 따라서 이 말씀의 명령은 인간 누구에게나 다 해당되고 하나님 앞에서 심판받을 때에 하나님이 우리에게 물으시는 사항 가운데 하나가 될 것이라는 것입니다. 그 날 우리는 "하나님, 제가 자존감이 좀 낮아서 이웃을 제대로 사랑하지 못했습니다. 어릴 때 좀 어려움이 있어서 제대로 자아상이 정립되지 않았습니다. 그러니 이 말씀은 저에게 해당이 없습니다. 이해해 주십시오."라고 말할 수 없는 것입니다. 그 대답에 대해 하나님은 아마도, "너는 낮은 자존감 때문에 배가 고파도 굶었고 잠이 와도 일부러 잠을 안 잤니?"라고 물으실지 모릅니다.

성경은 인간의 자존심에 근거한 자존감을 인간이 가져야 한다고 결코 말하지 않습니다. 모든 인간은 자기를 보호하기 위해 자기를 사랑합니다. 그러나 자신을 보호하는 이 자기 사랑이 가진 위험 가운데 하나는 이 자기 사랑이 오로지 자신과 자신의 가족만을 위해 사용되기 쉽다는 사실입니다. 그래서 성경은 이 자기 사랑이 나와 가족에 그치지 않고 이웃을 향해 뻗어 나가도록 하기 위해 또 하나의 분명한 명령을 주십니다. 바로 '네 자신을 부인하라.' 라는 것입니다.

> 이에 예수께서 제자들에게 이르시되 누구든지 나를 따라오려거든
> 자기를 부인하고 자기 십자가를 지고 나를 좇을 것이니라(마 16:24).

자기 사랑이 성경 전체에 흐르는 전제라는 주장은 잘못된 것이다

자기 사랑이 성경적이라고 주장하는 두 번째의 주장은 다음과 같습니다. 비록 자기 사랑에 대한 가르침이 성경에 명확히 등장하지는 않지만 이는 그 가르침이 성경 전체에 흐르는, 너무도 당연한 전제이기 때문에 굳이 독립된 구절로 성경에 등장할 필요가 없었다는 주장입니다. 그러나 이 주장은 그 근거가 매우 빈약합니다. 비록 자기 사랑의 명확한 가르침이 성경 속에 없다는 점을 인정하는 것에 있어서는 성경의 잘못된 해석에 의지하는 첫 번째의 주장에 비해 칭찬할 만하지만 성경의 다른 중요한 가르침들과 비교해 볼 때 받아들이기가 매우 힘든 주장입니다. 만약 이 논리가 맞는다면 굳이 성경 속에 우리에게 '기도하라.' 는 명령이 그렇게 여러 번 등장할 필요도 없어야 하지 않을까요? 하나님을 믿는 사람이 하나님께 기도하는 것은 너무 당연하니까 말입니다. 성경에 하나님께 예배하라는 명령이 그렇게 반복적으로 나올 필요도

없지 않습니까? 피조물인 인간이 하나님께 예배하는 것이 너무 당연하기 때문입니다. 그러나 성경은 기도와 예배와 관련해서뿐만 아니라 수많은 다른 중요한 주제에 대해 반복적으로 강조하고 있습니다. 성경은 인간이 그렇게 똑똑한 존재가 아니라는 것을 잘 알고 있습니다. 왜냐하면 성경은 중요한 가르침일수록 반복하고 있기 때문입니다. 그런데 왜 자기 사랑만이 이 원칙에서 예외란 말입니까? 자기 사랑, 자존감이 그토록 중요한 문제라면 왜 성경은 이 부분에 대해 전혀 언급하지 않을까요? 그 이유는 하나밖에 없습니다. 오늘날의 자기 사랑과 관련된 가르침은 성경이 전혀 관심을 두지 않는 주제이기 때문입니다.

성경에는 자기 자신이 너무 사랑스럽고 자랑스러워서 어쩔 줄 몰라하면서 살았던 사람들의 얘기가 몇 군데 등장합니다. 그 중에 한 곳만 살펴보겠습니다.

> 바리새인은 서서 따로 기도하여 이르되 하나님이여 나는 다른 사람들 곧 토색, 불의, 간음을 하는 자들과 *같지 아니하고* 이 세리와도 같지 아니함을 감사하나이다 나는 이레에 두 번씩 금식하고 또 소득의 십일조를 드리나이다 하고 세리는 멀리 서서 감히 눈을 들어 하늘을 쳐다보지도 못하고 다만 가슴을 치며 이르되 하나님이여 불쌍히 여기소서 나는 죄인이로소이다 하였느니라 내가 너희에게 이르노니 이에 저 바리새인이 아니고 이 사람이 의롭다 하심을 받고 그의 집으로 내려갔느니라 무릇 자기를 높이는 자는 낮아지고 자기를 낮추는 자는 높아지리라 하시니라(눅 18:11~14).

성경을 보면 예수님께서 바리새인들과 같은 종교 지도자들을 비판하실 때에 흔히 그들을 표현하시던 말 중에 "시장에서 인사 받기를 즐겨한다."라는 말이 있습니다. 그들은 인사 받는 사람들이었습니다. 일반 사람들과 다른 사람들이었습니다. 그리고 그들은 그것을 즐겼습니다. 많은 사람이 모인 곳에서 누군가가 내게 와서 인사할 때 그에게 인자한 미소를 한번 지어 줄 수 있는 나, 그 순간 주변의 모든 시선이 내게 집중되는 그 쾌감을 그들은 가장 즐기고 만족하던 사람들이었습니다. 위의 본문을 보면 그들이 자신에 대해 가지고 있던 생각은 다름 아닌 '나는 너와 달라.'라는 생각임을 알 수 있습니다.

그들은 기도를 해도 지금으로 치면 교회의 일반 의자가 아니라 강단 위에서 기도를 해야 하는 사람들이었습니다. 다른 사람들과 자신은 다르다는 것이 그들의 자랑이었고 그들 존재를 떠받드는 힘이었습니다. 그러나 이 자존감에 가득 차 있는 긍정적인 인간들에 대해 예수님은 무엇이라고 말씀하셨습니까? 그리고 그와 대비해서 자신의 가슴을 치며 하늘도 제대로 쳐다보지 못하는 세리를 왜 도리어 예수님이 칭찬하십니까?

성경은 자기 자랑이 아니라 하나님을 자랑하라고 말한다

여호와께서 이와 같이 말씀하시되 지혜로운 자는 그의 지혜를 자랑하지 말라 용사는 그의 용맹을 자랑하지 말라 부자는 그의 부함을 자랑하지 말라 자랑하는 자는 이것으로 자랑할지니 곧 명철하여 나를 아는 것과 나 여호와는 사랑과 정의와 공의를 땅에 행하는 자인 줄 깨닫는 것이라 나는 이 일을 기뻐하노라 여호와의 말씀이니라(렘 9:23~24).

우리가 자랑하며 살아야 하는 것은 '내'가 아니라 '하나님'이어야
합니다. 하나님을 '아는 것'을 자랑하며 살라고 성경은 분명히 말씀하
고 있습니다. 하나님을 아는 지식을 누리며 살라고 말하지 하나님을 아
는 나 자신에 감동하며 살라고 하지 않습니다.

> 누가 너를 남달리 구별하였느냐 네게 있는 것 중에 받지 아니한 것
> 이 무엇이냐 네가 받았은즉 어찌하여 받지 아니한 것같이 자랑하느냐
> (고전 4:7).

우리가 가지고 있는 것 중에 내 스스로 창조해 낸 것이 무엇이 있습
니까? 다 하나님께 받은 것이 아닙니까? 성경은 하나님께로부터 받은
것을 마치 내가 스스로 창조한 듯이 자랑하는 인간의 교만에 대해 경고
하고 있습니다. 왜 네가 주인이 아니면서 주인 행세를 하느냐는 것입니
다. 나의 재능과 관련해서 찬양을 받으실 분은 그 재능을 주신 하나님
이시지 그 재능을 거저 받은 내가 아니라는 것입니다. 하나님이 자랑할
만한 재능을 다른 사람에게도 주실 수 있지만 굳이 내게 주신 것은 내
가 자랑하라고 주신 것이 아니라 빚진 마음으로 살라고 주신 것입니다.
내가 자랑할 것은 전혀 없습니다.

> 여호와가 우리 하나님이신 줄 너희는 알지어다 그는 우리를 지으신
> 이요 우리는 그의 것이니 그의 백성이요 그의 기르시는 양이로다(시
> 100:3).

성경은 '너 자신이 얼마나 대단한 존재인지 알지어다.'라고 말하지

않습니다. 하나님을 알라고 합니다. 하나님을 바로 알 때 비로소 우리는 나 자신도 바로 알게 됩니다. 우리가 자신을 바로 알게 될 때 우리는 자신에 대한 긍지에 차서 사랑하고 자랑하는 것이 아니라 하나님을 찬양하게 됩니다. 우리는 모두 우리 각자의 '존재'를 하나님께 빚지고 살고 있습니다. 내 스스로 숨쉬고 내 스스로 생명을 유지하고 있는 자는 이 세상에 단 한 명도 없습니다. 우리는 '존재 자체를 빚진 자'입니다. 여기에 무슨 자랑이 있을 수 있겠습니까? 나 스스로 감탄하는 나의 재능도 그 재능이 발휘되기 위한 존재를 하나님이 유지시키시지 않으면 아무것도 아니지 않습니까? 이 상황에 내가 나를 보면서 감탄할 것이 무엇이 그리 있겠습니까?

> 나는 포도나무요 너희는 가지니 그가 내 안에, 내가 그 안에 거하면 사람이 열매를 많이 맺나니 *나를 떠나서는 너희가 아무것도 할 수 없음이라*(요 15:5).

창조주를 떠나서는 아무것도 할 수 없는 것이 우리의 진실이고 우리의 현주소입니다.

> 우리가 무슨 일이든지 우리에게서 난 것같이 스스로 만족할 것이 아니니 우리의 만족은 오직 하나님으로부터 나느니라(고후 3:5).

우리의 만족은 내가 나를 보면서 우러나오는 것이 아니라 하나님을 통해 나오는 것입니다. 왜냐하면 우리가 스스로를 만들어 낸 창조자가 아니고 우리는 피조물이기 때문입니다.

성경은 자기 사랑이 죄라고 말한다

성경에 보면 인간이 최초로 자의식, 자신에 대한 인식을 가진 것은 아담과 하와의 범죄 직후인 창세기 3장에 이르러서입니다. 우리가 여기서 한 가지 추측할 수 있는 것은 인간이 범죄하기 전에는 어떤 의미에서의 자의식, 예를 들어, '나는 왜 살지? 나는 누구지? 나는 여기 왜 이러고 있는 거지?' 등의 스스로에 대한 질문 자체가 존재하지 않았다는 사실입니다. 인간은 그냥 하나님을 누리고 바라보고 경배하며 사는 존재였습니다. 어떤 사람들은 그런 상태가 좋아 보이기는커녕 괴로워도 지금의 인간 상태가 더 낫다고 말하는 사람도 있을 것입니다. 그러나 범죄 전 인간의 상태가 어떠했는지에 대해 전혀 알지 못하는 한 그런 성급한 결론을 내릴 수는 없습니다. 도봉산 밑에 사는 사람이 도봉산이 세계에서 가장 높은 산인 줄 알고 산다면 그 사람에게 다른 거대한 산들을 보여 주지 않는 한, 말로 해서 그가 어떻게 알겠습니까? 중요한 것은 피조물을 가장 잘 아는 존재는 창조주이시고 하나님이 보셨을 때 "좋다."라고 하셨던 최초 인간의 상태는 지금 우리가 상상할 수 없을 정도의 이상적인 상태였을 것이라는 사실입니다.

> 여자가 그 나무를 본즉 먹음직도 하고 보암직도 하고 지혜롭게 할 만큼 탐스럽기도 한 나무인지라 여자가 그 열매를 따먹고 자기와 함께 있는 남편에게도 주매 그도 먹은지라 이에 *그들의 눈이 밝아져* 자기들이 벗은 줄을 알고 무화과나무 잎을 엮어 치마로 삼았더라(창 3:6~7).

성경은 범죄한 후의 인간에 대해 "그들의 눈이 밝아져"라고 묘사하고 있습니다. 즉, 인간은 하나님만을 바라보던 시각이 최초로 자신들을 향하게 되었고 그들이 본 자신들에 대한 최초의 감정은 불행하게도 '자기 사랑'과 '자존감'이 아닌 '부끄러움'과 '수치'였습니다. 그리고 아담과 하와는 자신들이 느끼는 그 부끄러움을 감추기 위해 누구도 가르쳐 준 적이 없지만 자신들을 위해 옷을 만들어 자신을 가렸습니다. 이 창세기 3장에 등장하는 인간의 새로운 자의식은 인간과 인간 사이의 문제가 아니라 인간과 하나님과의 관계에서 본질적인 변화가 일어났음을 의미하는 사건입니다. 하나님을 바라고 하나님을 기뻐하던 인간이 하나님을 피하고 숨으려고 하는 존재로 바뀌게 된 것입니다. 이로부터 인간은 하나님을 거절하는 존재로 살아가게 되고 하나님에 대한 거부의 본질에는 자신에 대한 '수치'가 자리잡고 있는 것입니다. 하나님 앞에 설 때에 드러나는 그 인간의 본질적인 '수치'를 감추기 위해 인간은 하나님을 피할 뿐 아니라 그 '수치'를 가리기 위한 갖가지 도구를 만들어 내고 있습니다.

그 도구 중에서 가장 효과적인 것은 바로 인간 스스로를 대단한 존재로 생각토록 하는 갖가지 심리적 이론들입니다. 이 이론들은 우리가 앞에서 살펴보았듯이 성경 말씀까지 끌어들여 인간이 하나님 앞에 '부끄러운' 존재가 아니라 하나님 앞에서도 '당당한' 존재라는 것을 가르치기 위해 애를 쓰고 있습니다. 예수 그리스도의 십자가는 하나님 앞에서 부끄러운 존재인 인간이 하나님 앞에서 부끄럽지 않은 존재가 되도록 하기 위한 하나님의 방법입니다. 에덴 동산에서 인간이 최초로 가졌던 자신에 대한 감정과 그 감정으로 인해 발생한 하나님과 인간과의 본질적으로 왜곡된 관계를 회복하는 하나님의 방법인 것입니다. 그 하나님의 방법은 내가 나 자신을 바로 보는 것에서부터 시작합니다. 그러나 내가 나 자신을 바로 보도록 노력하지 않고 나 자신이 얼마나 사랑할 만한지를 깨닫기 위해 애쓰는 것은 철저히 인간의 방법입니다.

자기 사랑이 성경적이라는 가르침에 현혹되어서는 안 된다

아무리 '성경적'이라는 수식어를 갖다 붙여도 자기 사랑과 자존감이 마치 인간 문제를 해결하는 특효약이라도 되듯이 가르치는 것이 위험한 것은 이 문제가 단순히 심리적인 문제로 그치지 않고 우리의 영혼의 운명을 결정할 수도 있는 구원의 문제와 관련이 있기 때문입니다. 우리 스스로가 자신에 대한 정당한 평가를 가지고 자신에 대해 자신감 있는 시각을 갖는 것은 전혀 잘못된 것이 아닙니다. 그러나 이런 자존감에 근거한 메시지가 잘못 전달되는 경우의 위험에 대해 우리는 경계할 필요가 있습니다. 기독교는 철저히 하나님 중심의 종교입니다. 그 속에서 '내'가 강조되면 될수록 하나님은 잊혀지게 되고 기독교는 어느 새 하나님 중심의 종교에서 '나' 중심의 종교로 바뀔 수 있습니다. 그래서 위험하다는 것입니다. 그리고 이 위험의 증거는 오늘날 우리 주변에 수도 없이 널려 있습니다. 하나님의 이름을 부르지만 사실상 나의 가치를 높이기 위해 하나님을 단지 '활용'만 하는 일이 어디 한두 가지입니까? 그리고 그러한 시도들 역시 얼마나 교묘합니까? 내 귀를 즐겁게 하는 '자기 사랑'의 메시지를 멀리 할 수 있는 영적 분별력이 절실한 때입니다.

존 파이퍼 목사는 자신의 책 *Brothers, we are not professionals*에서 다음과 같이 얘기했습니다.

당신이 하나님으로부터 사랑받는다고 느끼는 이유가 하나님께서

당신이 대단한 존재라고 느끼도록 해 주기 때문입니까, 아니면 당신

이 하나님을 영원히 높여드리는 기쁨을 누리는 존재로 하나님이 당신

을 자유하게 하셨다는 사실 때문입니까?[88]

'너는 하나님의 사랑을 받을 만한 사람이다.'라는 메시지는 오늘도 사방에서 우리를 위협하고 있습니다. 내가 사랑받을 만해서 사랑받은 것이라면 그 사랑이 내게 왜 은혜가 되는 것입니까? 당연한 결과일 뿐이지 않을까요?

마틴 로이드 존스 목사는 다음과 같이 말했습니다.

내가 진짜 크리스천인지 아닌지를 알아볼 수 있는 방법 중의 하나

는 바로 이것입니다: 내가 나의 본성을 미워하고 있는지 아닌지의 여

부입니다.[89]

2. 심리학의 두 번째 가면: 긍정적 사고방식(Positive Thinking)

우리는 앞에서 심리학은 인간의 죄 대신 인간의 병, 인간의 구원 대신 인간의 치료를 주장한다는 것을 고찰했습니다. 이러한 심리학은 철저히 인간 중심이고 인간을 위한 메시지입니다. 이에 비해 기독교의 메시지 중에서 하나님 중심의 메시지를 가장 잘 포함하고 있는 것이 바로 회개입니다. 이 회개의 메시지와 심리학의 인간 중심적 메시지는 근본

88) John Piper, *Brothers, we are not professionals*, Broadman&Holman Publishers, 2002, p. 16.
89) One of the best tests of whether we are truly Christian or not is just this: Do I hate my natural self?"

적으로 다르기 때문에 도저히 화해의 여지가 없습니다. 그럼에도 불구하고 철저한 회개를 통한 복음이 선포되는 자리에서도 "하나님, 저 돌아왔습니다. 앞으로 열심히 살겠습니다. 예쁘게 봐 주시고 많이 도와주십시오." 정도의 고백을 유도하는 메시지이면 충분한 것이 심리학에 물든 오늘의 현실입니다.

심리학에서 말하는 각각의 인간은 그 속에 어떤 잠재력을 가지고 있을지 모르는 거대한 잠자는 거인을 지니고 사는 존재입니다. 이런 존재에게 '회개'라니, 이 얼마나 가당찮은 가르침입니까? 이와 같이 심리학이 제거하려고 하는 기독교의 핵심 진리인 인간의 죄와 구원의 문제를 노골적이지 않으면서도 가장 효과적으로 희석시키기 위해 양의 탈을 쓰고 교회 속에 파고든 심리학의 또 하나의 가면은 '긍정적 사고'입니다.

긍정적 사고방식의 전파자들
현재 한국 교회는 미국 교회의 것이라면 무조건 따라하는 성향이 있는 것 같습니다. 그것이 독인지 양잿물인지도 모른 채 무조건 갖다 마시는 비참한 현실에 처해 있습니다. 특별히 우리가 다루는 주제와 관련해서 비성경적인 긍정적 사고방식을 전파하고 있는 목사들의 생각을 무분별하게 받아들이고 추종하고 있는 것은 오늘 우리 한국 교회의 가장 심각한 문제 중의 하나입니다.

먼저 우리 한국 교회가 직수입해서 사용하고 있는 긍정적 사고방식을 교회 안으로 수입한 대표적인 세 사람 노만 빈센트 필, 로버트 슐러, 조엘 오스틴을 소개하고, 이 사람들의 세속적인 원조인 나폴레온 힐에 대해 간략하게 언급하겠습니다.

그리고 난 후 긍정적인 사고방식이 한국 교회에 미치고 있는 현실적인 상황과 긍정적인 사고방식의 문제점이 무엇인지를 말씀드리겠습니다.

노만 빈센트 필(Norman Vincent Peale)

노만 빈센트 필은 '적극적 사고'라는 말로 사실상 심리학의 긍정적, 적극적 사고를 교회 내로 유입시킨 원조입니다. 그러나 노만 빈센트 필은 어떤 사상을 만들 정도로 똑똑한 사람은 아닙니다. 빈센트 필을 따라 좀더 올라가면 우리가 앞에서 살펴본 심리학자들을 만나게 됩니다.

노만 빈센트 필은 과거 1970, 1980년대 한국에도 그의 저서가 상당수 번역되어 출간된 유명 목사입니다. 그러면 이 노만 빈센트 필이라는 사람은 도대체 어떤 사람일까요? 다음 글에서 이 사람에게 하나님이란 어떤 존재인지 한번 그 힌트를 찾아보도록 하겠습니다.

> 마릴린 헬러버그는 다음과 같은 명상법을 제시합니다. "에너지가 작은 점들처럼 붙어 마치 다이아몬드처럼 반짝이는 에너지로 가득한 하얀 안개를 상상하세요. 과학자들은 이 에너지야말로 생명의 본질이라고 말합니다. 생명을 유지시키는 힘이지요……이 에너지의 하얀 안개가 당신 위에 떠 있는 것을 상상해 보세요. 당신을 둘러싸고 있는 것을 상상해 보세요. 그리고 당신의 발에서 마치 폭포와 같이 이 에너지가 휘황찬란한 빛을 내며 쏟아져 내리는 것을 상상해 보세요. 그리고 이제 그 하얀 에너지의 안개를 들이마시세요. 그리고 상상하세요. 지금 들이마신 그 에너지의 안개가 당신의 목을 넘어 당신의 코를 지나 당신의 두뇌로 들어가고 있습니다. 그리고 당신의 머릿속에서 당

신의 정신 세계에 에너지를 공급하고 당신의 사고를 더 날카롭게 만듭니다. 당신으로 하여금 새로운 힘으로 새로 태어나게 합니다……."

나는 나 스스로 이 명상법을 지난 며칠간 계속 실천했다. 그리고 내가 하나 확실히 말할 수 있는 것은 이 명상법을 여섯 번 정도만 실천하면 누구라도 그 효과를 확실히 느낄 수 있다는 사실이다. 이 명상은 생명의 에너지를 느끼게 해 주는 힘이 있다. 이 명상은 하나님의 임재를 체험하게 해 준다.

하나님이 누구신가? 신학적으로 정의되는 어떤 존재인가? 그분은 신학으로 정의되기에는 너무 크시다. 하나님은 생명 에너지이시다. 하나님은 생명이시다. 하나님은 에너지이시다. 당신이 하나님을 당신의 숨을 통해 들이마심으로써 당신은 하나님의 에너지를 마음에 그릴 수 있게 되고 당신은 새로운 에너지로 재충전될 것이다.[90]

하나님은 이제 하얀 안개 속의 에너지로 전락한 채 우리가 호흡을 통해 들이마시는 존재가 되었습니다. 자주 그리고 많이 마십시오……당연히 노만 빈센트 필과 같은 사람에게 성경보다 중요한 것이 무엇이겠습니까? 호흡법을 통한 요가말고 그 무엇이겠습니까? 그 요가를 그가 명상 기도라고 부르든 관상 기도라고 부르든 관계 없습니다. 한 가지 이 사람과 관련해서 이해가 안 되는 부분은 왜 이렇게 생명 에너지, 하나님 에너지를 매일 마시면서 살던 사람이 더 젊어졌어야지 왜 다른 사람과 똑같이 늙고 병들어 죽었는가 하는 점입니다.

또한 노만 빈센트 필은 1984년 한 신문과의 인터뷰[91]에서 동정녀 탄

---

90) Norman Vincent Peale, "No more stress or tension," in *Plus: The Magazine of Positive Thinking*, May 1986, pp. 22~23.

생에 대해서도 '신학적 생각'이라고 말하며 예수님의 동정녀 탄생 여부가 구원과 직접적인 연관이 없다는 주장을 펼치기도 했습니다. 또한 약 20년 전 지금 미국의 오프라 쇼(The Oprah Show)만큼 유명했던 필 도나휴 쇼(Phil Donahue Show)에서 다음과 같이 말했습니다. "나는 하나님과 나만의 개인적인 관계를 가지고 있다. 또 당신은 하나님과 당신만의 관계를 가지고 있는 것이다. 나는 개인적으로 일본의 신도 신전(Shinto temple)을 집에 모시고 있다. 그리고 그 신도 신전에서 매일 나는 영원한 평화를 주는 마음의 안식을 누리고 있다."라고 말하기도 했습니다. 이런 사람이니 위에서 인용한 그의 고백이 하나도 이상할 것이 없습니다.

로버트 슐러(Robert Schuller)

지금 미국 교회와 한국 교회를 오염시킨 긍정적 사고의 일등공신은 미국 수정교회의 로버트 슐러입니다. 로버트 슐러가 시작한 교회의 '수적인 성공'이 그를 일약 기독교 내에서 긍정적 사고의 대부로 만들어 주었습니다. 그러나 로버트 슐러는 사실 노만 빈센트 필의 수제자입니다. 로버트 슐러는 상표 분쟁에 휘말리지 않기 위해(?) 노만 빈센트 필의 적극적 사고를 긍정적 사고라는 단어로 교체했을 뿐입니다. 그런데 로버트 슐러가 빈센트 필에 비해 더 유명한 것은 단지 로버트 슐러가 이룬 교회적 성공이 필의 성공보다 더 커서 시장에서 끼치는 영향이 더 많았기 때문입니다. 로버트 슐러가 빈센트 필에 가장 큰 영향을 받았다는 것은 슐러가 1950년대 야외 극장 주차장에서 파격적인 새로운 형태의 교회를 시작한 후 그 적극적 홍보의 일환으로 그 주차장에서

---

91) From *Family Weekly*, Ventura Free Press, April 15, 1984, Cover Story.

'부흥회(?)'를 열었을 때 주강사로 초빙한 사람이 바로 노만 빈센트 필이라는 것을 통해 금방 알 수 있습니다.

그렇다면 노만 빈센트 필에게 가장 많은 영향을 받은 로버트 슐러는 도대체 어떤 사람일까요? 로버트 슐러가 교회 속에 심어 놓은 이 긍정적 사고는 도대체 어떤 것일까요?

슐러는 1926년생입니다. 슐러의 나이와 관련해서 그가 출연했던 한 기독교 대담 방송과 관련해 다음과 같은 일화가 있습니다. 로버트 슐러는 자신의 출생과 관련해서도 참으로 긍정적인 마음으로 하나님의 뜻을 찾는 일환으로 왜 하나님이 자신을 수많은 년도 가운데 1926년에 태어나게 하셨는지를 설명했습니다. 그 이유는 놀랍게도 하나님은 슐러의 인생이 마태복음 19장 26절이 되도록 하기 위해서였다는 것입니다. 19장 26절이 바로 1926년이라는 논리입니다.

> 예수께서 그들을 보시며 이르시되 사람으로는 할 수 없으나 하나님
> 으로서는 다 할 수 있느니라.

즉, 이 말씀을 바탕으로 볼 때 자신은 하나님이 '할 수 있다.'는 메시지를 사람들에게 전하도록 하기 위해 태어나게 하셨다는 것입니다.

이 고백에 감동받은 사회자는 자신의 출생년도는 1934년이라고 말하면서 하나님이 자기에게는 무엇이라고 말하시는지 보기 위해 슐러와 마태복음 19장을 함께 폈습니다. 그런데 문제는 마태복음 19장은 34절이 없다는 사실입니다. 슐러 역시 마태복음에 34절이 있는지 없는지 몰랐었습니다.[92] 그래서 다음으로 넘어간 것이 마가복음인데 문제가 마

---

92) 당연하다. 아무리 목사라고 해도 성경 각각의 장이 몇 절인지를 어떻게 다 알겠는가? 부디

가복음에는 아예 19장 자체가 없습니다. 다행히 누가복음에 와서는 19장도 있고 34절도 찾을 수 있었습니다.

> 대답하되 주께서 쓰시겠다 하고.

이 말씀에 사회자는 흥분할 수밖에 없었습니다. "그렇군요. 내 인생을 하나님이 쓰시겠다고 하시는군요." 그런데 문제는 이 구절이 사람에 대한 것이 아니라 당나귀에 대한 것이라는 점입니다.

> 나귀새끼를 풀 때에 그 임자들이 이르되 어찌하여 나귀새끼를 푸느냐 대답하되 주께서 쓰시겠다 하고 그것을 예수께로 끌고 와서 자기들의 겉옷을 나귀새끼 위에 걸쳐 놓고 예수를 태우니(눅 19:33~35).

물론 '나는 주님께 당나귀가 되겠습니다.'라고 생각하고 살면 상관없겠지요.

위의 일화는 슐러가 성경 말씀을 어떻게 생각하는지에 대한 중요한 정보를 우리에게 제공해 줍니다. 로버트 슐러는 자기 인생에 있어서 가장 소중한 말씀, 소위 말하는 '평생 말씀'으로 삼고 있는 성경 구절이 예레미아 29장 11절이라고 합니다. 물론 그에게 마태복음 19장 26절도 매우 중요하겠지만 말입니다.

> 여호와의 말씀이니라 너희를 향한 나의 생각을 내가 아나니 평안이요 재앙이 아니니라 너희에게 미래와 희망을 주는 것이니라.

긍정적으로 이해해 주기 바란다.

그는 1977년에 출간된 자신의 책인 『매일을 위한 능력 있는 생각』(Daily Power Thoughts)에서 다음과 같이 밝힌 바 있습니다.

> 이 책을 준비하면서 나의 꿈은 하나님께서 각자에게 준비하신 그 아름다운 가능성들을 누릴 수 있게 사람들을 돕는 것이었습니다. 내 삶에 있어서 참으로 중요한 구절이 바로 예레미야 29장 11절입니다.[93]

슐러에게 있어 성경은 반복적으로 암송할 만한 가치가 있는 '나는 할 수 있다.'라는 종류의 동기부여를 주는 구절이 다수 포함된 하나의 자료집 이상의 의미가 있을까 하는 생각이 듭니다. 왜 슐러에게 가장 중요한 인생의 말씀이 그 유명한 빌립보서 4장 13절 "내게 능력 주시는 자 안에서 내가 모든 것을 할 수 있느니라."라는 말씀이 아닐까 하는 의문이 듭니다. 아마도 그 구절을 너무 많은 사람이 아니까 자기까지 들고 나오기에는 좀 꺼려져서 그러지 않았을까 하고 추측해 볼 수 있습니다. 그래도 명색이 목사인데 사람들이 잘 모르는 예레미야서 정도에서 말씀을 뽑아야 좀 폼이 나지 않았을까요?

저는 로버트 슐러에게 사실상 성경은 별 중요한 것이 아니었을 것이라고 확신합니다. 왜냐하면 다른 종교들과 분열하고 구별하게 하는 성경의 가르침을 그는 분열적 교리(divisive dogma)라고 부르며 거부했기 때문입니다. 우리는 앞에서도 잠깐 그의 말을 살펴보았지만 성경 속에서 인간에게 동기부여를 주는 몇 개의 구절을 뺀 나머지 성경의 진리, 즉 성경의 말씀만이 진리라고 주장하는 성경 말씀들에 대해 그는 분명히

---

93) Robert Schuller, *Daily Power Thoughts*, Harvest House Publisher, 1977, p. 8.

거부하는 사람이라고 생각합니다.

2001년 출간된 그의 자서전, 『나의 여행: 아이오와 시골에서 꿈의 성전까지』(My Journey: From an Iowa Farm to a Cathedral of Dreams)에서 그는 다음과 같이 말하고 있습니다.

한 세기, 한 천 년이 끝나가고 있는 이 즈음에 나는 나의 관점이 그 동안 얼마나 바뀌었는가에 대해 스스로 놀라고 있다. 나의 어린 시절, 나의 세계는 아이오와의 한 마을이 전부였다. 그리고 독일 개혁교회 가 내게 전부였다. 그런데 지금 나는 세계를 품고 있는 사람이 되었다. '아무 곳도 아닌 곳'에서 '어딘가'로 옮기는 것은 정말로 새로운 세상으로 가는 것과 다름 아니다. 나는 점점 더 '종교적 포괄성'이 중요하다는 생각으로 옮겨지고 있다. 이것은 사실상 또 하나의 가장자 리다(즉, 어떤 의미로 보면 종교적 포괄성의 주장은 기독교 내의 주류 적인 생각이 아니라 극단적인 면을 포함한 생각이라는 것 - 필자 주). 그러나 나는 이제 이런 가장자리에 있는 것이 전혀 불편하지 않고 편 안함을 느낄 정도로 성장했다. 아니, 나는 내가 이렇게 생각하는 것을 오히려 즐기고 있다……중략……그리고 나는 이제 불가능해 보이 는 하나의 대담한 꿈을 꾸고 있다. 그것은 하나님을 믿는 긍정적 생각 을 가진 사람들이 중심이 되어(기존의 기독교를 포함한 - 필자 주) 기 존의 분파적인 종교들이 세상을 지배하고 있는 이 환상에서 벗어나도 록 해야 한다는 생각이다. 그리고 이 주요 종교들의 지도자들은 각각 의 종교가 주는 교리적 특징을 벗어 던질 수 있어야 한다. 그리고 이 제 서로 다른 것들에 초점을 맞추지 말고 서로를 분열시키는 이 분파 적인 교리들을 초월할 수 있어야 한다. 그럼으로써 우리는 함께 힘을

모아 평화와 번영 그리고 희망을 이 세상에 전하도록 해야 한다.[94]

위의 슐러의 글을 보고 감동을 받는 분이 계십니까? 그렇다면 한 가지는 확실합니다. 그분은 어쩌면 크리스천이 아닐지도 모릅니다. 다른 모든 신분은 얻을 수 있겠지만 크리스천만은 되지 못했을 수 있습니다. 그리고 저는 이 글을 진심으로 쓴 로버트 슐러는 결코 크리스천이 아니라고 생각합니다. 유명한 목사라는 것이 그가 크리스천임을 증명해 주는 것은 아닙니다. 만일 사람들이 로버트 슐러를 전세계 개신교 목사의 대표 목사라고 부른다 해도 저는 그를 성경이 말하는 참된 크리스천이라고는 인정할 수 없습니다. '아니 크리스천인지 아닌지 하나님만이 아시지 어떻게 인간이 알 수 있냐?' 라고 반문하실 분도 계실 것입니다. 그렇다면 우리는 어떻게 다른 사람을 전도할 수 있습니까? 내가 전도하려는 사람의 마음에 들어가 보지 않은 상태에서 단지 그 사람이 교회를 다니지 않고 기독교에 대해 부정한다고 해서 그 사람이 크리스천이 아니라고 어떻게 감히 결론을 내릴 수 있습니까? 하나님만이 내리실 결론을 우리가 어떻게 내릴 수 있습니까? 그 사람이 말로는 설혹 기독교를 안 믿는다고 하더라도 사실 그 마음으로 하나님을 믿고 있을 수도 있지 않을까요? 전도하는 것이 그에게 모욕이 될 수도 있다는 생각을 해야 하는 것은 아닐까요?

하지만 우리는 우리가 전도하려고 하는 사람의 마음을 알 수 있지 않은가요? 우리는 우리가 전도하려고 하는 사람의 말과 행동을 보고 그가 예수님을 믿는 사람인지, 믿지 않는 사람인지를 알 수 있기 때문입

---

94) Robert Schuller, *My Journey: From an Iowa Farm to a Cathedarl of Dreams*, Harper San Francisco, 2001, p. 492.

니다. 마찬가지로 이 논리는 슐러에게도 동일하게 적용됩니다. '로버트 슐러같이 유명한 목사가 설마 크리스천이 아닐리가?'라고 생각된다면 일단 슐러의 주장을 한번 들어 보시기 바랍니다. 그러면 슐러의 말이 기독교를 부정하는 선언이나 다름없다는 것을 알게 될 것입니다. 기독교의 진리를 유일한 진리로 인정하지 않는 그가 크리스천인가요? 개별 종교적 당파성을 벗어나 모두 손을 잡고 하나 되자고요? 하나가 되어 다 같이 죽자는 소리인가요?

> 예수께서 이르시되 내가 곧 길이요 진리요 생명이니 나로 말미암지 않고는 아버지께로 올 자가 없느니라(요 14:6).

> 다른 이로써는 구원을 받을 수 없나니 천하 사람 중에 구원을 받을 만한 다른 이름을 우리에게 주신 일이 없음이라 하였더라(행 4:12).

다른 길, 다른 구원자는 없다는 위의 성경 말씀은 그럼 무엇입니까? 예수님이 거짓말하시는 것일까요? 예수님의 말씀을 부정하는 사람이 어떻게 크리스천일 수 있습니까?

얼마 전 *USA Today*에 나온 미국의 여가수 마돈나(Modonna)의 인터뷰 기사를 읽은 적이 있습니다. 마돈나는 요즘 캘리포니아에서 시작된 새로운 영성 운동에 온통 빠져 있는데 종교와 영성의 차이를 묻는 기자의 질문에 다음과 같이 대답했습니다.

> 영성(spirituality)은 모든 것을 포용하는 것이고 종교(religion)는 포용이 아니라 나누고 단절시키는 것입니다. 구별(Separation)이라

는 단어가 바로 종교를 가장 잘 표현하는 말입니다. 그래서 나는 영성
은 추구하지만 종교는 거부합니다.

슐러의 주장이 마돈나의 주장과 무엇이 다릅니까? 또한 뉴 에이지의
주장과 무엇이 다릅니까? 뉴 에이지의 지도자들이 쌍수를 들고 슐러를
반기는 이유가 따로 있는 것이 아닙니다. 기독교의 가장 유명한 지도자
의 생각이 자신들의 생각과 같으니 어찌 좋지 않겠습니까? 뉴 에이지
의 주장을 한 마디로 하면 '나도 신, 너도 신, 우리는 모두가 다 고귀한
신들, 그러니 우리 모두 각자가 신이라는 사실을 깨달아 내 자신 속에
있는 신성을 계발하고 또한 신답게 서로 사랑하고 서로 하나가 되자!'
라고 요약할 수 있습니다. 이것은 누구의 주장과 비슷하다는 생각이 들
지 않습니까? 그렇습니다. 앞 장에서 살펴본 카를 융의 주장이 여기에
있습니다. 에릭 프롬의 주장이 여기에 있습니다. 아무튼, 이들에게 있
어서 로버트 슐러야말로 자신의 메시지를 기존의 주류 교회 속에 전파
하는, 실로 훌륭한 '선교사'인 것입니다. 미국을 넘어 한국과 전세계로
전파하는 '글로벌 뉴 에이지 선교사' [95]인 것입니다.

지금도 아마존에서 절찬리 판매 중인 『하나님과의 대화』(Conversations
with God)라는 책의 시리즈로 유명한 뉴 에이지의 대표적 지도자인 닐
도날드 월시(Neale Donald Walsch)는 그의 책 『새로운 계시』(The New
Revealations)[96]에서 슐러야말로 "특별한 목사"로서 그의 영적 사상들은
자신이 주장하는 "새로운 영성"과 일치한다고 말하면서 슐러가 이미

---

95) 뉴 에이지에 대한 정확한 분별이야말로 지금 우리에게 가장 시급한 과제다.
96) 아마존에 가서 이 책을 한번 검색해 보라. 얼마나 많은 사람이 읽고 감동의 서평들을 남기
는지 모른다.

교회 속에 자존감(self-esteem)을 바탕으로 한 "새로운 신학"을 통해 교회를 개혁하고 있는 지도자라고 평가하고 있습니다. 그는 슐러의 책, 『자존감』(Self-esteem)을 인용하면서 다음과 같이 말하고 있습니다.

> 이 위대한 목사는 또한 선언한다. "크리스천으로서, 신학자로서, 그리고 개혁 전통 내의 교회에 다니는 사람으로서 나는 교회가 비록 내용, 전략, 스타일 그리고 영성에 있어서 심각한 오류를 가지고 있더라도 그 교회는 존재할 수 있다고 믿는다. 그러나 신학자는 무엇보다도 국제적이고 포괄적이며 탈교리적이고 탈문화적이며 탈인종적인 기준을 가져야 한다."라고.[97]

그리고 이에 이어 월시는 다음과 같이 말하고 있습니다.

> 슐러 목사는 정말 뛰어난 관찰력을 가진 깊은 혜안의 소유자이며 그의 통찰을 공개적으로 말할 수 있는 놀라운 용기의 소유자다. 나는 그가 자기 자신에 대해 자랑스러워하기를 바란다. 나는 그가 얘기한 국제적이고 포괄적이며 탈교리적이고 탈문화적이며 탈인종적인 기준의 신학이 다음 문장으로 드러난다고 생각한다. "우리는 모두가 다 하나다. 우리는 우리의 길이 더 나은 길이라고 말하지 않는다. 우리의 길은 단지 또 하나의 다른 길일 뿐이다." 이것이 바로 새로운 영성이 주는 복음이다. 이 영성이야말로 인간을 원래의 자신으로 회복시키는 영성이다.[98]

---

97) Neale Donald Walsch, The New Revelation: A conversation with God, Atria Publishing, 2004, p. 282.

미국의 공개적인 뉴 에이지 단체의 서점에서도 로버트 슐러의 책은 반드시 팔고 있습니다. 왜냐하면 슐러는 그들의 '선교사'이기 때문입니다. 사정이 이러하다면 슐러를 자기 사역의 표본으로 삼고 있는 수많은 미국의 목사와, 슐러를 비롯한 미국 목사의 말이라면 무조건 받아들이는 한국의 많은 목회자에게 슐러가 어떤 사람인지를 알리는 것은 믿지 않는 사람들을 향해 선교사로 떠나는 것보다 어쩌면 더 중요하고 시급한 일일지도 모릅니다.

슐러는 단지 '본인의 의지와 관계 없이' 뉴 에이지 지도자들에게 칭찬을 듣는 것에서 그치지 않습니다. 슐러는 미국 내에서 저명한 정신과 의사이자 뉴 에이지의 또다른 지도자인 제럴드(제리) 잼폴스키(Jerald 또는 Jerry Jampolsky)[99]와는 함께 세미나를 열 정도로 긴밀한 관계를 유지하고 있습니다. 아래의 글을 통해 제럴드 잼폴스키가 어떤 사람인지 한번 살펴보십시오. 왜 노만 빈센트 필에게 영향받은 슐러가 잼폴스키 같은 사람과 '통할 수밖에' 없는지 잘 알 수 있을 것입니다.

잼폴스키는 자신의 한 책에서 자신이 인도의 영적 스승(guru)인 스와미 바바 무크타난다(Swami Baba Muktananda)[100]를 만난 경험을 다음과 같이 소개하고 있습니다.

조용히 앉아 있은 지 5분 정도가 지난 후에 나의 몸은 뭐라고 표현하기 힘든 형태로 떨리고 흔들리기 시작했다. 아름다운 각종 색깔들

---

98) 앞의 책.

98) 앞의 책.
99) 제리 잼폴스키는 New Age의 성경으로 불리는 *A Course in Miracles*의 정식 강사로 뉴 에이지 사상을 전파하는 선봉에 서 있는 사람이다.
100) 검색창에서 이 사람의 이름을 치면 이 사람과 관련한 수도 없는 사이트들이 뜬다. 어떻게 생긴 사람인지 한번 찾아보는 것도 도움이 될 듯!

이 내 주위에 나타나기 시작했고 마치 내가 나의 몸 밖을 나와 나 자신을 내려보고 있는 것과 같은 느낌을 받았다. 내 의식의 일부는 혹시 누군가가 나에게 환각제를 투여한 것이거나 아니면 내가 지금 미쳐 가고 있는 것은 아닌가 하는 점을 상기시키고 있었다.

나는 내가 지금까지 상상한 것과는 전혀 다른 차원의 깊이와 아름다움을 지닌 색깔들을 바라보고 있었다. 나는 방언으로 이야기하기 시작했다. 방언으로 이야기하는 것에 대해서는 나도 과거에 들은 적이 있지만 내가 믿지 않았던 현상이었다. 아름다운 빛이 내 방 안으로 흘러들어왔고 나는 그 순간 지금 내 주위에서 생기고 있는 일들에 대해 의식적인 평가를 멈추기로 했다. 단지 그 경험을 느끼면서 그 경험과 하나가 되기로 했다.

나는 평상시에도 항상 높은 수준의 (육체적) 에너지를 유지하면서 사는 편이었지만 이 경험이 있은 후 세 달 동안 나의 에너지는 정말로 최고조에 달해 있었고 나는 거의 잠을 잘 필요가 없을 정도였다. 또한 나는 내가 지금까지 알았던 것과 전혀 다른 차원의 깊은 사랑의 감정에 온통 차 있었다. 그 날의 그 경험은 지금까지 내가 '실재, 현실'이라고 부르던 모든 사실에 대해 완전히 새로운 시각을 갖고 보도록 만들었다. 왜냐하면 그 날 나는 물리적 영역에 제한받지 않는 새로운 차원의 현실의 일부를 맛보았기 때문이었다. 그 경험은 내가 기존에 갖고 있던 하나님에 대한 개념과 영성에 대한 개념 자체를 완전히 새로운 차원에서 재평가하도록 하는 데에 중요한 시발점이 되었다. 비록 그 때는 내가 깨닫지 못하고 있었지만 그 경험은 1, 2년 후 내가 (뉴에이지 정규 입문 코스인) '기적에의 코스'를 만나도록 하는 데 계기가 된 사건이었다. 그러나 내가 그 코스를 만나기 전까지 나는 여전히

갈등하고 있을 수밖에 없었다.[101]

이 말이 앞에서 살펴본 노만 빈센트 필의 말과 무엇이 다릅니까? 이들은 모두가 다 같은 길을 걸어간 동지들입니다.[102]

로버트 슐러와 관련해서 얘기를 하려면 책 한 권 분량으로도 모자랄 것입니다. 알게 모르게 미국과 한국 기독교에 끼친 로버트 슐러의 나쁜 영향이 끔찍할 정도로 거대하기 때문입니다. 그리고 더욱 심각한 것은 슐러가 설교와 저술을 통해 일반 대중에게 끼친 영향보다 미국 목사들에게 끼친 영향이 워낙 크고 깊다는 사실입니다. 수십 년 전부터 시작한 슐러의 '교회 성장 세미나'를 중심으로 수많은 젊은 목사들이 그의 사상에 깊은 영향을 받았습니다. 그리고 슐러의 사상을 중심으로 정착된 많은 목사들이 미국 기독교의 중심이 되어 활동하고 있는 시기가 바로 지금입니다. 약 몇십 년 전까지만 해도 미국에서 몇천 명 이상이 모이는 교회를 발견한다는 것은 쉬운 일이 아니었습니다. 그러나 요즘 미국에서 몇만 명 이상 모이는 교회를 찾는 것은 그리 어려운 일이 아닙니다. 소위 말하는 메가 처치들이 미국 곳곳에서 속속 생겨나고 있습니다. 이것이 무엇을 의미합니까? 슐러의 가르침이 열매를 맺고 있는 것입니다. 이것이 하나님이 주시는 부흥의 역사라고요? 사람이 모이기만 하면 그것이 부흥이라고 생각하는 사람들의 눈에는 그렇게 비칠 것입니다. 우리가 이름만 대면 금방 알 수 있는 미국 유명 목사들의 상당수

---

101) Gerald G. Jampolsky, *Teach Only Love: The Seven Principles of Attitudinal Healing*, Bantam Books, 1983, pp. 11~13.
102) 이들이 손잡은 '신비주의에의 길'에 대해서는 『부족한 기독교』 3탄 엔터테인먼트에서 자세히 다루겠다. 이 과정에서 빠지지 않고 등장하는 방언은 우리가 교회에서 흔히 대하는 방언과 관련해서 매우 중요하게 취급되어야 할 부분 가운데 하나다.

가 어떤 의미에서 슐러의 직속 제자들입니다. 그 사람의 스승이 누구인지를 아는 것은 그 사람의 사상이 어떤지를 알 수 있는 가장 검증된 길입니다. 얼마 전에 돌아가신 한국의 강원용 목사의 스승은 미국의 폴 틸리히입니다. 강원용 목사의 사상을 더 자세히 알고 싶은 사람은 폴 틸리히의 책을 읽으면 됩니다. 마찬가지로 지금 미국 교회 속에서 영향력을 발휘하는 대형 교회들의 목사의 생각을 알고 싶으면 슐러의 책을 읽으면 됩니다. 또한 우리가 이 슐러의 영향력에 대해 간과할 수 없는 사실은 슐러가 한국 교회에 대해서도 크나큰 영향력을 미치고 있다는 점입니다. 이는 미국의 유명 목사의 직접적 영향력 아래에서 전혀 자유롭지 못한 많은 수의 한국 목사들 때문입니다. 한국 목사들이 슐러의 세미나에 직접 참석한 경우는 그리 많지 않을 것입니다. 그러나 슐러의 제자들을 통해 받은 영향을 감안한다면 많은 수의 한국 목사들을 슐러의 손자들이라고 생각해도 큰 무리는 아닐 것입니다. 그렇기 때문에 지금의 미국 교회와 한국 교회를 이해하기 위해 로버트 슐러가 어떤 사람인지를 아는 것은 매우 중요하다고 생각됩니다. 앞으로 누군가 로버트 슐러에 대해 더 깊고 포괄적으로 연구하고 발표한다면 그것은 참으로 한국 기독교의 현실을 이해하는 데 중요한 작업이 될 것입니다.

조엘 오스틴(Joel Osteen)

우리가 앞에서 말한 노만 빈센트 필이나 로버트 슐러는 누가 뭐래도 흘러갔거나 흘러가는 세대입니다. 그러면 이들이 자신의 후계자를 키워 놓지 않고 갔겠습니까? 현재 이들의 후계자는 여러 명이 있지만 그 중에서도 가장 군계일학으로 떠오르고 있는 사람이 있습니다. 가장 미국적이며 가장 자본주의적이며 가장 자신에 대해 무식할 정도로 솔직한 제자가 바로 조엘 오스틴입니다.

조엘 오스틴은 로버트 슐러의 젊은 피이자 지금은 빌리 그레이엄 목사의 후계자라는 얘기가 나올 정도로 미국 복음주의의 떠오르는 스타입니다. 그럼 조엘 오스틴은 어떤 신학을 가지고 있는지 한번 살펴보겠습니다.

그의 베스트셀러인 책 『긍정의 힘』에는 다음과 같은 구절이 등장합니다.

> 긍정은 아무리 강조해도 지나치지 않다. 하나님이 바로 긍정적인
> 분이시기 때문이다! 하나님께는 부정적 면이 조금도 없다.[103]

조엘 오스틴 역시 그의 스승을 닮아 자신이 믿는 메시지를 전하는 데 있어서 매우 과감하고 직설적입니다. 물론 조금 있다가 살펴보겠지만 오스틴 역시 언론에서는 나름대로 매우 조심합니다. 그러나 오스틴은 자신의 책 또는 체육관에서 벌어지는 주일 설교에서는 자신이 생각하는 신학에 대해 조금의 주저함도 없이 말합니다. 오스틴의 특징 가운데 하나는 모르는 부분에 대해서는 전혀 알려고 하지 않는 대신 자신이 아는 부분에 대한 확신은 매우 강하다는 점입니다.[104] 부정적인 데라고는 전혀 없는 하나님, 그가 생각하는 하나님은 실로 단순하기 그지없습니다. 하나님은 단순하신데 우리 인간이 괜히 신학이니 조직신학이니 성경신학이니 하는 말들로 하나님의 그 단순한 진리를 학문화시키며 복

---

103) 조엘 오스틴, 『긍정의 힘』, 두란노, 2005, p. 127.
104) 래리 킹과의 두 번째 인터뷰 내용 중 요한계시록과 관련된 부분을 보면 이 점을 잘 알 수 있다.

잡하게 만들고 있다고 생각합니다.[105] 그런 면에서 그는 상식적으로 볼 때 왜 하나님이 인간을 구원하시기 위해 그토록 복잡한 과정들, 선지자들의 예언, 예수님의 성육신, 십자가의 죽음, 부활, 초대 교회와 순교 등을 거치셨는지에 대해 아무런 관심이 없어 보입니다. 그는 그냥 '하나님은 긍정적이시며 우리를 축복하시기 위해 존재하실 뿐이다.'라고 생각합니다. 그러니 오스틴이 자신의 설교에서 죄니 십자가니 하는 주제가 거의 등장하지 않는 것은 당연합니다. 그는 자신이 이해가 안 되는 부분에 대해서는 그냥 눈을 감아 버리고 자신이 옳다고 생각하는 부분만을 강조하기 때문입니다.[106]

오스틴이 보기에 순도 100%의 긍정적 사고의 원조이신 하나님을 바탕으로 성경을 바라보면 처음부터 전혀 아귀가 맞지 않습니다. 성경은 처음부터 끝까지 전혀 말이 되지 않는 책이 되어 버리고 맙니다. 창세기에 등장하는 인간의 타락 사건부터 성경은 완전히 새롭게 다시 씌어져야만 합니다. 그러나 오스틴은 별로 개의치 않아 보입니다. 저는 오스틴이 창세기를 있는 그대로 믿는 사람이라고 생각하지 않습니다.[107] 제가 생각하기에 오스틴이 아무리 원하더라도 그의 사회적 지위 때문에 사람들 앞에서 공개적으로는 차마 바꾸지 못하는 창세기의 인류 타락 사건에 대해 제가 그를 대신해서 한번 재구성해 보겠습니다.

조엘 오스틴이 주장하는 100% 긍정적인 하나님을 바탕으로 재구성해 본 아담과 하와의 선악과 사건 직후 그들이 가진 하나님과의 대화는 아마도 다음과 같지 않았을까요?

---

105) 역시 래리 킹과의 두 번째 인터뷰 내용 중 그의 아내가 하나님에 대해 한 말을 참고하라.
106) 바꾸는 것도 왜곡이지만 빼는 것도 어떤 의미에서 보면 더 심각한 왜곡이 아닌가? 어차피 잘못된 가르침이라는 같은 결과를 초래하기 때문이다.
107) 물론 오스틴은 성경 전체를 문자적으로 다 믿는다고 공개적으로 고백하고 있다.

(선악과를 따 먹은 직후 숨어 있는 아담과 하와를 하나님께서 밖으로 끌어 내셨다).

하나님: 아담아 왜 그랬니?

아담: 하와가 유혹했어요.

하나님: 아담아, 건전한 셀프 이미지를 가진 사람의 특징은 결코 남에게 책임을 전가하지 않는 법이다. 책임감은 아주 중요하지. 항상 자신 속에서 모든 답을 찾아야 하지 않겠니? 내가 너를 그렇게 만들지 않았는데 너는 왜 그러니? 오해하지 마라. 나는 너를 비난하는 것이 아니다. 긍정적인 내가 어찌 너를 비난하랴? 아무튼, 왜 먹었니?

아담: 나는 가만있는데 하와가 와서……아니, 제가 그랬습니다. 너무 맛있어 보여서 제가 따서 먹었습니다. (아담이 긍정의 힘을 발휘하는 순간 하와와 뱀은 선악과의 사슬에서 해방되었다. 긍정의 힘은 이처럼 여러 사람에게 유익을 끼친다).

하나님: 그래, 책임지는 그 모습 참 보기 좋구나. 하지만, 나도 너에게만 책임을 물을 수가 없겠구나. 이게 사실은 다 나의 책임이다. 너에게 자유의지를 준 것도, 저기에 저 나무를 만들어 놓은 것도 바로 나였으니까. 하지만 이미 물은 엎질러진 것, 한탄만 하지 말고 상황을 좀더 긍정적으로 바라보도록 하자. 아담아, 잘 기억해라. 먹구름 사이에도 항상 태양은 반짝이고 있다는 사실을! 그래, 한번 이렇게 바라보자. 네가 선악과를 먹을 생각을 애초에 했다는 것 자체가 대단히 고무적일 수도 있겠구나. 그만큼 내가 너에게 부여한 자유의지가 완벽했다는 것을 의미하니까. 그래, 상황을 긍정적으로 보니 반드시 내가 너에게 화를 내기만 할 문제가 아니구나. 그래도 아담아, 우리의 관계가 더욱더 서로를 존중하는 관계로 발전하기 위해서는 지켜야 할 것이

있다. 그것은 서로가 서로에게 한 약속을 반드시 지켜야 한다는 사실이다. 일단 선악과에 대한 원칙은 이미 내가 정한 것이니까 앞으로는 꼭 지키도록 해라.

아담: 알겠습니다. 하나님, 앞으로 먹지 않겠습니다.

하나님: 그래야지. 너는 약한 피조물에 불과하다. 내가 너를 더 이해하고 지켜 주도록 노력하마. 이제 가서 하와하고 놀럼. 놀다가 배가 고프면 아까 그 뱀으로 뱀탕을 끓여 먹도록 하려무나.

100% 긍정적인 하나님이 보여 주신 이 긍정의 힘은 예수님의 고통스런 십자가도 아예 필요 없게 만듭니다. 그리고 십자가라는 그 논란 많은 구원 공식을 거치지 않고 이 세상 모든 사람 가운데 한 명도 예외 없이 다 하나님과 함께 믿음으로 행복하게 살 수 있는 그런 세상을 만들 것 같습니다. 참으로 아담을 신뢰하시는 긍정적인 하나님의 모습을 통해 우리는 성경을 처음부터 다시 쓰거나 아니면 완전히 새로운 해석을 도입해야 할 필요가 있지 않을까요? 오스틴이 '긍정적 성경'이라는 스터디 바이블 프로젝트를 조만간 시작할지도 모르겠습니다.[108]

조엘 오스틴은 이렇게 말합니다.

하나님이 우리를 얼마나 신뢰하시는지 조금이라도 안다면 우리는 결코 나약함에 굴복하지 않고 용기 있게 앞으로 나아갈 것이다.

---

108) 미국에서 오스틴과 유사한 가르침을 열심히 전하는 사람 가운데 조이스 마이어(Joyce Meyer)라는 사람이 있다. 이 사람은 최근 자신이 생각하는 관점에 따른 해석을 덧붙인 *The Everyday Life Bible: The Power of God's Word for Everyday Living*라는 스터디 바이블을 펴냈다. 로마서 1장 16절의 "의인은 믿음으로 구원받는다."라는 구절까지도 비즈니스 성공과 연결시킨 이 사람의 성경 해석은 최소한 창의적이기는 하다. 오스틴이라고 못할 이유가 없지 않은가?

존경하는 누군가가 우리를 신뢰한다는 사실을 알면 힘이 솟고 할 수 있다는 자신감이 생기게 마련이다. 그리고 난관을 딛고 일어나 그 사람의 기대에 부응할 것이다.[109]

하나님이 세상에서 가장 신뢰하지 않는 것이 하나 있다면 그것은 인간이고 그 중에서도 인간의 마음일 것입니다. 하나님이 인간을 신뢰했다면 무엇보다 예수님이 이 세상에 오실 필요가 전혀 없었을 것입니다. 예수 그리스도를 통한 복음이 필요 없었을 것이고 그 비참한 십자가의 사건은 더더욱 필요 없었을 것입니다. 더 할 말이 없는, 황당한 위의 인용구는 차치하고 성경이 인간에 대해 뭐라 말하는지 앞에서 살펴보았던 말씀을 다시 상기해 보겠습니다.

> 만물보다 거짓되고 심히 부패한 것은 마음이라(렘 17:9).

> 기록한바 의인은 없나니 하나도 없으며(롬 3:10).

오스틴은 하나님이 인간을 끝없이 신뢰하시는 단계를 넘어서서 이제 하나님의 신뢰를 너무 받은 인간이 하나님을 좌지우지하는 단계가 되었다고 선언하고 있습니다. 오스틴이 생각하는 하나님은 어떤 분이시고 오스틴이 생각하는 인간은 어떤 존재인지 그의 글을 통해 살펴보겠습니다.

---

109) 하나님이 얼마나 인간을 신뢰하시는지 확인하기 위해 조엘 오스틴은 바벨론 포로 전후를 기록한 예레미야서, 에스겔서를 비롯한 선지서들을 한번 읽어 볼 필요가 있다.

세월이 유수처럼 흘러가는데도 여전히 아이는 생기지 않았다. 그러나 마침내 사라는 임신을 하게 되었다. 어떤 변화가 일어난 것일까? 일단 하나님의 약속은 조금도 변함이 없었다. 그보다는 사라의 믿음과 시각이 변했을 것이다. 나는 사라가 실제로 아이를 임신하기 전에 아이를 마음에 품자 약속이 이루어졌다고 확신한다. 하나님이 약속의 말씀을 주신 지 거의 20년이 지나서야 아브라함과 사라에게서 이삭이 태어났다. 나는 이삭이 더 빨리 태어나지 못한 주 원인, 즉 약속의 실현이 그토록 오래 지연된 이유가 사라의 믿음에 있다고 생각한다. 사라는 믿음의 눈으로 보지 않았다……중략……하지만 우리는 사라처럼 하나님의 약속을 지연시키는 경우가 너무 많다. 우리의 작은 생각 때문에 하나님의 은혜가 우리에게 다가오는 데 시간이 걸린다. 마음 상태가 복을 받기에 적합하지 않다. 온통 의심으로 가득 차 있다. 두려운 사실은 우리가 마음을 바꾸지 않으면 자칫 하나님이 예비하신 놀라운 복을 평생 받지 못할 수도 있다.[110]

여러분은 믿음이라는 단어로 가득 차 있는 위의 인용 속에 숨은 하나님에 대해 놀랍도록 도전적인 인간의 교만이 하나님의 모습을 어떤 식으로 왜곡하는지 보입니까? 오스틴의 말이 너무 교묘해서 보이지 않을 수도 있을 것입니다. 기도의 아버지로 불리는 조지 뮐러의 자서전을 보면 그는 기도 응답을 받은 것을 항상 자세히 기록하곤 했는데 어떤 기도는 응답을 받는 데 30년 6개월 며칠이 걸린 기도도 있습니다. 그렇다면 조지 뮐러는 30년 동안 믿음이 없다가 30년이 지난 시점에서 믿음이 생기는 순간 응답을 받았다는 것입니까? 사도 바울은 믿음이 없어

110) 조엘 오스틴, 『긍정의 힘』, 두란노, 2005, pp. 97~98

서 결국 자신의 병을 고치지 못했을까요? 또 그는 하나님께 "하나님, 제가 로마에 갈 때 구체적으로 이런 모습, 이런 상황에서 갈 수 있도록 해 주세요."라는 기도를 할 줄 몰라서 그토록 가고 싶었던 로마에 죄수의 몸으로 가게 되었을까요?

조엘 오스틴의 '선입관적 의도' 때문에 빚어진 이상한 성경 해석은 성경이 사실상 거의 인용되지 않는 그의 책, 『긍정의 힘』에서도 심심찮게 발견되지만 여기 인용한 사라의 이야기가 등장하는 "믿음대로 될지어다." 장은 특히 인간이 성경 말씀 앞에 섰을 때 자신의 이기적 의도를 가지고 성경을 읽고 해석해서는 안 된다는 로이드 존스의 경고가 얼마나 현명한 경고인지를 잘 말해 주고 있습니다.

조엘 오스틴에 따르면 사라가 가졌던 애초의 불신앙은 하나님이 아무리 이삭을 주시고 싶어도 주실 수가 없도록 만든, 하나님을 뛰어넘는 능력이었습니다. 그래서 긴 세월 동안 하나님은 인내를 가지고 사라가 '제발' 믿음을 가져서 당신이 하신 이삭을 주시겠다는 약속이 '제발' 실현될 수 있기를 손꼽아 기다리셔야만 했습니다. 마침내 참는 자에게 복이 온다고 애태우며 기다리시는 하나님께 기회가 왔습니다. 마침내, 마침내, 사라가 믿음을 갖게 된 것입니다. 하나님의 능력이 발휘될 수 있는 충분조건이 비로소 채워진 것이었습니다. 이와 같이 우리가 믿음이 없으면 하나님이 아무리 우리에게 좋은 것을 주시고 싶어도 주실 수 없는 존재이니 우리 스스로를 위해 또 동시에 하나님을 위해서라도 우리는 믿음을 가져야 한다는 것이 조엘 오스틴의 주장입니다. 우리는 사라처럼 하나님을 이렇게 고생시켜서는 안 되는 것입니다. 우리 불쌍한 하나님을 당신과 내가 도와 드려야지 누가 돕겠냐는 것입니다.

여기서 한 발만 더 나아가서 생각해 봅시다. 조엘 오스틴의 이러한 무식한 성경 해석에 따르면 무엇보다 하나님이 애초에 자식을 아브라함에게 주시겠다는 약속 자체가 거의 도박에 가까운 '희망사항'에 지나지 않습니다. 하나님이 도대체 할머니인 사라의 무엇을 믿고 그런 무모한 약속을 하실 수가 있습니까? 행여 그 할머니가 믿음을 갖지 않았을 경우 하나님이 당하실 수도 있는 그 망신을 도대체 어떻게 감당하시려고 하나님은 그런 도박에 가까운 약속을 하실 수 있다는 것입니까? 하나님의 긍정적 사고가 이 경우는 너무 지나친 것이 아닐까요? 하나님이 하시는 약속의 실현 여부는 하나님께 달린 것이 아니라 어차피 인간에게 달려 있는 것이라면 하나님도 확률을 존중하실 필요가 있지 않을까요? 기왕이면 하나님에 대한 믿음을 가지기가 좀더 용이한 '젊은 여자'를 통해 이삭을 주셨어야 하지 않은가요? 하나님은 마치 사라가 당연히 믿음을 가질 것이라고 간주하고 그런 약속을 하고 계십니다. 오스틴의 하나님은 정말로 긍정적이십니다. 나이 많은 사라가 행여 믿음을 가져서 이삭을 낳게 되었다고 칩시다. 그런데 행여 이 사라가 이삭을 순산하는 데에 있어서 자신의 몸 상태에 대해 믿음을 못 가진다면 또 어떻게 됩니까? 이삭이 태어나다가 산모와 태아가 다 죽으면 어떡할까요? 사라가 순산에 대한 믿음을 가질 것이라는 보장이 어디 있습니까? 이삭에 대한 하나님의 약속은 거의 도박에 가까워 보입니다.

우리는 여기서 무엇보다 하나님을 향한 사라의 믿음에 앞서 사라를 향한 하나님의 믿음이 우선해야 한다는 사실에 대해 주목할 필요가 있습니다. '나는 너에게 아들을 주고 싶구나. 정말로 주고 싶어.'라는 사라에 대한 하나님의 희망사항은 노령에도 불구하고 뭔가를 보여 주리라 기대되는 '사라의 미쁘심'에 하나님이 의지하심으로 '너에게 아들을 주고 싶다.'던 하나님의 희망사항이 결국 '너에게 아들을 주겠다.'

라는 약속으로 업그레이드 된 것입니다.

우리는 무엇보다 성경을 통해 하나님은 결코 거짓말하실 수 없는 분이라는 것을 확실히 알고 있습니다. 그러나 엄밀한 의미에서 하나님이 본인의 희망사항을 아브라함과 사라에게 마치 사실인 것처럼 얘기하는 것도 거짓말의 범주에 들어가지 않을까요? 희망사항을 어떻게 약속이라고 말할 수 있습니까? 사라도 사람인데 당연히 나이가 100을 향해 가면 갈수록 상식적으로 더 의심을 하면 했지 어떻게 사라에게 나이가 들어갈수록 도리어 젊었을 때(?)에도 없던 믿음이 생길 것이라고 하나님은 순진한 기대를 하신단 말입니까? 하나님이 거짓말을 하신 것인가요?

조엘 오스틴 믿음 이론에 따르면 사라의 신앙 상태에 따라 이삭은 사라가 80세에 나왔을 수 있었고 아니면 150세가 되어서야 나왔을 수도 있습니다. 계속 사라가 믿음을 안 가지는 것에 대비해 아마 하나님은 최후의 수단으로 사라가 죽지 않고 계속 살도록 하셨을 가능성이 높습니다. 상황에 따라 사라는 성경의 인물 가운데 가장 오래 살았던 므두셀라를 제치고 가장 장수한 인간으로 기록될 수도 있었습니다. 물론 그 덕분에 아브라함도 계속 같이 살지 않았을까요? 오스틴의 이론에 따르면 이 부부는 쓸데없이 너무 일찍 믿음을 가지는 바람에 '장수'의 복을 놓친 셈이 됩니다.

그러나 우리가 성경을 통해 분명히 알 수 있는 것은 믿음이 중요하지만 사라의 믿음보다도 더 중요한 것은 하나님이 정하신 때에 사라의 믿음과 관계 없이 이삭이 나왔다는 사실입니다. 히브리서를 통해 사라가 하나님의 미쁘심에 대한 믿음을 분명히 갖고 있었다는 것을 알 수 있지만 그 믿음 여부와 관계 없이 하나님은 여전히 자신의 경륜에 따라 일을 이루신다는 사실입니다. 달리 말하면 하나님은 이삭이 그 때 태어나도록 계획하셨고 그래서 그 때에 태어난 그것이 사라의 의지와 믿음에 달려 있었던 것은 결코 아닙니다. 성경의 수많은 인물 가운데 하나님이 보시기에도 충분할 정도로 믿음으로 준비가 되었기에 비로소 하나님이 사용하신 인물이 더 많은가요? 아니면 그와 반대로 하나님이 부르시는 사람의 상태와 관계 없이 하나님이 강권적으로 끌어 내어 하나하나 가르치시며 사용하신 인물이 더 많은가요? 답은 자명하지 않습니까?

문제는 이 자명한 성경의 진리가 조엘 오스틴의 눈에는 보이지 않는다는 것입니다. 아니, 보여도 안 보는 것이겠지요.

비록 오스틴이 쓴 『긍정의 힘』이라는 책의 판매량은 릭 워렌의 『목적이 이끄는 삶』에 비해 2006년 말로 볼 때 약 7분의 1밖에 되지 않지만 이 친구가 미국의 기독교계에서 가지는 영향력은 실로 대단합니다. 오히려 어떤 면에서 릭 워렌을 능가할 정도입니다. 저는 출장 때문에 호텔에 묵는 경우가 많은데 주(state)를 막론하고 호텔 로비에 있는 대형 TV에서 이 친구의 설교가 방송되는 것을 여러 번 볼 수 있었습니다. 확실히 오스틴은 자신의 메시지가 통할 시장을 본능적으로 알고 있습니다. 타고난 비즈니스 감각을 가지고 있습니다. 릭 워렌 목사가 주로 아프리카 등[111]의 외국으로 다니는 동안 자신의 '부의 메시지'가 확실히 통할 가장 확실한 나라, 바로 미국을 이 친구는 결코 떠나지 않고 있습니다. 아프리카에서 오스틴이 떠드는 그런 소리가 통하겠습니까?

오스틴은 미국 CNN의 유명한 토크쇼 래리 킹 라이브(Larry King Live)에 두 번 출연했습니다. 그가 『긍정의 힘』(Now, your best life)을 가지고 한창 이름이 뜰 무렵인 2005년 6월과 빌리 그레이엄 목사의 후계자라는

111) 요즘은 중동 지역도 자주 방문한다는 소식을 들었다.

얘기까지 등장하고 있는 최근 2006년 12월 22일에 두 번째 인터뷰를 했습니다. CNN에서 직접 제공하는 인터뷰 원문을 한번 살펴보겠습니다. 좀 길지만 지금 조엘 오스틴이 한국 기독교에 끼치는 영향력을 생각하면 이 정도의 인용은 그를 더욱 분명하게 알기 위해 충분히 인내할 수 있다고 생각합니다. 평소와는 달리 전세계에 방송되는 인터뷰인지라 조심하려 애를 쓰지만 자신을 100% 완전히 숨길 수 없는 것은 오스틴 자체의 성향과 또 그를 인터뷰한 래리 킹이라는 사람이 바보가 아니기 때문입니다. 오스틴의 말을 직접 들어 보겠습니다.

2005년 6월 1차 인터뷰[112]

킹: 사람들이 당신이 믿듯이 그렇게 믿지 않으면, 즉 믿음이 없으면 정죄를 받는다고 생각합니까?

오스틴: 글쎄요, 일반 사회에서는 사람들을 정죄하지요. 그러나 저는 그러지 않으려고 노력합니다. 저는 사람들에게 항상 그렇게 얘기해요. 이 주제로 몇 주 설교한 적도 있어요. 저는 모든 사람을 위한 목사입니다. 어떤 사람이 내 생각과 다를 수도 있습니다. 하지만 나와 생각이 다른 사람의 생각을 바로 잡아 주는 것이 내 할 일은 아니지요. 복음은 좋은 소식 아닙니까? 저의 메시지는 희망의 메시지입니다. 즉, 하나님은 당신을 위해 계시다는 것이지요. 당신은 삶에 어떤 일이 생겨도 행복한 삶을 살 수 있습니다. 정말 몰라요. 정죄함이라는 게 정말 있는지 모르겠어요. 그러나 아무튼 이것이 제 입장입니다.

킹: 당신의 그런 점들 때문에 당신이 비판받는 것 알고 있지요?

오스틴: 비판 많이 받아요. 그래도 나는 잘 모르겠어요.

112) 이 인터뷰 기사의 원문은 부록에 실었다.

킹: 좋은 소식만 전하는 친구, 그게 당신이지요?

오스틴: 예. 하지만 래리, 그 점이 바로 내 속에 있어요. 내가 내게 솔직하려고 노력하지요. 그리고 "하나님, 정말 이게 내가 할 일입니까?"라고 물어 보아요. 나는 우리 아버지가 돌아가셨을 때 결정했습니다. 래리, 무슨 말인지 알겠어요? 나는 내가 하고 싶고 또 내가 해야만 하는 일을 하기로 결심한 거예요. 만약 내가 열심히 했는데도 안 되면 뭐, 그 때는 안 되는 거지요. 뭐, 내가 목사가 안 된다고 세상이 끝나는 것도 아니지 않아요?

킹: 왜 당신은 당신의 책 『긍정의 힘』이 그렇게 잘 팔렸다고 생각하나요?

오스틴: 그냥 놀랄 뿐이에요.

킹: 자기 계발과 관련해서는 이미 많은 책이 있지 않나요?

오스틴: 예, 잘 모르겠어요. 기독교적 바탕에서 써서 그런지는 잘 모르겠어요. 아무튼, 이 책이 힘과 영감을 주는 책이니까 그래서 그런 것 같아요. 그리고 제 생각에 우리가 사는 이 사회는 우리를 낙담시키는 것이 너무 많지 않아요? 부정적인 것이 너무 많아요. 내 책 대부분의 내용이 이 사회에서 그런 부정적인 면들에도 불구하고 어떻게 행복한 삶을 사는가에 대한 것이지요. 아마 그런 점이 크게 작용해서 잘 팔리는 게 아닐까요?

킹: 하지만 당신 책을 끝까지 읽어도 성경 구절은 많이 나오지 않지요?

오스틴: 예, 성경 구절은 많이 없어요. 저는 나의 메시지가 (기독교인에게만이 아니라) 이 사회의 주류 사회에 전해지기를 바랐어요. 이미 교회 사람들에게는 설교로 교회에서 말하고 있으니까 그래서 아무

튼 뭔가 실제적이고 실용적인 원칙들을 얘기하고 싶었어요. 저는 설교에서도 성경 구절을 설교의 끝 부분이 이르기 전까지는 인용하지 않을 수도 있어요. 물론 그게 뭐, 꼭 좋다는 것은 아니지만요. 말하자면 이런 거예요. 어제 저는 설교에서 남에게 베푸는 삶에 대해 얘기했어요. '그게 바로 삶의 모습이다.' 라고요. 그리고 그 설교 끝 부분에 와서 베푸는 삶과 관련한 성경 구절들을 인용했지요. 비록 제 책에 성경 구절이 없어도 어차피 원칙은 같은 거예요.

킹: 크리스천으로 사는 것이 힘들지 않나요?

오스틴: 저는 전혀 힘들지 않다고 생각해요. 제게 있어서 크리스천으로 사는 것은 아주 재미있습니다. 우리 가족은 기쁨과 행복뿐이에요. 크리스천의 삶이 힘들게 사는 것이라고 우리 가족은 생각하지 않으려고 해요. 어떤 규칙들을 정해 놓고 그것들을 지키면서 살려고 하지 않지요. 그냥 우리는 자신의 삶을 사는 거예요.

킹: 만약 당신이 유태인이나 이슬람교도라면 어떻게 되는 겁니까? 당신이 예수 그리스도를 받아들이지 않는 사람이라면요?

오스틴: 글쎄요. 나는 그런 부분에 대해 얘기할 때는 아주 조심하려고 노력합니다. 예수를 안 믿으면 천국에 가지 않는다는 부분에 대해서는 아주 조심해야 돼요. 글쎄요, 잘 모르겠어요.

킹: 당신이 믿는다고 하면 그것은 예수 그리스도를 믿는 것이지요? 그러니까 안 믿는 사람들은 틀린 것이지요? 아닙니까?

오스틴: 글쎄요. 안 믿기 때문에 그들이 틀렸다라고 내가 말할 수 있는지 잘 모르겠는데요. 저는 예수를 믿지 않으면 천국에 못 간다는 그 가르침이 성경이 가르치는 것이고 또 기독교 신앙이라는 것도 알고 또 나는 그것을 믿지만 그러나 사람의 마음을 아시는 것은 하나님

밖에 없지 않겠어요? 저는 아버지와 함께 인도에서 많은 시간을 보냈습니다. 저는 인도 사람들의 종교는 잘 몰라요. 그러나 그들도 역시 하나님을 사랑하는 사람이라는 점은 잘 알고 있습니다. 아이 참, 잘 모르겠어요. 그 인도 사람들 참 신실한 사람들이거든요. 정말 모르겠어요. 물론 저는 내가 무엇을 믿는지는 확실히 알고 또 성경이 무엇을 가르치는지는 확실히 알아요. 내가 예수님과 관계를 가져야 하는 것도 알아요.

킹: 당신 책에 등장하는 7단계에 대해 잠깐 얘기합시다. 그런데 사람들이 당신을 솜사탕 신학을 가졌다고 하지요? 또 어떤 사람은 당신 설교가 좋기는 한데 영적으로 별 도움이 안 된다고도 하지요. 물론 저야 영적으로 도움 되는 게 뭔지는 잘 모르지만…….

오스틴: 제 생각에 그 비판들은 여러 가지 의미가 있다고 생각합니다. 한 가지 제가 꼭 생각하는 것은 나는 사람을 정죄하지는 않는다는 것입니다. 그리고 래리, 제가 말하고 싶은 것은……우리 교회에서는 매주 암과 싸우는 사람들, 사랑하는 사람을 잃은 사람들이 옵니다. 어떤 사람은 이혼을 겪었고, 제가 말하고 싶은 것은 저는 그런 (실질적인) 주제들에 대해 설교합니다. 제게 있어서 그런 문제들이 진짜 문제들이거든요. 그래서 그런지 저는 영적이다 아니다 하는 식의 비판에 대해 이해할 수가 없습니다.

킹: 번영 복음(번영 신학)이 무엇입니까?

오스틴: 제 생각에 번영 복음이라는 것은 글쎄요, 잘 모르겠네요. 물론 저도 그 말을 듣기는 하는데 잘 모르겠네요. 그냥 눈에 보이는 게 다 돈과 관련된 뭐 그런 거 아닐까요? 저는 그거 믿지 않습니다. 마음의 태도와 관련된 문제이지요. 그러니까 우리가 믿는 것은, 내가 믿

는 것은 하나님은 우리를 축복하기 원하신다는 것입니다. 하나님은 우리가 우리 자녀들을 대학에 보내고 사회에서 성공하기를 바라신다는 사실이지요. 그러니까 번영이 뭐랄까 래리, 그건 꼭 돈이라기보다는 건강도 포함하는 것이지요. 우리가 건강을 잃는다면 돈이 다 무슨 소용이 있습니까?

킹: 그런데 기독교 가르침의 많은 부분이 너무 물질적이 되는 것에 대해 많은 사람이 우려를 표하고 있지 않습니까? 아닙니까?

오스틴: 맞아요. 성경의 말씀 중 그런 부분이 좀 있지요. 그러나 내 생각에 사람들이 믿음을 잘 사용하고 다루면 축복을 받을 수 있다는 것이지요. 또 선한 일을 하려면 돈이 있어야 하지 않겠어요? 사람들을 도우려면 돈이 있어야지요. 즉, 복음을 전하려면 돈이 필요해요. 그래서 핵심은 우리 마음의 문제가 아닌가 그렇게 생각합니다.

킹: 의심해 본 적이 있습니까?

오스틴: 아니요. 제가 의심을 한다고 말하고 싶지는 않네요. 그런데 또 의심을 하기도 하는데 아무튼 저는 그런 것에 대해 많이 생각하지 않습니다.

킹: 흠, 9 · 11 경우에!

오스틴: 예.

킹: 거기에 대해 뭐라고 말하겠어요? 그리고 "왜 그런 일이……"라는 질문에 대해 뭐라고 할 수 있나요?

오스틴: 물론 뭐라고 하기는 해야겠지요. 저도 말은 합니다.

킹: 뭐라고 대답하겠습니까?

오스틴: 제게 있어서 그건 하나님이 우리 모두에게는 다 자유의지를 주셨다, 그리고 그런 일이 생긴 것은 참으로 유감스럽다, 그러나

그 사건은 당사자들이 선택해서 한 거다…….

킹: 무역센터 건물 안에서 죽은 사람들은 자신들이 선택해서 죽은 것이 아니지요.

오스틴: 그러나 사람은 자신의 자유의지로 악을 선택할 수 있다는 것이지요. 그게 불행한 점입니다. 그러나 물론 우리는 항상 의심합니다. 그러니까 제 말은 그 의심을 극복해야 된다는 것이지요. 그러나 살펴보면 매주 교회에 오는 사람들은 우리 아기가 비정상적인 상태에서 태어났다는 등의 문제를 갖고 오지요. 그것 외에 많은 문제가 있지요. 그러니까…….

킹: 하지만 당신도 궁금하지 않습니까? 왜 전능하신 하나님이, 전능하시다고 가정하면요. 하나님이 그런 비극을 허용하셨는지에 대해 궁금하지 않습니까?

오스틴: 아이 참, 몰라요. 래리, 정말 모르겠어요.

킹: 불구로 태어난 아기도 자유의지하고 아무런 연관이 없지 않습니까?

킹: 당신은 설교에서 정치 문제를 거론한 적이 있나요?

오스틴: 절대 안 해요. 우리 아버지도 정치 문제는 결코…….

킹: 부시 대통령 이름도 거론한 적이 없나요?

오스틴: 기도할 때만요. 오로지 기도할 때만요. 우리는 부시 대통령, 클린튼, 모두를 위해 기도합니다. 그러나 나는 전혀 정치적이지가 않아요. 우리 아버지도 전혀 아니었어요. 난 그냥 정치에는…….

킹: 교회가 관련되는 문제들에 대해서는 어떻습니까? 낙태, 동성애?

오스틴: 예, 래리 사실은, 나는 그런 문제 언급 안 합니다. 난 그냥…….

킹: 그래도 그런 문제들에 대한 당신 개인의 의견은 있겠지요?

오스틴: 물론 그렇지요. 난 그냥, 글쎄요, 동성이 결혼하는 게 하나님이 의도한 것은 아니다, 그렇게 생각해요. 그리고 낙태도 최선의 방법은 아니다, 그렇게 생각해요. 글쎄요, 분명 살아가는 데 더 나은 다른 방법들이 있지 않겠어요? 그러나 난 그런 걸 가지고 사람들을 정죄할 마음은 없습니다. 저는 항상 사람들에게 우리 교회는 모두에게 열린 곳이라고 얘기해요.

킹: 당신은 그런 사람들을 죄인이라고 부르지 않나요?

오스틴: 죄인이라고 부르지 않습니다.

킹: 죄인이라는 단어는 당신이 쓰지 않는 단어인가요?

오스틴: 저는 그 단어 안 써요. 저는 그 부분에 대해서는 아예 생각을 하지 않습니다. 아마 앞으로도 그럴 것 같아요. 저는 대부분의 그런 사람들이 이미 자신들이 하고 있는 것이 잘못된 것임을 알고 있다고 생각합니다. 저는 그런 사람들을 교회로 이끌고 그들에게 당신은 변화될 수 있다고 말하고 싶습니다. 당신 삶 속에서 변화가 일어날 수 있다는 것이지요. 그렇기에 저는 사람을 정죄하는 그런 방법을 취하지 않아요.

킹: 당신은 성경을 문자 그대로 믿나요?

오스틴: 그럼요, 그렇고말고요.

킹: 노아의 방주 그리고 아담과 하와도요?

오스틴: 그럼요. 다 믿지요.

킹: 어느 날 두 사람이 있었는데 그들이 사과들 먹고, 뭐 그런 얘기가 좀 솔직히 받아들이기 어렵지 않습니까?

오스틴: 물론 어렵지요. 그러나 우리가 우리의 육체를 보면서, 제

형제 중에 의사가 있는데, 어떻게 우리의 몸이 이렇게 만들어졌을까를 보면 그것도 참 신기하지요. 우리는 그냥 아무것에서나 나온 존재가 아닙니다. 정말 신기하지요. 제가 우리 애가 태어났을 때 신생아실에서 그 아이를 보는데 야 정말 신기하다, 쟤가 눈을 다 가지고 있네, 저게 어떻게 생겼지, 어떻게 이렇게 사람이 생길 수 있는지 정말로 몰라요. 하지만 사람을 보면 말이에요…….

킹: 당신이 가장 의문을 가지는 부분은 어떤 부분입니까? 그러니까 당신은 사물을 있는 그대로 그냥 받아들이나요? 누구는 암이 걸리는데, 누구는 말짱하고 말이에요. 당신에게 있어서 이런 문제들 즉, 이 세상과 관련해서 당신에게 갈등을 주는 점은 없습니까?

오스틴: 내가 어떤 점에 대해 가장 의문을 가지고 있는가에 대한 것인가요? 래리, 그건 말이에요. 몰라요. 정말 모르겠어요. 지금 당장 떠오르는 게 하나도 없네요. 난 그냥…….

킹: 당신은 뭔가 대단한 것을 추구하고 찾는 것이 없나요?

오스틴: 이 세상에 대단한 것이란 없어요.

킹: 아니면 어떤 진행 중인 문제들이라도?

오스틴: 아니요. 난 그냥…….

전화 시청자: 래리, 안녕하세요. 당신 쇼는 정말 최고에요. 그리고 조엘 씨, 당신의 그 긍정적 사고에 대한 메시지 고마워요. 그런데 한 가지 걸리는군요. 왜 아까 초반에 당신은 래리의 질문, 그러니까 어떻게 해야지 천국에 가는가와 관련한 질문에 대해 회피했나요? 성경은 분명히 예수님만이 길이요 진리 또 빛이며 천국에 가는 유일한 방법이라고 말하고 있지 않습니까? 이 문제는 누구를 정죄하고 안 하고의 문제가 아니라 진리가 무엇인가에 대한 문제 아닙니까?

오스틴: 예, 저도 당신에 동의합니다. 난 단지…….

킹: 그럼, 유태인은 천국에 못 갑니까?

오스틴: 아니, 제가 말하고자 하는 것은요, 래리, 난 단지 다른 사람의 마음을 판단하지 않겠다는 거예요. 오로지 하나님만이 사람의 마음을 아실 수 있으니까요. 그래서 나는 몰라요. 누구는 천국 가고 누구는 못 가고 하는 것은 솔직히 얘기해서 내가 관여할 문제가 아니라는 것이지요. 난 단지 "여기 성경이 이렇게 말하고 있다. 그리고 나는 예수 그리스도를 믿기로 했다."라고 말할 뿐입니다. 내 생각에 누군가가 다른 사람에게 "당신은 천국에 갈 수 없습니다."라고 말하는 것은 잘못되었다는 거예요. 그건 내 스타일이 아니에요. 난 단지…….

킹: 아무튼, 당신은 천국에 가는 당신의 방법이 맞다고 믿고 있는 것 아닙니까?

오스틴: 나는 믿어요. 나는 그 방법을 온 맘을 다해 믿습니다.

킹: 그러나 누군가가 당신의 방법을 믿지 않는다면 그 사람은 틀린 것이겠죠? 그렇죠?

오스틴: 글쎄요. 예, 글쎄요. 내가 그런 식으로 볼 수 있는 건지 잘 모르겠어요. 저는 일단 저의 길을 제시는 하지요. 그러나 나는 하나님이 알아서 판단하시도록 할 거예요. 몰라요. 난 정말 모르겠어요.

킹: 그러니까 당신은 사람에 대해 어떠한 판단도 하지 않는다?

오스틴: 안 해요, 그러나…….

킹: 무신론자는 그럼 어떻습니까?

오스틴: 그건요, 글쎄요, 난 그냥 누군가가, 그러니까 하나님이 누구는 천국에 가고 누구는 지옥에 가는 것을 판단하시도록 하겠어요. 난 그러니까, 다시 얘기하면 진리를 제시하고 그리고 난 매주 진리를

제시하고 있어요. 난 진리는 예수님과의 관계의 문제라고 믿어요. 그러나 그거 있잖아요? 나는 자기가 안 믿겠다고 한 사람들에게 돌아다니면서 이러쿵저러쿵 말하고 다니지는 않아요. 그건 자신들이 결정할 문제지요. 하나님이 그들의 마음을 보시지요. 하나님이 보시지요. 하나님만이 아시지요.

킹: 당신은 천국이라고 불리는 장소가 진짜 있다고 믿나요?

오스틴: 있다고 믿어요. 예, 믿어요. 알다시피 죽음 직전에 막 체험하는 거 그런 거 있잖아요. 그 중 어떤 것들은 그러니까, 물론 그런 체험이 천국의 증거다, 그런 얘기는 아니지만 아이들이 천사도 보고 막 그러는 것을 보면 진짜 천국이 있다고 생각돼요.

2006년도 12월 2차 인터뷰[113]

킹: 자, 최근에 불거진 위선의 문제, 교회 위선의 문제에 대해 얘기해 봅시다. 해거드 목사[114]는 알다시피 동성애와 동성 결혼에 대해 공개적으로 강하게 반대하던 사람이었습니다. 그런데 알고 보니 이 사람이 동성애자였단 말입니다. 당신은 이 부분을 어떻게 설명하겠습니까?

오스틴: 아, 참 어려운 문제예요. 글쎄요, 잘 모르겠네요. 우리는 개인적으로 테드 해거드 목사와 그 가족을 잘 알고 있는데 난 그냥 글쎄

---

113) 이 인터뷰 기사의 원문은 부록에 실었다.
114) 테드 해거드 목사 동성애 사건: 미국에서 가장 영향력 있는 교회 21위를 차지한 뉴라이프 교회 담임목사인 테드 해거드 목사가 덴버에 사는 동성애자 마이클 존스와 지난 3년간 매월 성관계를 가져왔다는 사실이 폭로되면서 교회에서 해고된 것은 물론 교계에 큰 충격을 안겨 줬다.
　　해거드 목사는 1985년 뉴라이프 교회를 창립한 후 1만 4천여 명의 교인이 출석하는 교회로 성장시켰다. 또 올해 가장 영향력 있는 기독교인 33위에 선정됐으며 이번 사태가 있기 전 3천만 회원을 가진 미복음주의협회 회장으로 활동해 왔다. 출처:http://www.koreadaily.com/asp/article.asp?sv=la&src=life&cont=life50&aid=20061226103107600650

요, 래리, 우리 각자는 다 개인마다 자신이 힘들어하는 문제들을 갖고 살고 있지 않습니까? 우리는 그런 것들을 열어 놓고 살아야 하는데 나는 테드가 자신은 자신의 약한 부분을 혼자 가지고 있다가 전투에서 졌다고 말한 것을 어디서 읽었는데요. 우리는 주변 사람들이 우리 약한 것들을 서로 도와 줄 수 있도록 해야 하는데 말이에요. 겉과 속이 같은 모습을 지키는 게 가장 중요하지 않습니까? 나는 내가 이런 문제 있으면 나는 이게 문제라고 말하고 도움을 청하겠어요. 그래요. 아무튼, 잘 모르겠어요. 이건 참 쉬운 문제가 아니에요.

킹: 당신은 자신은 지키지 않으면서 다른 사람이 지키지 않는다고 비난을 하는 그런 위선적 모습을 보고 화가 나지 않습니까?

오스틴: 글쎄요, 모르겠어요, 화를 낸다라는 게 적절한 표현인지. 그러나 슬픈 일이지요. 정말 그래요. 그런 일이 생기는 거 보면 슬픕니다. 그냥 그 친구를 생각해도 슬프고 또다른 사람들을 생각해도요. 그러나 잘 모르겠어요. 나한테 와 닿는 단어는 슬픔밖에 없네요.

킹: 당신의 입장은, 그러니까 동성애에 대한 당신의 시각은 무엇입니까?

오스틴: 글쎄요, 래리. 그게 하나님의 최선의 길은 아닌 것 같아요. 성경도 그 부분에 대해 분명히 좋지 않는 것, 그러니까 죄로 간주하고 있지요. 그러나 그거 알아요? 그 사이의 간격을 긋는 것이 매우 어렵다는 거예요. 거짓말하는 것도 그렇고 또 속이는 것도 그렇고 또 간통과 관련해서도 죄와 죄가 아닌 것 사이의 간격을 긋는 것이 쉽지 않다는 것이지요. 그렇기에 우리는 사람들을 쉽게 비판하는 것에 대해 조심할 필요가 있어요. 우리 교회는 그래서 모든 사람에게 다 열려 있어요. 아무나 다 오라는 것이지요. 그리고 우리는 교회 안에서 사람들이

동성애와 같은 자신의 문제들을 극복하는 것을 보기도 하고요. 저는 사람들이 해결을 위해 쉬운 방법을 택하는 것은 좋지 않다고 보고요. 또, 우리는 모두가 다 자신만의 문제를 가지고 있다는 것이고 또 우리는 모두 다 그 문제들을 극복해야 한다는 것이지요.

킹: 그러나 조엘, 당신이 선택하지 않는다면 어떻게 죄라는 개념이 성립할 수 있겠습니까?

오스틴: 글쎄요. 그건 정말 논쟁거리가 될 수 있겠네요. 그런데 잘 모르겠어요. 나는 모든 답을 다 알지는 않아요. 난 모든 사람이 다 자신의 문제들과 관련해서 선택한 것이 아니라고(예를 들어 내 동성애 문제는 타고 난 유전적인 것이다라고 말하는 경우) 말할 수는 없다고 보지만요 제 생각에 우리가 어떤 문제들을 선택할 때도 분명 있는 것 같아요. 그러나 래리, 우리는 여기서, 예를 들어, '내가 동성애를 느끼고 있다, 나는 이미 결혼을 했다, 그런데 동성에 대한 경향이 있다.'고 할 때, 글쎄요, 나는 뭐라고 해야 할까요? 글쎄요, 뭐라고 해야 할지 모르겠네요. 그냥 그건 옳지 않아요. 그러니까 성경이 가르치고 있으니까, 나는 어떤 영역들에 있어서 반드시 훈련이 필요하고, 그러니까 어떤 사람들은 많은 경우에 있어서 또 그러니까……(잘 안 들림).

킹: 만약 당신 교회에 출석하는 교인이 동성애자라고 하면 당신은 그 사람에게 뭐라고 하겠습니까? 그러니까 당신은 가족과 가족의 가치에 대해 설교하는 사람인데 만약 그 사람이 말하기를 "물론 가족은 훌륭한 것이다. 그러나 나는 나의 파트너와 결혼하고 싶다."라고 하면요.

오스틴: 글쎄요. 나는 결코 파트너와 결혼하라고 격려하지는 않을 것입니다. 왜냐하면 그러니까 나는 어떤 규칙을 만드는 사람은 아닙

니다. 그러나 당신이 성경을 본다면, 성경은 분명히 결혼은 남자와 여자 사이에 있는 것이라고, 성경 전체에 분명 나오니까 나는 결코 동성 결혼을 격려하지는 않습니다. 내가 성경을 나의 지침으로 삼고 있으면서 그것을 격려한다면 그건 바른 믿음에 있는 게 아니니까요.

킹: 그러나 성경이 무슨 텍사스나 루이지애나의 법령 같은 것은 아니지 않습니까?

오스틴: 물론 그렇지요. 래리, 그래요. 그런 것은 아니에요. 그러나 나는 사람들에게 뭔가를 억지로 강요하는 것을 좋아하지 않아요. 내 말은 사람마다 다 다른 소명 또는 장점을 갖고 있다는 것이지요. 나의 장점은 사랑, 용서, 자비, 그런 거예요. 그래서 다른 사람이 성경을 통해 최고의 사람이 될 수 있도록 돕는 거지요. 또한…….

킹: 당신은 죄에 대해 별로 설교하지 않지요? 또 사탄에 대해서도 얘기하지 않지요? 왜 그렇지요?

오스틴: 글쎄요. 가끔 하기도 하는데 나는 그냥 어떤 사항들에 대해 말 그대로 죄라고 불러야 할 필요까지 있는가 하는 점에 대해 확신이 없어요. 그러나 나는 관계에 있어서 신뢰를 지키는 것, 또 겉과 속이 일치하는 삶을 살아야 하는 것, 그런 것들에 대해 설교를 많이 하지요. 그리고 TV로 우리 예배를 보는 사람들의 경우 예배 마지막에 하는 부분, 즉 빌리 그레이엄 목사님이 매주 사람들을 초청해서 우리의 죄를 회개하게 하고 구원을 주는 뭐 그런 걸 저도 합니다. 내 말은 그게 믿음의 기본이라는 것이지요. 그러나 목사로서 난 사람들의 매일의 삶 속에서 그들을 돕기 위해 부름을 받았다고 생각합니다. 나는 나의 가장 큰 달란트는 사람들을 격려하는 것 그리고 그 사람들이 하나님의 위대한 인물들이 되도록 돕는 것 같아요(잘 알아들을 수 없는 소리).

킹: 당신이 사람들의 눈에 많이 노출이 되는 점이 어떤 사람들은 당신을 (라이트 맥주와 같은 의미로) 라이트 기독교라고 부르도록 하는 것 같습니다. 즉, 당신의 메시지는 너무 쉽다는 것이지요.

오스틴: 예, 그래요. 재미있는 일입니다. 래리, 난 그냥, 난 그냥 사람들을 정죄하지 않아요. 사람들을 몰아세우지 않지요. 이게 하나님이 내 내면에 만드신 나의 모습이에요. 내가 목사가 되기 전에도 나는 지금과 똑같았어요. 그 때도 매우 긍정적이었지요. 난 항상 희망적이었어요. 내가 운동을 했을 때 나는 우리 팀에 항상 힘을 주는 사람이었어요. 자, 해 보자, 저 놈들을 이기자 하고 격려하는 역할이었지요. 그게 나예요. 그래서 저는 아침에 잠에서 깨어 그 날 내가 할 일이 사람들로 하여금 결혼 생활에 충실하게 하는 일이라고 한다면 나는 이렇게 얘기해요. "자, 당신들은 할 수 있어요, 당신들은 할 수 있다니까요. 이렇게 하면 돼요, 이런 단계를 밟아서 하면 돼요."라고 사람들에게 얘기하는 거지요. 그러니까 사람들이 나에 대해 '가볍다(라이트).'고 얘기하는 것은, 글쎄요, 우리는 매주 교회에서 암에 걸린 사람, 죽음과 이혼을 앞둔 사람들을 대하는데 어떻게 가벼울 수 있겠어요? 그러니까 나는 항상 삶의 실제적인 문제들을 다룬다는 거지요. 용서, 자신의 과거를 잊는 것, 앞으로 전진하는 것. 그러므로 나에게 이런 사역은 결코 '가볍'지가 않아요. 내가 단지 사람들을 죄인이니 뭐니 하면서 몰아세우지 않을 뿐이지요.

킹: 당신도 화날 때가 있나요?

오스틴: 글쎄요, 재미있네요. 왜냐하면…….

킹: 얘기해 봐요. 당신이라고 화날 때가 없겠어요?

오스틴: 글쎄요. 우리 어머니, 당신은 이게 좀 이상하게 들리겠지

만, 그러나 우리 어머니는 말씀하시길 자신의 일생 동안 한 번도 내가 화내는 것을, 그러니까 내가 화내는 것을 본 적이 없다고 하시더군요. 저는 그냥 원만한 성격이에요. 그러니까 만약 어떤 것이 나를 화나게 한다면 글쎄요, 정말 모르겠네요. (부인을 바라보며) 나를 화나게 하는 것이 뭐가 있지?

오스틴 부인: 그래요. 이 사람은 정말 이 면에서 뛰어나요. 우리 남편은 대단히 집중적이고 또 훈련이 되어 있어요. 이 사람은 다 조정할 수가 있지요, 어떤 것이라도……

킹: (잘 안 들림).

오스틴 부인: 이 사람은 다 조정할 수가 있어요. 사실 이 사람은 제가 아는 이 세상에서 가장 친절한 사람이에요. 이 사람은 사람들을 판단하지 않지요. 이 사람은 항상 사람 속에서 좋은 점만을 보아요. 항상 그런 식이지요. 이 사람은 실제 우리가 마음 속으로 느끼기에는 매우 어려운 일도 상당히 쉽게 보이도록 하는 재주가 있어요.

킹: 당신은 힘들겠네요. 남편하고 싸우려고 하면 그러니까 상대가……

오스틴 부인: 예, 반박하지 않는 사람하고 말다툼을 할 수는 없지요.

킹: 그래요. 그게 내가 하려는 말이었어요. 반응이 없다는 것이지요.

오스틴 부인: 하지만 그건 참 좋은 거예요. 좋은 거지요.

오스틴: 내 생각에 이 세상에는 너무 부정적인 것이 많아요. 너무 많은 것이 사람들을 낙심케 하지요. 그 때 당신이 이렇게 말을 하면, 하나님은 좋으신 분이다, 하나님은 당신을 위해 계신다고 말해 주는 거지요. 사람들에게 당신은 실수를 할 수도 있다, 당신은 과거의 어떤 일 가운데 정말 잊고 싶은 일들이 있을 수도 있다, 그러나 당신은 여

전히 할 수 있다고 얘기하는 것이지요. 저는 사람들이 저의 이런 메시지를 듣고 나면 다들 기분이 좋아지고 또 그들은 인생에서 더 앞으로 나가게 된다고 생각해요. 그들은 하나님께로 더 가까이 나아가는 거지요. 내 생각에 이 세상에는 너무 부정적인 것이 많아요.

오스틴 부인: 게다가 하나님은 매우 단순해요.

킹: (놀랍고 어이없다는 목소리로) 하나님이 단순하다고요?

오스틴 부인: 예, 하나님은 복잡하지 않아요. 정말로 복잡하지 않아요. 그분은 사람들을 매일의 삶에서 도와 주세요. 그래서 그 사람들이 인간관계에서 더 나아지고 직장 생활도 잘되고 또 힘든 일도 잘 견디도록 해 주세요. 사랑하는 사람을 먼저 저 세상으로 보낸 사람들을 하나님이 돕는 것을 보면 매우 놀라워요. 그러나 아무튼 하나님이 돕는 것도 복잡한 것이 아니에요. 하나님은 그냥 쉽게 우리한테 주세요. 나는 그냥 사람들이 너무 복잡한 것들을 원하고 또 괜히 힘들게 하려고 하는 것 같아요. 그렇게 힘들 게 없는데.

킹: 2년 전 이 프로그램에서 당신은 예수를 받아들이는 것만이 천국을 가는 유일한 길이라는 점에 대해 (명확히) 말하지 않음으로 복음주의권의 많은 사람을 분노케 했었습니다. 다음 주 월요일은 크리스마스인데요. 당신은 아직도 그렇게 생각합니까?

오스틴: 아니요. 저는 예수가 천국에 가는 유일한 길이라고 믿습니다.

킹: 그럼 과거에 말을 잘못한 거네요.

오스틴: 나는 내가 그 때도 그렇게 말한 것 같은데, 분명히 예수 그리스도와 개인적 관계를 갖는 것에 대한 믿음에 대해 얘기했었는데, 당신이 과거의 인터뷰 기록을 읽으면 마치 내가 부정한 것처럼 보일

지 몰라도 기독교 신앙의 근본은 예수 그리스도가 대속물로 오셨고 그래서 우리가 용서를 받을 수 있다는 것이지요.

킹: 그러니까 당신이 예수를 믿지 않으면 이제 당신은 천국에 못 간다 그거지요?

오스틴: 예, 당신 말이 맞습니다. 당신은 예수 그리스도와 관계를 가져야만 합니다. 그러니까 성경이 이 부분에 있어서 매우 명확하다는 거지요. 성경 중 가장 유명한 것은 하나님이 자기 아들을 보내셔서 그러니까 믿기만 하면 세상을 용서하고 당신은 영원한 생명을 얻는다는 그 구절 아닙니까? 또다른 곳에서는 예수에 대해 이렇게 얘기하지요. 예수를 통하지 않고서는 아버지께로 갈 수가 없다고요. 그러므로 저는 그것을 믿습니다. 그건 믿음의 근본이지요.

킹: 그러니까 2년 전에도 문맥상으로 보면 그게 바로 하고 싶었던 말이었다?

오스틴: 제 생각에 그 때는 저도 사실 좀 어렸고 또…….

킹: 내가 당신을 (그렇게 말하도록) 유도했었다?

오스틴: 아니요. 그렇게 느낀 적은 결코 없습니다. 그러니까 그냥 난 누군가가 내 말을 그렇게 받아들였다면, 단지 그건 실수였다는 거지요.

킹: 당신은 또한 당신의 수용성 때문에 비판을 받지요? 어떤 사람들은 당신 교회의 참석자 중에 기독교인들뿐 아니라 유태인과 이슬람교도들도 있다고 의심을 합니다. 또한 당신의 책은 무신론자와 불가지론자들에게도 팔리고 있지요. 이건 무엇을 의미합니까?

오스틴: 희망의 메시지와 하나님의 사랑과 용서에 대한 메시지는 모든 사람에게 울림이 되어 다가간다는 점을 의미한다고 생각합니다.

지금 당신이 언급한 다양한 믿음을 가진 사람들이 저를 찾습니다. 그러나 그들이 나의 메시지에 귀를 기울이고 도움을 얻는 한 그들이 다른 종교를 가졌다는 사실은 내게 하나도 문제가 되지 않습니다. 성경의 원칙은 모든 사람을 위한 것이지요. 성경은 모든 사람을 다 도울 수 있습니다. 그러니까 저는 사람들의 삶 속에 희망의 씨를 뿌린다는 사실이 기쁩니다. 내가 누군가로 하여금 좀더 나은 삶을 살도록 도와주고 있다면 그 사람이 어떤 종교적 배경에서 왔든 간에 관계 없이 다 좋은 것이지요. 예수님은 돌아다니시면서 모든 사람을 다 도와 주셨습니다. 예수님은 사람들에게 너의 종교가 무엇인지 물어 보지 않으셨습니다. 그는 그냥 사람들을 도와 주셨지요.

킹: 기독교인은 예수가 재림한다고 믿지요?

오스틴: 예, 맞습니다.

킹: 언제요?

오스틴: 모릅니다. 그 부분에 대해서는 논란이 많지요. 래리, 난 그냥 모릅니다. 난 대답할 수가 없군요. 그러나 우리는 그가 다시 오신다는 사실, 즉 재림을 믿습니다. 그러나 난 그냥 요한계시록에 대해서는 전문가가 아닙니다. 난 그냥 내가 잘 하는 분야에 계속 있으려고 합니다.

킹: 빅토리아, 당신은 언제 오실지 압니까?

오스틴 부인: 아니요, 몰라요. 하지만 다시 오시지요. 흰 말을 타고 오신다지요.

모든 것을 다 떠나서 최소한 이런 프로가 존재하는 미국이 부럽습니다. 위의 인터뷰만을 봐서는 조엘 오스틴은 아마도 다음 두 가지 가운데 한 가지인 듯싶습니다. 자신이 진짜 믿는 것에 대해 솔직하지 못하거나 아니면 자기가 무엇을 믿고 있는지에 대해 자신도 잘 모르고 있거나! 하지만 어떤 경우든지 오스틴은 내적으로 전혀 갈등을 느끼지 않는 듯합니다. 그 점이 그의 강점입니다. 위의 인터뷰를 통해 볼 수 있는 점 가운데 하나는 비록 기독교인이 아니지만 래리 킹이 하나님에 대해서만은 위의 조엘 오스틴 부부보다 훨씬 더 진지해 보인다는 사실입니다.

비록 여기서는 매우 조심하지만 그가 비교적 덜 조심하고 말하는 그의 설교 내용 가운데 몇 곳을 보도록 합시다.[115] 위에서 잠시 사례로 든 사라에 대한 얘기와 100% 맥락이 일치하는 기도에 대한 조엘 오스틴의 설교 몇 부분을 살펴보겠습니다.

> 하나님은 인간을 위해 세상에서 일할 허가를 받아야만 합니다. 당신이 바로 그 조정을 할 수 있습니다. 그 힘과 권한은 사람이 갖고 있습니다. 하나님은 더 이상 가지고 있지 않습니다.[116] 사가랴에게 자식을 허락하시고 9개월 간 벙어리로 만드신 이유는 무엇입니까? 바로 사가랴가 부정적인 말을 해서 하나님의 계획을 망칠지도 모르는 가능성을 제거하기 위해서였습니다. 하나님은 우리가 하는 말의 힘을 너무 잘 알고 계십니다. 하나님은 사가랴의 부정적인 말이 하나님의 계획을 멈추게 할 수 있음을 알고 계셨습니다. 우리가 말함으로 하나님

---

115) 전도가 양양한 한 청년 지도자를 너무 비판한다고 하실 분도 있을 것이다. 그러나 내가 아무리 오스틴에 대한 비판의 목소리를 높여도 한국 출판계를 비롯한 우리 한국 기독교가 오스틴에게 쏟는 사랑과 존경에 비하면 턱없이 부족하다는 생각이 든다. 오스틴의 가르침을 마치 성경의 핵심 진리인 양 떠받드는 수많은 한국 목회자와 성도가 있는 한 나 같은 사람 한 명 정도가 조엘 오스틴을 '사랑의 대상'이 아닌 '위험의 대상'으로 본다고 해서 이 친구에게 무슨 큰 해가 되겠는가? 그는 나를 이해할 것이다. 무엇보다 그는 긍정적이기 때문이다.

116) Lakewood Community Church, 2004. 5. 2.

은 우리를 축복할 수도, 그렇지 않을 수도 있습니다. 결국, 죽음과 삶은 당신의 혀에 달려 있습니다.[117]

그는 또 이렇게 외칩니다.

기억하십시오. 우리의 하는 말은 바로 예언이 되고 바로 성취가 될 것입니다. 우리의 말로 우리는 무엇이 닥칠지 알 수 있습니다. 왜냐하면 내가 하는 말이 나의 미래가 되기 때문입니다. 우리는 미래를 예언하고 미래를 만들 수 있습니다. 당신의 말로 미래를 만들어야 합니다. 좋은 것들을 부르십시오. 승리를 부르십시오. 건강을 부르십시오. 행복이 넘치는 삶을 부르십시오. 그것이 바로 당신의 미래, 당신의 현실이 될 것입니다.

나폴레온 힐(Napoleon Hill)

데일 카네기와 더불어 자기계발의 초석을 다진 나폴레온 힐[118]이라는 사람이 있습니다. 위키피디아 백과사전에서도 설명하듯이 자기계발 관련 서적의 시초가 되었던 그의 책 『생각하라 그리고 부자로 자라나라』(Think and Grow Rich)[119]는 시간을 뛰어넘어 아직까지도 자기계발 분야의 최고 베스트셀러 가운데 하나입니다.

---

117) Lakewood Community Church, 2005. 6. 28.
118) Napoleon Hill(October 26, 1883~November 8, 1970) was an American author who was one of the earliest producers of the modern genre of personal-success literature. His most famous work, Think and Grow Rich, is one of the best-selling books of all time. 발췌: 위키피디아 백과사전.
119) 한국에서도 번역본이 나와 있다. 이 책을 판매하고 있는 인터넷 서점에 나온, 힐과 이 책에 대한 간략한 소개다.

아마 데일 카네기의 『어떻게 친구를 만들고 사람에게 영향을 미칠 수 있는가』(How To Win Friends And Influence People)와 어깨를 나란히 할 수 있는 몇 안 되는 책 가운데 하나가 아닐까 싶습니다. 힐은 그 책의 서문에서 자신이 이 책을 쓸 수 있도록 한 존재가 자신의 "위대한 스승들(The Great School of Masters)"이라고 부른 영들이었다고 고백하고 있습니다. 그 영들이 수천 마일의 바다를 건너와 자신에게 지혜의 보고를 열어 자신으로 하여금 그 말들을 받아 적도록 했다는 것입니다. 그는 또 자신의 다른 책에서는 그 위대한 스승들에 대해 다음과 같이 얘기합니다.

> 고대 인도의 존경스런 형제라고 알려진 이들이야말로 인류가 가진 종교들, 철학, 도덕, 물리적, 영적 그리고 육신적 지식의 자원을 이루고 있는 존재들이다. 이들은 인내를 가지고 인류를 영적 어린 아이의 상태에서 영적 성숙의 단계로 그리고 궁극적 깨달음의 단계로 올리기 위해 노력하고 있다.[120]

지금 나폴레온 힐을 거론하는 이유는 이 사람이 사실상 적극적 사고방식을 바탕으로 한 '나는 무엇이든 할 수 있다.'는 사고방식을 본격적으로 소개한 사람 가운데 한 명이기 때문입니다. 또 이 사람으로부터 앞에서 살펴본 노만 빈센트 필이나 로버트 슐러와 같은 사람들이 실로

"나폴레온 힐의 독특한 성공 철학을 집대성한 작품이 바로 *Think and Grow Rich*로, 이 책은 출간된 지 40여 년이 지난 오늘까지도 베스트셀러의 자리에 있으며 전세계적으로 2천만 부 이상 팔려 나갔다. 또한 1960년에는 성공을 위한 실천 프로그램 PMA(Positive Mental Attitude)를 완성하여 보급했으며, 윌슨 대통령 홍보 담당 비서관과 루스벨트 대통령 고문관 등을 역임했다. 1970년 88세의 일기로 생을 마친 후에는 나폴레온 힐 재단에서 그의 연구 결과와 저술서를 중심으로 더 많은 사람에게 성공 철학과 실천 프로그램을 보급하고 있다."

120) Napoleon Hill, *Grow Rich With Peace of Mind*, Fawcett Crest, 1967, pp. 218~219.

막대한 영향을 받았기 때문입니다.

그러나 힐이 스스로 고백했듯이 그에게 영향력을 행사하고 그에게 영감을 불어넣어 준 존재가 카를 융에게는 필레몬이었던 것과 마찬가지로 어떤 영적 존재, 더 정확히 얘기하면 귀신들에 불과하다면 그와 같은 사람에게 영향받은 크리스천은 도대체 어떤 존재라는 것일까요?

표면상 들리기에는 전혀 다른 얘기인 것 같은데 사실상 그 내용은 동일한 경우를 우리는 일상에서도 종종 경험합니다. 마찬가지로 성경의 하나님을 믿지 않는 나폴레온 힐이 "적극적 사고를 가지고 당신은 무엇이든지 할 수 있습니다."라고 말하는 것과 성경의 하나님을 믿는다고 하는 슐러나 오스틴이, "하나님을 믿음으로 우리는 못 할 것이 없습니다."라고 하는 말이 전혀 다른 말 같아도 사실은 본질적으로 같은 말이라면 아마 고개를 갸우뚱거릴 사람이 많이 있을 것입니다. 그러나 만약에 슐러나 오스틴이 믿는 하나님이 사실상은 나폴레온 힐이 믿는 '신'[121]과 동일하다면 얼마든지 그럴 수 있지 않을까요?

오늘날 교회에서 긍정적 사고방식을 가지지 않으면 문제아로 찍힌다

오늘날 교회에서 긍정적인 사람이 되는 것을 거부하는 것은 자살행위입니다. 당신이 사람들에게 사랑받고 인정받고 싶다면 주변의 모든 것에 대해 무조건 칭찬하고 좋은 쪽으로 생각하고 말하십시오.[122] 만일 사람들에게 사랑받고 칭찬받는 것에 별 관심이 없고 잘못된 것이 눈앞에 보일 때 비판한다면 그 비판은 '미성숙'의 산물이요, '은혜 없음 또

---

121) 힐은 그 '신'을 '위대한 스승들'로 부를 수도 있고 또 필요에 따라서는 '하나님'이라고 부르기도 할 것이다. 그에게는 호칭이 중요한 것이 전혀 아니니까!
122) 정치에 대해서는 예외일 수 있겠다. 정치 상황을 너무 좋게 보면 도리어 '모자란' 사람으로 낙인찍힐 확률이 더 높다.

는 아직 은혜를 모르는 사람'의 산물로 취급될 것입니다. 물론 그런 생각을 하는 사람들이 겉으로 드러내서 노골적으로 말하지는 않을 것입니다. 왜냐하면 그들은 '긍정적'이기 때문입니다. 그러나 얼마 되지 않아 비판적 사고를 지니는 사람은 부정적 사람, 조금 나아가서 그 사람은 마치 전염병을 옮기는 바이러스와 같은 취급을 당할 것입니다. 교회내에서 손꼽히는 '문제아'로 낙인찍힐 것입니다.

미국 내에서 훌륭한 크리스천으로 알려져 있고 세일즈와 동기부여 연설에 있어서 다섯 손가락 안에 드는 지그 지글러는 그의 강연에서 '당신이 가진 모든 에너지를 동원해서 피해야 할 첫째 대상이 부정적인 사고를 가진 사람'이라고 했습니다. 물론 만사를 비뚤어진 시각으로 보는 사람이 많습니다. 잘된 것에 대해 감사는커녕 당연하게 받아들이고 안된 것들에 대해서는 끝도 없는 불평불만으로 가득 차 있는 사람도 많습니다. 우리 모두 그런 사람과는 같이 있고 싶지도 않을 것입니다. 그러나 반대로 잘못된 것도 당연시 여기고 고쳐야 할 것들에 대해서도 그냥 모두 웃으면서 넘어가는, 너무 긍정적인 바이러스를 옮기는 사람도 많이 있습니다. 이 바이러스 역시 매우 치명적입니다. 이런 사람 역시 같이 있으면 나 자신이 '저능아'가 되는 것 같습니다. 아무튼 긍정적 사고는 이제 '십자가를 통한 은혜의 복음'만큼이나 '확고한' 개념으로 교회 내에서 자리잡아 가고 있는 듯 보입니다.

오늘날 한국 교회에서는 긍정적 사고방식을 외치는 설교가 넘쳐나고 있다

제 말이 과장같이 들리십니까? 그렇다면 현재 한국 교회에서 전하는 설교를 유심히 들어 보십시오. 성경의 본문과는 관계 없이 '긍정적 사

고'의 중요성으로 직·간접적으로 귀결되는 설교들이 얼마나 많은지 곧 알게 될 것입니다.

한 예로 얼마 전 기독교 방송에서 전하는 한 유명 목사의 설교를 사례로 들어 보겠습니다. 한 부분만을 떼어 말하면 오해의 여지가 있기에 약 30분에 걸쳐 진행되었던 설교의 흐름을 전체적으로 요약해 보겠습니다. 그는 요한복음 6장 64절 이하의 가룟 유다와 관련한 말씀을 본문으로 들면서 "하나님이 쓰시는 사람"이라는 제목으로 다음과 같이 설교했습니다.

- 100% 전지전능한 예수님은 가룟 유다의 믿음 없음을 이미 아셨지만 데리고 계셨다.
- 왜 믿음 없는 가룟 유다를 데리고 계셨나?
- 성경의 수많은 예가 그렇듯이 하나님은 대조를 통해 우리를 교훈하신다. 가룟 유다와 제대로 된 다른 제자들과의 대조를 통해 우리에게 교훈을 주시기 위해 가룟 유다를 데리고 계셨다.
- 따라서 가룟 유다와 같은 사람은 항상 우리 곁에 있다. 비록 당신이 당신 곁에 있는 가룟 유다와 같은 사람을 보아도 시험에 들지 말라. 가룟 유다는 항상 있는 법이다. 당신에게 교훈을 주기 위해 항상 있는 것이다.
- 그런데 왜 가룟 유다는 가룟 유다가 되었는가? 그것은 그가 생각 관리를 못해서다.
- 가룟 유다와 관련한 다른 기록들을 보면 그는 매우 음습한 사람이다. 그러니 사탄이 그에게 들어와 그를 점령한 것이다.
- 우리는 성령이 주시는 생각으로 항상 기뻐하며 살아야지 가룟 유

다와 같이 음습한 생각을 하며 살면 안 된다.

- 생각이 중요하다. 생각이 믿음이 된다. 어떤 생각을 갖는지가 당신의 인생을 결정하고 현실을 만들어 낸다.
- 결론: 성공하는 100대 기업과 성공하는 목사들을 보면 그들은 다 긍정적이다. 모든 것을 좋은 쪽으로 본다. 긍정적 사고가 모든 것의 핵심이다. 비판하지 말라. 가룟 유다와 같은 사람이 되지 말라. 당신은 하면 다 된다. 믿음으로 하면 된다.[123]

이 설교의 본문으로 등장한 요한복음 본문이 위에 열거한 내용과 아무런 관계가 없다는 사실은 접어놓고라도 모든 성경의 본문을 이 '긍정적 사고'의 테두리 안에서 풀어 내는 능력에 대해 경의를 표하지 않을 수 없습니다. 일요일 아침 일찍부터 교회에 나와 앉아 있는 사람들을 '성공' 시키고 '행복' 하게 살도록 도와 주고 싶은 목사의 그 간절한 마음을 이해하지만 그 결론이 성경의 말씀과 아무런 관련 없는 흐름으로 빠져서는 안 되지 않겠습니까? 왜냐하면 곧 살펴보겠지만 성경은 자기 사랑에 대해 아무런 관심이 없는 것과 마찬가지로 긍정적 사고에 대해서도 아무런 관심이 없기 때문입니다. 이 목사님 설교 중에서 예로 든 빌립보서 4장 4절의 "항상 기뻐하라."를 '항상 긍정적으로 살라.' 의 의미로 해석한다는 것은 성경을 왜곡해도 너무 왜곡한 것입니다. 바울이 빌립보서를 왜 썼습니까? 빌립보서 전체가 아니더라도 4장 초반만이라도 읽어 보십시오. 4장 4절이 무엇을 의미합니까? 항상 긍정적으로 살면서 '나는 뭐든지 할 수 있다.' 는 마음으로 살아가라고 바울이 이

---

123) 이 결론 속에 있는 내재된 의미는 위의 가룟 유다와 관련해서 볼 때 '당신이 부정적으로 비판하는 사람이 되면 당신이 바로 가룟 유다가 될 수 있다.' 는 경고와 같다.

말씀을 쓴 것이 아님은 금방 알 수 있을 것입니다.

긍정적 사고방식으로 본다면 가룟 유다는 부정적 사고를 가진 사람이 아니라 오히려 긍정적 사고를 가진 사람일 것입니다. 어떻게 보면 가룟 유다보다 더 긍정적인 사람이 어디 있겠습니까? 가룟 유다는 한갓 목수의 아들인 예수를 보고도 자신의 야망인 이스라엘 독립 쟁취의 꿈을 꾸지 않았습니까? 그것도 한두 달도 아니고 3년 동안 그 예수를 좇았으니 가룟 유다는 그야말로 긍정적인 사람이 아닙니까? 이스라엘 독립과 별 관계 없어 보이는 예수의 수많은 가르침 속에서도 자신이 바라는 이스라엘 독립의 메시지를 읽어 내면서 자신의 꿈을 불태웠을 가룟 유다는 전혀 가망 없어 보이는 예수가 결국은 도움을 줄 것이라고 믿었던 긍정적 사람의 전형이 아닐까요? 가룟 유다야말로 정말 사람의 외모와 환경에 속지 않고 그 속의 가능성을 보는 긍정적 사람이 아닐까요?

긍정적 사고방식으로 보면 예수님은 참으로 부정적인 분이다

성경이 말하지 않고 관심이 없는 분야, 아니 성경이 도리어 경계하고 조심하라는 분야를 성경의 핵심인 양 가르치면 결국 설교는 위의 경우와 같이 사람들에게 동기를 부여하고 '그래, 나는 할 수 있어!'라는 마음으로 힘차게 노래 한번 하고 교회를 나가게 하는 그 이상도 이하도 될 수 없습니다. 교회가 말씀의 본래 의미를 바로 가르치는 것을 포기할 때 성경의 말씀 역시 다른 수많은 세상의 가르침과 더 나은 효과를 놓고 경쟁하는 도구 가운데 하나로 전락하게 됩니다.

긍정적인 사고방식의 관점에서 보면 성경 속의 예수님이야말로 참으로 부정적인 사람일 것입니다.

예수님의 제자가 되려고 하다가 퇴짜맞은 부자 청년의 예를 한번 상기해 보십시오. 그 부자 청년은 자신의 사회적 배경을 고려할 때 당시 천민 출신의 예수라는 청년에게 주변 사람들의 눈을 의식하지도 않은 채 영생을 향한 자신의 솔직한 고민을 토로했다는 점에서 대단히 긍정적인 사람으로 볼 수 있습니다. 게다가 그는 속으로야 어떤지 몰라도 겉으로는 남에게 피해 주지 않고 열심히 산 사람이었습니다. 그런데 예수님은 이 부자 청년에게 꼬투리를 잡아, 그 청년이 하기 힘들어하는 부분을 지적해 결국 그 친구를 실망시키고 집으로 돌아가게 만들었습니다. 이런 예수님의 모습은 너무 부정적이고 비판적이지 않은가요?

우리 예수님의 부정적 모습과 부정적 언어 사용의 모습은 여기에서 그치지 않습니다.

> 한 서기관이 나아와 예수께 아뢰되 선생님이여 어디로 가시든지 저는 따르리이다 예수께서 이르시되 여우도 굴이 있고 공중의 새도 거처가 있으되 인자는 머리 둘 곳이 없다 하시더라(마 8:19~20).

예수님은 자청해서 따르겠다는 사람을 쫓아 내는 것도 모자라서 예수님 당신에 대해 이렇게 부정적으로 보시다니, 예수님의 성격은 충격적이지 않습니까? '나는 잘 살 수 있다, 잘 살 수 있다, 잘 살 수 있다.'고 매일 긍정적 언어로 도배해도 모자랄 판에 예수님은 아예 자신의 처지를 동물들과 비교할 정도로 부정적인 언어를 일관되게 사용하셨습니다. 예수님은 도저히 부자가 될 운명이 아니었던 것입니다. 게다가 예수님은 또 제자들에게도 기회만 되면 당신이 십자가에서 돌아가실 것이라고 부정적 미래를 계속 반복하시니 긍정적 사고와 긍정적 언어 사용의 측면에서 볼 때 예수님에게 심각한 문제가 있으셨던 것 같습니다. 어린 시절 피난을 하면서 자주 옮겨 다녀 친구를 못 사귀었기 때문일까요? 아니면 너무 가난한 환경이 주는 정신적 상처가 생각보다 컸던 것은 아닐까요? 예수님은 멀쩡하게 잘 서 있는 예루살렘과 성전에 대해서도 저주를 퍼부으셨습니다. 무엇보다 가장 충격적인 사실은 마태복음 24장의 말씀입니다. 25장까지 진행되는, 산상수훈 다음으로 긴 이 말씀을 통해 예수님은 우리 인류의 미래에 대해 너무 부정적 시각으로 일관하고 계십니다. 이런 예수님의 부정적 사고는 예수님 혼자의 삶과 관련해서 끝나지 않고 타인에게 심각한 상처를 끼치는 데까지 이릅니다.

분명 '예수님을 배반하지 않겠다.'라는 긍정적 선언을 통해 자신에 대한 믿음을 확고하게 다져 가는 제자 베드로에게 격려를 하고 북돋아 주지는 못할망정 '너는 분명 나를 배반할 것이다.'라는 부정적 시각으로 그의 신념에 찬물을 끼얹으셨습니다. 베드로가 그 말 때문에 열받아서라도 배반하고 싶지 않았겠습니까? '좋다고요. 원하는 대로 한번 해 드리지요. 확실히 배반한다니까요.'라는 마음이 들 수도 있지 않았겠습니까? 이게 다 예수님의 부정적 시각이 뿌린 씨앗이었습니다. 불쌍한 베드로는 예수님의 부정적 사고의 제물이 되고 만 것입니다.

자, 그러면 여기서 우리가 해야 할 중요한 질문이 있습니다. '과연 성경은 긍정적 사고를 가르치는가?, 성경은 긍정적 사고에 대해 무엇이라고 말하고 있는가?' 하는 것입니다. 사복음서를 통해 예수님의 가르침과 삶에 조금이라도 관심을 가진 사람이라면 위에서 제가 매우 비판적으로 표현했듯 예수님의 가르침은 사실상 긍정적 사고와는 가장 거리가 먼 가르침임을 금방 알 수 있습니다. 그래도 나름대로 정한 규칙들 속에서 열심히 종교 생활을 하는 바리새인들에게 끊임없이 가해진 예수님의 저주와 악담은 도대체 무엇입니까? 얼마든지 그들의 열심을 긍정적으로 해석해서 받아들여 줄 수 있지 않으셨을까요?

> 유대인들이 에워싸고 이르되 당신이 언제까지나 우리 마음을 의혹
> 하게 하려 하나이까 그리스도이면 밝히 말씀하소서 하니 예수께서 대
> 답하시되 내가 너희에게 말하였으되 믿지 아니하는도다 내가 내 아버
> 지의 이름으로 행하는 일들이 나를 증거하는 것이거늘 너희가 *내 양*
> *이 아니므로 믿지 아니하는도다* 내 양은 내 음성을 들으며 나는 그들
> 을 알며 그들은 나를 따르느니라(요 10:24~27).

제발 너무 어렵게 가르쳐 주시지 말고 쉽게 설명해 달라는 바리새인들에게 예수님은 전혀 기회조차 주시지 않습니다. 너희가 믿지 않기 때문에 내 양이 아닌 것이 아니라 애초부터 내 양이 아니니까 믿지 않는다는 것입니다. 다른 말로 하면 너희에게는 가르칠 필요 자체가 없다고 말씀하고 계신 것입니다. 어떻게 이 이상 더 부정적일 수 있습니까?

예수님을 사랑하기 때문에 십자가의 죽음이라는 예수님의 부정적 메시지 앞에서 절규하는 제자 베드로에게 그 진심을 이해하며 따뜻한 격려 한 마디는 못 해 줄망정 베드로를 '사탄'이라고 부르시는 예수님에게 도대체 어떤 긍정적 사고의 흔적이라도 찾을 수 있단 말입니까? 예수님은 눈과 팔이 잘못하면 아예 눈을 빼 버리고 팔을 잘라 버리라고 말씀하십니다. 이게 긍정적인가요? 사복음서를 통틀어 볼 때 예수님의 어떠한 가르침과 행동도 지금 마치 진리인 양 둔갑하여 돌아다니는 이 긍정적 사고와 긍정적 언어 사용과 융합될 수 있는 것은 전혀 존재하지

않습니다.

긍정적 사고방식으로 보면 바울도 부정적인 사람이다

그렇다면 예수님 외에 바울은 또 어떠합니까? 갈라디아서를 잠시 살펴봅시다.

> 게바가 안디옥에 이르렀을 때에 책망받을 일이 있기로 내가 그를 대면하여 책망하였노라 야고보에게서 온 어떤 이들이 이르기 전에 게바가 이방인과 함께 먹다가 그들이 오매 그가 할례자들을 두려워하여 떠나 물러가매 남은 유대인들도 그와 같이 외식하므로 바나바도 그들의 외식에 유혹되었느니라 그러므로 나는 그들이 복음의 진리를 따라 바르게 행하지 아니함을 보고 모든 자 앞에서 게바에게 이르되 네가 유대인으로서 이방인을 따르고 유대인답게 살지 아니하면서 어찌하여 억지로 이방인을 유대인답게 살게 하려느냐 하였노라(갈 2:11~14).

바울은 갈라디아서 2장에서 얼마든지 용납하고 이해할 수 있을 것 같은 베드로의 실수를 사람들 앞에서 지적하고 망신을 줍니다. 바울의 이런 행동은 긍정적입니까? 왜 바울은 베드로의 진심을 알려는 노력은 하지도 않은 채 이렇게 부정적으로 대응합니까? 아니, 베드로가 무슨 복음의 진리를 부정하려고 그랬겠습니까? 사람은 다 실수가 있는 법이지, 바울 자기는 실수 안 한답니까? 예수님이 자기 눈의 들보부터 빼라고 했는데 바울은 도대체 왜 이러는 것입니까? 바울은 너무 부정적이지 않습니까? 이와 같이 우리가 긍정적 사고의 바탕으로 성경을 볼 때 성경은 한 마디로 말이 되지 않습니다.

긍정적 사고방식으로 보면 하나님은 가장 부정적인 분이고, 사탄은 가장 긍정적인 존재다

성경은 인간을 무엇이라고 진단합니까? 죄인입니다. 기독교의 핵심 메시지는 무엇입니까? 하나님 앞에서 죄인 된 인간과 그 죄를 스스로 어떻게 할 수 없는 인간의 무능함과 그 죄를 100% 책임지고 처리하시는 예수 그리스도의 구속입니다. 죄인 된 인간 속에 무슨 긍정적 요소가 있습니까? 나의 죄에 대해 나 자신도 어쩔 수 없기 때문에 누군가가 대신 도와 주지 않으면 희망이 없다는 이 비참한 인간의 무능력한 상태에 대해 무슨 긍정적 요소가 있습니까? 긍정적 언어 사용으로 모든 것을 이룰 수 있는 인간의 능력은 온데간데없고 오로지 예수 그리스도로 말미암는 구원, 하나님이 처음부터 완성까지 책임지시는 구원을 가르치는 이 기독교의 구원 교리에 인간의 자존심을 세워 줄 만한 무슨 긍정적 요소가 있습니까? 기독교의 가르침은 철저히 인간의 자존심과 인간의 가능성을 부정합니다. 희망이 없는 존재라는 것입니다. 즉, 하나하나의 구체적 성경 구절을 떠나 기독교의 진리는 그 진리의 본질 자체가 긍정적 사고와는 결코 융합할 수 없는 종교입니다. 기독교의 메시지, 기독교의 진리와 긍정적 사고는 창세기에서부터 요한계시록까지 도저히 발을 맞출래야 맞출 수가 없는 양극단의 대비되는 메시지입니다.

하나님이 긍정적이셨으면 예수님이 세상에 오셔서 십자가를 지실 이유가 애초에 필요 없는 것입니다. 세상을 창조하시고 죄가 들어오기 전, 세상을 보신 하나님의 세상에 대한 평가는 물론 매우 '긍정적'이셨습니다. 하나님은 '매우 좋다.'라고 세상을 평가하지 않으셨습니까? 그러나 하나님은 당신이 창조하신 그 창조물들에 대해 매우 좋다고 평

가를 내리시는 그 와중에서도 창세기 2장에 이르러 아담과 하와에게 하나님의 명령에 대한 '불순종'의 대가로 내리신 하나님의 저주, "네가……반드시 죽으리라"(창 2:17)라는 말씀은 이 이상 더 부정적일 수 없을 만큼 부정적인 말씀입니다.

그러나 우리에게 문제가 되는 사실은, 아니 문제 정도가 아닌 비극인 이유는 하나님의 이 부정적인 선언이 '진리'라는 사실입니다. 그 누구도 움직이거나 바꿀 수 없는 우리 인생의 실재(reality)라는 사실입니다. 하나님의 이 선언 이후 죽지 않은 사람이 한 명이라도 있습니까? 우리에게 '죽음'만큼 엄중한 현실이 또 있을까요? 죽음이 있는 한 우리 인생은 본질적으로 결코 긍정적일 수 없습니다. 하나님은 우리 인생 자체가 결코 긍정적일 수 없도록 그 본질 자체를 규정하셨습니다. 하나님으로 인해 죽음을 넘는 영원을 통하지 않고는 이 세상에서의 삶이 결코 긍정적일 수 없도록 만드신 것입니다. 따라서 인간에 대해 얘기하는 한 성경의 메시지가 결코 긍정적일 수 없는 것입니다. 우리 인간은 성경의 메시지, 성경의 진리 아래 놓여 있는 존재입니다. 그 진리 아래에서 규정된 존재입니다.

그러나 우리는 성경 속에서 매우 긍정적인 한 존재를 만나게 됩니다. 성경의 처음인 창세기에서 자신의 존재를 처음으로 드러내는 '긍정의 화신'을 우리는 만납니다. 바로 사탄입니다. 사탄은 하와에게, '너는 죽지 않아, 걱정하지 마, 죽기는커녕 너는 하나님이 될 거야.'라는 긍정적인 메시지를 던집니다. 그러나 문제는, 아니 문제 정도가 아닌 비극은 이 긍정적 선언이 '거짓'이라는 사실입니다. 결국 하와와 아담은 사탄의 긍정적인 메시지와 하나님의 진리를 맞바꾸었습니다.

긍정적 사고를 주장하는 사람들의 두 가지 자기모순

여기서 우리는 긍정적 사고를 입에 달고 사는 사람들이 자신도 모르게 가지고 있는 자기모순의 모습 두 가지만 지적할 필요가 있습니다.

첫 번째는 인간은 결코 자기에게 중요한 문제와 관련해서는 긍정적일 수 없다는 사실입니다. 내게 별로 중요하지 않은 사항들, 내가 한없이 너그러운 모습으로만 있어도 별 상관 없는 영역에서는 한없이 긍정적일 수 있지만 내게 정말로 소중한 분야에서는 긍정적일 수 없습니다. 어떤 부모가 마약을 하는 자녀를 놓고 긍정적일 수 있겠습니까? '다 때가 되면 저 마약이 저 아이의 인생에 좋은 약이 될 것이야. 하긴 마약도 약은 약이지.' 라며 팔짱을 끼고 있을 그런 긍정적 부모는 한 사람도 없을 것입니다. 왜냐하면 자녀는 부모에게 가장 소중하기 때문입니다. 중요한 계약서에 사인을 하기 전, 조금 이상하고 이해가 안 가는 조항들이 있더라도 긍정적으로 상대의 선의를 믿고 사인하는 사람들이 있을까요? 없을 것입니다. 왜냐하면 돈이 달려 있기 때문입니다.

두 번째는 누군가에게 긍정적이 되라고 말하는 사람 자체가 이미 부정적이라는 사실입니다. 그 사람이 정말로 긍정적이라면 앞의 사람이 어떤 사물에 대해 아무리 욕을 하고 비판을 하더라도 웃으며 고개를 끄덕이면 되는 것 아닙니까? 그게 긍정적 사고를 가진 사람의 당연한 '빛과 소금' 된 모습이 아닐까요? 왜 긍정적이 되라고 상대에 대하여 부정적인 반응을 보입니까? 그 자체가 자기모순을 안고 있습니다. 이는 마치 절대적 진리가 존재하지 않고 모든 진리는 상대적 진리라고 주장하는 사람이 가진 자기모순과 같습니다. '절대 진리는 없다.' 라는 그의 주장 자체가 하나의 '절대 진리' 이기 때문입니다. 절대 진리가 없다고 주장하는 사람은 상대가 어떤 절대 진리를 주장하더라도 그것 자체가 또 하나의 상대적 진리임을 깨닫고 그냥 고개를 끄덕이면 되는 것입니다. 모든 진리가 상대적이라고 생각하는 사람은 그냥 고개만 끄덕이며 살면 됩니다. 말이 필요 없습니다. 그냥 웃으면서 고개만 끄덕거리고 살면 됩니다. 뭐가 걱정입니까? 그런 사람들은 어떤 사실에 대해 이러쿵저러쿵 논쟁할 자격이 애초에 없는 사람입니다. 그런데 신기하게도 그런 상대적 진리를 주장하는 사람일수록 자신의 신념에 더 철저한 법입니다. 스스로가 스스로를 속이고 있으면서 모르고 있습니다. 긍정적이 되라고 충고하는 사람도 이와 전혀 다르지 않습니다.

긍정적 사고방식은 성경을 왜곡한다

오늘날 교회 내에서 휘몰아치는 이 긍정적 사고의 광풍이 주는 비극은 우리 크리스천이 우리의 조상 아담 부부와 마찬가지로 긍정적이기 위해서는 반드시 성경의 진리를 버리거나 왜곡해야만 한다는 사실입니다. 심리학 이론을 성경과 접목하려는 순간 나타나는 성경 왜곡의 필연적 결과가 긍정적 사고와 관련해서도 당연히 적용되기 때문입니다. 성경의 진리를 바로 보고 전하려는 이상 우리는 긍정적일 수가 없습니다. 우리는 인간에 대해 긍정적일 수가 없습니다. 우리는 세상에 대해 긍정적일 수 없습니다. 우리는 인간의 미래에 대해서도 긍정적일 수 없습니다. 인간의 과학이 더 발달하고 네트워크를 통해 더욱 하나가 되면 이 세상은 더 살기 좋은 곳이 될 것이라는 그런 긍정적 사고를 할 수 없습니다. 하나님이 그 선한 뜻을 따라 궁극적 구원을 이루실 것을 믿지만 세상은 더 악해질 것이며 따라서 우리의 자녀들이 살아야 할 세상은 지금과 비교도 안 될 정도로 더 힘들어질 것입니다. 왜냐하면 그것이 바로 성경이 예언하는 세상의 모습이기 때문입니다.

디모데후서 3장 16절은 심리학이 말하는 긍정적 사고방식이 반성경적
임을 선명하게 보여 준다

긍정적 사고는 분명 비성경적이며, 반성경적인 사고방식입니다. 우
리는 성경의 목적에 대해 가장 잘 설명하고 있는 디모데후서 3장 16절
을 통해 이 사실을 분명하게 알 수 있습니다.

> 모든 성경은 하나님의 감동으로 된 것으로 교훈과 책망과 바르게
> 함과 의로 교육하기에 유익하니(All scripture is given by
> inspiration of God, and is profitable for *doctrine*, for *reproof*,
> for *correction*, for *instruction in righteousness*, KJV).

이 구절은 성경의 목적을 네 가지로 설명하고 있습니다. 교훈, 책망,
바르게 함 그리고 의로 교육함입니다. 이를 영어로 하면, doctrine,
reproof, correction, instruction in righteousness입니다.

첫째, 성경의 목적은 바른 교리를 가르쳐 주는 것입니다. 영어와 비
교해 볼 때 우리말 개역성경의 교훈은 교리로 바꾸는 것이 더 정확한
번역입니다. 우리말 성경에는 분명 교리로 번역해야 할 부분을 모호하
게 번역한 경우가 종종 있습니다. 대표적인 경우가 사도행전 2장 42절
입니다. 우리말 개역성경은 초대 교회의 모습과 관련해 매우 중요한 부
분인 apostle's doctrine을 '사도들이 가르친 교리' 대신 그냥 모호하
게 '사도의 가르침'이라고만 번역했습니다. 교리를 가르침이라 번역해
놓으면 기독교에만 존재하는 엄연한 교리가 모든 도덕책에 다 등장하
는 '교훈', '가르침'이라는 일반적 언어로 퇴색되어 이해될 수 있는 위
험이 있습니다.

아무튼, 디모데후서 3장 16절은 성경의 기록된 목적의 첫 번째가 기독교의 교리를 바로 배우는 것이라고 천명하고 있습니다. 요즘 교회의 중요한 특징 가운데 하나가 무엇입니까? 교리를 무시하고, 교리를 중요시 여기지 않고 있는 것입니다. '교리적'이라는 말을 부정적으로 생각하면서 교회는 가급적 교리라는 말도 쓰지 않고 교리적인 냄새가 나지 않도록 노력하고 있습니다. 게다가 아예 교회의 전통적인 냄새가 나지 않는 '교회같지 않는 교회'를 만들기 위해 애쓰고 있습니다.[124] 그러나 성경은 뭐라고 말하고 있습니까? 성경의 첫째 목적은 기독교의 교리를 가르치는 것이라고 말합니다. 즉 기독교에만 존재하는 진리를 가르치는 것입니다. 교리를 가르쳐야 할 교회가 오늘날 기독교의 바른 교리를 가르치고 있는지 우리는 심각하게 자문해 보아야 합니다.

둘째, 성경의 목적은 우리를 책망하는 것입니다.

하나님의 진리 앞에서 내가 비추어질 때 그 다음 단계는 바로 나 자신의 잘못된 모습을 놓고 잘못된 부분들에 대해 바로 보게 되는 것입니다. 즉, 성경의 진리가 나를 책망하게 되는 것입니다.

설교가 코미디가 되고 예배가 감동적 노래를 반복해 부르는 노래 모임으로 전락할 때 말씀의 진리 앞에서 내가 책망받는 모습을 교회에서 찾기는 점점 힘들어집니다. 우리가 교회에서 말씀을 통해, 정말로 말씀의 진리를 통해 책망받은 적이 얼마나 있습니까?

'여러분, 여러분이 크리스천이지 않습니까? 그러니 최소한 이 정도는 하고 살아야지요. 왜 그렇게 꿈이 없습니까? 하나님이 그 정도밖에 안 됩니까? 꿈을 가지세요. 크리스천답게 꿈을 가지세요.' 식의 밑도 끝

---

124) 『부족한 기독교』 2탄 마케팅 편의 주요 주제다.

도 없는 '당위적' 책망을 말하는 것이 아닙니다. 아니 더 정확히 얘기하면 '왜 여러분이 가진 그 큰 가능성(potential)에 못 미치는 생활을 사십니까? 여러분은 여러분이 생각하는 것보다 더 훌륭한 사람입니다.' 식의 책망을 가장한 '아부'성의 엉터리 책망을 말하는 것이 아닙니다.

제가 말하는 책망은 정말로 성경 말씀을 자세하게 '풀어 주며' 그 풀어진 말씀 속에서 나를 비추어 나 자신이 말씀에 의해 쪼개지는 책망을 받은 적이 얼마나 있는가 하는 것입니다. 오늘날 이 긍정적 사고방식의 함정에서 교회가 빠져 나오지 못하는 한, 성경이 분명히 명령하는 '책망'하는 말씀의 목적을 교회가 제대로 수행하기는 매우 어려울 수밖에 없습니다.

셋째, 성경의 목적은 우리를 바르게 하는 것입니다.

말씀의 진리 앞에서 책망받은 사람은 그 책망을 통해 자신을 '바르게 하도록' 해야 합니다. 말씀은 단순히 죄를 깨닫게 하고 그 절망 속에 내버려 두는 게 아니라 바르게 하고 일어서도록 하는 힘이 있습니다. 우리가 책망을 하지 않는 한 바르게 할 수 없고 바르게 한다는 것은 그 대상 속에 있는 잘못을 보기 때문에 가능한 것입니다. 마냥 긍정적 사고는 바르게 함과 아무런 연관이 없습니다.

넷째, 성경의 목적은 우리를 의롭게 자라도록 훈련하는 것입니다.

말씀으로 바른 길을 지도받고, 말씀대로 살지 못한 것을 책망받고, 이제 바른 길로 돌아선 사람은 그 바른 길로 가는 삶을 훈련을 통해 꾸준히 걸어가야 합니다.

이처럼 성경의 목적을 말하는 디모데후서 3장 16절을 개략적으로만 살펴보아도 긍정적 사고방식이 얼마나 반성경적인 사고방식인지를 쉽게 알 수 있습니다.

성경은 긍정적 사고방식과 반대로 '진리를 위한 싸움'을 싸울 것을 말하고 있다

성경은 적극적으로 진리를 위한 싸움, 믿음의 선한 싸움을 싸우라고 격려하고 있습니다. 성경은 결코 적을 만들지 않고 마냥 긍정적으로 만사를 다 좋게 보는 그런 삶의 방식을 추천하지 않습니다.

> 사랑하는 자들아 우리가 일반으로 받은 구원에 관하여 내가 너희에게 편지하려는 생각이 간절하던 차에 성도에게 *단번에 주신 믿음의 도를 위하여 힘써 싸우라는* 편지로 너희를 권하여야 할 필요를 느꼈노니(유 3).

성경은 믿음을 위해 싸우라고 했습니다. 지금 교회는 오로지 성경을 통해서만 '단번에, 유일하게' 주어진 이 진리를 놓고 세상과 싸우고 있습니까? 지금 우리 시대의 교회는 성경의 진리를 옆으로 밀어 놓은 채 세상이 준 긍정적 사고라는 거짓된 사상에 교회를 오염시키고 있지는 않습니까? 그리고 그 오염된 모습을 비판하는 사람들을 '부정적'이라는 세상의 잣대로 재단하고 있지는 않습니까?

진리의 가치를 모를 때 화합, 평화라는 이름으로 겉으로의 봉합과 연합에만 힘쓰는 현실을 놓고 패커(J. I. Packer)는 다음과 같이 말했습니다.

> 먼저 상대를 존중하는 마음과 함께 좋은 의도를 가지고 하는 논쟁은 전혀 비성경적인 것이 아닙니다. 이는 성경 속의 예수님과 바울의 예를 보아도 잘 알 수 있습니다. 둘째는 논쟁 자체를 피하려는 사람의 동기는 어쩌면 얕은 자만에 차서 자신을 보호하려는 보호본능으로 찬

사람과 별다를 바가 없을 것입니다. 그리고 무엇보다 그 사람이 논쟁 자체를 피하려는 것은 진리의 가치를 모르기 때문입니다.[125]

교회사의 참된 설교자들은 오늘날의 긍정적 사고방식을 외치는 설교자와는 다르다

인간의 죄인 됨과 인간의 절망성을 부정하며 긍정적 사고방식만을 외치는 거짓 선생들인 노만 빈센트 필, 로버트 슐러, 그리고 조엘 오스틴과 같은 사람들과는 달리 인간의 죄성이 우리 인간으로 하여금 얼마나 예수 그리스도의 구원을 필요로 하는지를 알게 하고 우리에게 그 진리를 바로 가르치도록 보냄 받은 하나님의 사람들이 많습니다.

우리는 교회사에서 하나님의 말씀 속에 담긴 진리를 바르게 전하도록 부름받은 참된 목회자들의 외침에 귀를 기울여야 합니다.

그 중의 한 분인 마틴 로이드 존스 목사의 전기를 쓴 이안 머리는 로이스 존스 목사의 전반기 40년을 정리한 전기 『마틴 로이드 존스의 초기 40년』(The first 40 years of Dr. M. L. Johns)에서 그의 설교들을 인용하면서 다음과 같이 말하고 있습니다.

돌아온 탕자에 대해서 설교하면서, 그리고 특히 탕자가 어떻게 해서 자신이 죄인인 것과 자신의 본성이 더럽고 추악하다는 사실을 알게 되었는지에 대해 설교하면서 목사님은 청중에게 다음과 같이 말했습니다.

"여러분, 여러분은 탕자가 깨달은 것을 깨닫기 전까지는 아무것도

---

125) J. I. Packer, "Keep in step with the Spirit," (Revell, 1984), p. 121.

아는 것이 없는 것과 다름이 없습니다. 왜냐하면 탕자가 깨달은 그것이 바로 여자이든 남자이든 관계 없이 우리가 가장 처음 깨달아야 하는 사실이기 때문입니다. 따라서 당신이 그 점을 깨닫지 못한다면, 그 점에 대해 전혀 알지 못한다면 당신은 결코 크리스천이 아닙니다. 당신은 예수 그리스도를 자신의 구주로 믿고 있는 사람이 아닌 것입니다. 왜냐하면 당신이 탕자와 같은 그 깨달음을 갖지 못하는 한 당신은 결코 예수 그리스도를 구원자로서 필요로 할 수 없는 존재이기 때문입니다. 아마도 당신은 지금 현재에도 개인적인 도움이나 조언 그리고 위로를 해 줄 누군가가 필요하다고는 항상 느낄지 모르겠습니다. 그러나 당신이 자신의 내면을 바라보며 그 본성의 죄악 됨을 깨닫지 못하는 한 결코 당신은 구원자가 필요한 것을 알 수는 없습니다. 예수 그리스도는 당신이 먼저 구원받기 전에는 결코 당신에게 어떠한 도움이나 조언 또는 위로를 줄 수 있는 분이 아닙니다. 예수 그리스도가 무엇보다 당신의 본성을 바꾸기 전에는 결코 그는 당신에게 아무런 도움도 줄 수 없습니다. 오! 여러분, 아직도 이 사실을 모르고 있습니까? 만약 그렇다면 하나님이 당신에게 은혜를 베푸시기를 바랍니다. 당신은 죄인이 되기 위해, 스스로가 죄인임을 깨닫기 위해 깡패나 건달이 되어야 할 필요가 없습니다. 당신이 누구인지, 그리고 당신이 지금 어떤 일을 하는 사람인지는 아무런 관계가 없습니다. 당신이 남들 보기에 얼마나 훌륭해 보이는 사람인지 당신이 그럴 듯한 선행들을 얼마나 하고 살고 있는지 아무런 관계가 없습니다. 어쩌면 당신은 평생 동안 교회 안에서 생활한 사람일지도 모릅니다. 아니, 지금도 교회에서 중요한 일들을 맡아 하고 있는 사람일지도 모릅니다. 그러나 당신이 당신 자신의 본성이 죄악 되다는 사실을 깨닫지 못했다면, 바울이 성경에서 말하듯이 당신이 '죄로 죽은 상태'라는 사실을 깨닫지 못했다면 당신은 예수 그리스도를 당신의 구세주로 알고 있는 사람이 결코 아닙니다. 그리고 예수 그리스도가 자신의 구세주라는 사실을 모르는 사람은 예수에 대해 사실은 아무것도 모르고 있는 사람입니다. '건강한 사람에게는 의원이 필요 없다.'고 예수님이 말씀하지 않으셨습니까?" [126]

목사님의 전도 설교에 있어서 중심이 된 원칙은 사람들이 예수 그리스도에게 의지하지 않고 자기 자신을 믿는 가장 큰 이유가 바로 그 사람들의 교만과 무지 때문이라는 점에 근거해서 설교를 준비한다는 점입니다. 그런 사람들의 문제는 자신들은 이미 하나님을 잘 알고 있다고 생각한다는 사실입니다. 따라서 그들은 사랑의 하나님이 창조하신 이 세상에서 오로지 몇 명의 크리스천만이 구원을 받는다는 것이 말이 되는가라고 항변합니다. 그러나 진리는 무엇입니까? 그런 주장을 하는 그들이 바로 자기 스스로가 가장 잘 안다고 생각하는, 사실상 하나님의 가장 큰 적이라는 사실입니다. 목사님의 설교의 일부를 들어 보겠습니다.

"무엇보다도 오늘날 위와 같이 하나님에 대해 나름대로의 의견들을 주장하는 사람들이 정작 하나님의 심판에 대해서는 거의 얘기하지 않는다는 사실이야말로 바로 그들이 사실상 하나님을 믿지 않는다는 사실을 가장 잘 알려 주고 있습니다. 그들은 여전히 자신들이 하나님을 믿고 있다고 얘기합니다. 그러나 그들의 믿음을 한번 자세히 분석해 보면 우리는 쉽게 그 정체를 알아 낼 수 있습니다. 그들이 갖고 있는

---

126) M. L.-Jones. Luke 15, June 19, 1927.

믿음이라는 것이 사실은 자신들에게 유리한 몇 가지 희망사항을 모아 놓은 것에 불과하다는 사실을 말입니다. 그들이 말하는 하나님은 자신들이 만들어 낸 하나님입니다. 그리고 그 하나님은 언제라도 그들이 원하는 대로 다 들어 주고 필요하면 언제라도 그들을 용서해 줄 준비가 되어 있는 존재입니다. 그들은 그 하나님에 대해 두려워하는 마음과 존경을 갖고 예배드리지 않습니다. 사실상 그 하나님은 예배라는 단어와는 전혀 상관이 없는 하나님입니다. 그들이 주장하는 그 하나님에 대해 자세히 들어 보면 그 하나님은 전혀 하나님이 아님을 알 수 있습니다. 왜냐하면 그들은 다음과 같은 주장을 계속하기 때문입니다, '야, 우리는 죄인이 회개하고 돌아오지 않았다는 그 이유만 가지고 그 죄인을 영원히 벌주는 그런 하나님은 믿을 수가 없다, 말이 안 된다.' 라고요. 그들은 결코 하나님이 죄인들에 대해 그렇게 할 수 있을 것이라고 상상할 수 없습니다. 따라서 그들은 자연스럽게 하나님은 그렇게 할 리도 없지만 결코 할 수도 없는 하나님이라는 자기만의 결론을 끄집어 내는 것입니다. 다른 말로 하면, 그들의 하나님은 자신들이 생각할 때 말이 되고 옳은 길이라고 생각하는 방향으로만 움직이고 행동하는 하나님인 것이지요. 이 얼마나 하나님에 대해 잘못되고 불경건한 생각입니까? 이 얼마나 거짓되고 가치 없는 생각입니까? 이런 생각들이야말로 바로 오늘날의 우상숭배의 모습입니다."[127]

"다른 사람들이 나를 어떻게 보고 어떻게 생각할까에 대해 가장 많은 신경을 쓰는 사람일수록 자기 자신만이 알고 있는 나의 은밀한 내면의 모습이 하나님 앞에서 어떠해야 하는가에 대해서는 가장 신경을 쓰지 않습니다. 다른 사람들은 당신을 존경하고 칭찬할지 모릅니다.

---

127) M. L.-Jones. Acts 17:30, February 23, 1930.

그리고 당신은 다른 사람들이 당신에 대해 하는 말을 듣고 기분이 좋겠지요. 당신은 자연스럽게 그 사람들의 칭찬과 존경을 받아들이고 그 우쭐함을 즐기면서 살고 있습니다. 당신은 당신에 대해 존경을 보내는 사람들이 당신을 계속 그렇게 생각하도록 만들려고 부단히 노력하겠지요. 사람들 앞에서 드러나는 당신의 모습이 바로 당신의 실체라고 그들이 계속 믿을 수 있도록 노력하겠지요. 아, 이 얼마나 거짓된 사기입니까? 만약 그 사람들이 당신의 마음을 본다면 어떻게 될까요? 당신 마음의 가장 깊은 곳에 감춰진 그 내면과 당신의 그 은밀한 상상들을 본다면 어떻게 되겠습니까? 만약 그 사람들이 당신이 감추고 있는 당신 과거의 자세한 내막들을 다 알게 된다면 어찌 될까요? 만약 그 사람들이 당신에 대해 당신 가족이 아는 것과 같이 당신을 알게 된다면 어찌 될까요? 무엇보다도 당신이 당신 자신을 알고 있듯이 그들이 당신을 알게 된다면 어떻게 될까요? 당신만이 알고 있는 당신 속마음을 그들도 보게 된다면 어떻게 될까요? 당신은 사회적으로 명성을 갖고 있을지도 모릅니다. 당신이 살아 있는 동안 꽃다발들이 당신에게 쏟아지고 당신이 죽으면 당신의 무덤을 수많은 화환이 둘러쌀지도 모릅니다. 당신은 지금 당신 자신에 대해 자랑스럽고 만족하고 있겠지요. 당신의 천성적으로 타고난 좋은 성격으로 인해 사람들은 당신을 '꽤 괜찮은 사람'이라고 생각하고 칭찬하니까요. 이 얼마나 웃긴 광대극입니까? 이 얼마나 엄청난 거짓입니까? 만약 당신이 당신 모습 그대로 사람들에게 드러난다면 어떻게 되겠습니까? 당신의 모든 행동과 모든 생각이 하나도 남김없이 샅샅이 드러난다면 어떻게 되겠습니까? 만약 당신을 칭찬하는 그들이 단 하루만이라도 당신의 마음에 들어가 당신을 들여다볼 수 있다면 어떻게 되겠습니까?……

당신이 다른 사람들이 당신을 칭찬하는 것에 만족해 자신을 속이면서 계속 산다면, 당신은 결코 당신 자신을 똑바로 보지 못할 것입니다. 그리고 당신이 당신 자신을 똑바로 대면하지 못하는 한 당신은 결코 당신 자신의 구주가 되시고 당신의 삶의 주인이 되어야 할 예수 그리스도가 당신에게 왜 필요한지를 깨달을 수 없을 것입니다."[128]

목사님은 오늘날의 설교가 근본적으로 잘못되었다고 믿고 있었습니다. 목사님이 볼 때 오늘날의 설교가 잘못되었다는 것을 증명할 수 있는 가장 큰 증거는 무엇보다 강단에서 외쳐지는 말씀이 듣는 이들로 하여금 죄를 깨닫고 하나님 앞에서 무릎꿇도록 하는, 성령 하나님의 가장 중요한 역사가 전혀 일어나지 않고 있기 때문이라고 보았습니다. 한번도 하나님 앞에서 자신의 죄를 놓고 두려워하며 하나님의 은혜를 간절히 구한 적이 없는 사람들을 앞에 앉혀 놓고 그들을 달래주고, 위로하며 그들의 마음을 편안하게 해 주는 그런 설교는 결코 하나님의 성령께서 일하시는 설교가 아니라고 확신했습니다.[129]

19세기 영국에서 사역한 위대한 설교자 찰스 스펄전은 또 다음과 같이 설교했습니다.

과거 설교자의 책임은 (회개하지도 않은 사람들을) 회심하게 하는 것이 아니었습니다. 오히려 그 반대였지요(그들의 회심을 유도하기 전에 그들이 자기 자신의 죄인 됨을 먼저 보도록 하는 것이었습니다). 여러분, 부상을 입

---

128) M. L.-Jones. John 5:44. September 14, 1930.
129) Iain Murray, *The first 40 years of Dr. M. L.-Jones*, Banner of Truth, 2002.

지도 않은 사람을 치료하고, 헐벗지도 않은 사람에게 옷을 입히고, 전혀 가난하다고 생각하지 않는 사람에게 돈을 주는 이런 일들이야말로 얼마나 어리석은 일입니까? 이 세상이 계속 존재하는 한 우리는 성령 하나님의 역사가 필요합니다. 단지 위로자로서의 성령 하나님 아니, 우리의 죄를 깨닫게 하시는 존재로서의 성령 하나님 말입니다. 이 죄악 된 세상을 보게 하시고 하나님의 의와 하나님의 심판을 보게 하시는 그런 성령 하나님의 역사가 필요합니다.[130]

진정으로 거듭나는 사람들에게는 다음과 같은 필수적인 특징이 있습니다: 죄에 대한 깊은 깨달음과 아픔이 있습니다. 그리고 그 죄를 놓고 예수님을 바라보는 구원에의 갈망이 있습니다. 또한 이와 함께 그는 내면에 근본적인 변화를 맛보게 됩니다. 자신의 삶의 모든 영역에 영향을 미치는 그런 변화를 체험합니다. 이와 같은 모습들이 나타나지 않는 경우 그 사람이 진정으로 거듭났다고 보기 어렵습니다.[131]

우리는 이처럼 하나님이 시대에 따라 당신의 종을 보내셔서 많은 사람으로 하여금 바른 말씀을 듣게 하신 것이 얼마나 감사한지 모릅니다.

긍정적 사고방식은 성경이 말하는 자족하는 태도와는 다르다

여기서 한 가지 사족을 단다면 제가 지금 비판하고 있는 이 긍정적 사고방식은 성경이 명령하는 자족하는 태도, 감사하는 태도와는 아무런 관계가 없다는 사실입니다. 성경이 말하는 항상 기뻐하고, 범사에

---

130) C. H. Spurgeon. *The Metropolitan Tabernacle Pulpit*, vol. 44, Pilgrim, 1976.
131) C. H. Spurgeon. *The Metropolitan Tabernacle Pulpit*, vol. 20, Pilgrim, 1981.

감사하라는 것은 심리학적인 이유로 긍정적인 사고방식을 가지라는 것이 결코 아닙니다. 우리를 구원해 주신 하나님께 대한 은혜와 구원에 대한 기쁨과 감사로 살아가는 것을 말하는 것입니다. 성경이 말하는 자족과 감사의 원천은 모두 하나님으로부터 나옵니다. 모든 것을 아시고, 모든 것을 하실 수 있으며, 나를 위해 자기 아들을 십자가에 내어 주신 하나님의 무한한 사랑, 나를 위해 자기 목숨을 버리신 예수님의 사랑, 이 하나님의 넘치는 사랑을 우리의 마음에 부어 주시는 성령님의 능력으로 인해 기뻐하고 감사하는 것입니다. 하나님을 믿고, 하나님을 신뢰하며, 하나님을 사랑하는 데서 오는 기쁨과 감사의 삶은 심리적으로 인간의 선함을 믿고, 자신을 사랑하며 긍정하는 데서 오는 긍정적인 사고방식이 결코 아닙니다. 성경이 말하는 감사는 하나님께로부터 오는 능력으로 감사하는 것이지 심리학적으로 자기에게 최면을 걸어 긍정적으로 감사하는 삶을 살자는 것과는 근본적으로 다른 차원의 감사입니다.

심리학에서 말하는 이 긍정적 사고방식은 오히려 하나님의 사랑, 그리스도의 은혜, 성령의 능력을 부정하는 기독교의 무서운 적입니다.

3. 심리학의 셋째 가면: 성공의 법칙

두 개의 종교: 자연 종교와 초자연 종교

우리가 겉으로 보기에 세상에는 수없이 많은 종교가 있는 것 같습니다. 그러나 그 종교들을 크게 두 가지로 나눌 수 있습니다. 바로 자연 종교(Naturalism)와 초자연 종교(Supernaturalism)입니다. 유일신을 주장하는 유일신 종교(monotheism)로 대표되는 초자연 종교에 비해 자연 종교는 좀더 세분화가 가능합니다. 즉, 자연 종교는 자연이 신이라고 주장하는 범신주의 종교(pantheism)와 세상의 신은 하나가 아니라 수도 없이 많다고 주장하는 다신주의 종교(polytheism)로 나눌 수 있습니다.

초자연 종교의 대표에는 기독교가 있습니다. 또 유대교와 이슬람교도 여기에 포함됩니다. 그리고 자연 종교는 대표적으로 힌두교, 불교 등을 포함해서 조금 과장하면 아마 지구상에 사는 사람 수 정도가 될 정도로 수도 없이 많지 않을까 싶습니다.

초자연 종교의 가장 큰 특징: 자연을 초월하는 독립적인 창조신이 있다

유일신을 믿는 초자연 종교의 가장 큰 특징은 인간, 자연을 포함한 이 물질적 자연 세계를 초월해서 그 너머에 독립적으로 존재하는 '창조신'을 믿는다는 점입니다. 이 신은 인간을 포함한 자연이 있어도 좋고 없어도 관계 없습니다. 이 신의 존재 여부가 자연 세계에 종속되어 있지 않기 때문입니다. 그리고 우리가 보고 느끼는 이 자연 세계는 그 신이 '무에서 유'로 창조한 것이기 때문에 이 자연 세계가 그 신의 일부가 되는 것은 더더욱 말이 안 됩니다. 이 신은 필요에 따라 자신이 만든 자연계 속으로 들어와 그 자연계를 유지하기 위해 자신이 정해 놓은 일정한 법칙을 무시하고 그 법칙을 초월하는 행동을 하기도 합니다. 그것을 우리는 흔히 '기적'이라고 부릅니다.

자연 종교의 가장 큰 특징: 모든 존재는 자연의 일부다

이와 같은 초자연주의적 유일신관에 비해 자연주의 종교들의 가장 큰 특징은 존재하는 모든 것은 다 우주 또는 자연의 일부라는 믿음입니다. 물론 그 존재하는 것 가운데에는 신 또는 영적 존재라고 불리는 것들을 포함해 좀더 상위 개념의 존재들도 있지만 이 모든 존재도 인간과 마찬가지로 자연의 일부라는 점에서 볼 때 결국은 다 동등한 존재입니다.

자연 종교는 모든 존재를 지배하는 자연법칙이 있다는 것을 믿는다

신이든 영적 존재든 인간이든 (한 걸음 더 나아가 동물이든 식물이든) 다 자연의 일부라는 점은 중요한 한 가지 사실을 시사하고 있습니다. 그것은 바로 존재 형태의 차이와 관계 없이 모든 존재를 다 동일하게 지배하는 자연법칙(universal laws)[132]이 있다는 사실입니다.

초자연 종교의 창조신은 이러한 자연의 법칙 너머, 그 법칙들을 초월해서 존재합니다. 당연히 그럴 수밖에 없습니다! 그런 법칙을 애초에 정한 존재가 바로 그 창조신이기 때문입니다. 자신이 정한 법칙 속에 스스로를 집어넣고 제한하는 그런 멍청한 신이 아닌 이상에는 말입니다. 따라서 그 창조신은 그 법칙을 때로는 바꾸거나 없애기도 하는 것입니다.

이에 반해 자연 종교에 따르면 물리적이든 영적이든 관계 없이 이 세상을 운영하는 그 법칙은 결코 변하거나 바뀔 수도 없으며 따라서 '기적'이라는 개념 자체가 성립될 수가 없습니다. 신도 복종하는 자연법칙 앞에 어떻게 기적이라는 개념이 성립할 수 있겠습니까?

19세기 힌두교 부흥의 선두 주자로 각광받았던 스와미 비베카난다(Swami Vivekananda)는 다음과 같이 말했습니다.

이 세상에 초자연적이라는 것은 없다. 영적 현상들도 다른 물리적

---

132) 이 말은 영적 법칙(spiritual laws)으로 보아도 무방하다. 대부분의 경우 두 용어를 서로 바꾸어도 관계 없다. 본문에서는 이 '영적 법칙'을 '성공의 법칙'으로 대체했다.

현상들과 마찬가지로 다 정해진 법칙 아래 존재한다. 정말로 대단해 보이는 일들도 사실은 다 사람의 마음 속에 있는 것이다. 우리 각자의 마음은 그 마음이 어디에 위치하든지 관계 없이 (항상) 전세계와 실제적으로 교감하고 있다.[133]

자연주의 종교에 따르면 당연히 인간도 자연의 일부, 즉 신의 일부입니다. 이 세상의 인간은 자신 속에 있는 신성을 발견하고 그 신성을 활용하면서 신처럼 능력 있게 살아가는 인간과, 자기 속에 있는 신성의 능력을 모른 채 비참하게 살아가는 인간으로 나뉠 수 있습니다. 즉, 자신이 백조인데도 오리인 줄 알고 미운 오리가 되어 사는 사람들과 백조가 되어 유유히 하늘을 날아다니는 사람으로 나뉠 수 있다는 것입니다.

따라서 자연주의 종교를 대표하는 힌두교에서 가장 중시하는 요가(yoga)란 다름 아닌 내 속에 있는 신성을 찾아 내어 신으로서의 나를 완성하기 위한 수행인 것입니다.

이에 반해 '나의 완성(self-realization)'이라는 개념 자체는 초자연주의 종교에서는 가능할 수 없습니다. 왜냐하면 완성된 존재, 완전한 존재는 이 불완전한 자연 세계 너머 존재하시는 신밖에 없기 때문입니다.

자연주의 종교가 믿는 자연법칙의 핵심: 마음먹은 대로 된다

자연주의 종교가 믿는 자연법칙에는 누구나가 다 쓸 수 있는 너무 다양하고도 확실한 법칙들이 널려 있습니다. 이 자연의 법칙 가운데는 '성공하게 하는 법칙'도 있습니다. 법칙이 존재하는 한 그 법칙을 몰라

---

133) vivekananda, *Complete Works*, vol 2, p. 12, Dave Hunt & T. A. McMahon, *America, The Sorcerer's New Apprentice*, Harvest House Publishers, 1988, p. 74에서 재인용

서 못 쓰는 사람만 바보가 됩니다. 이 법칙 중에는 '믿는 대로 다 되는 법칙'도 물론 있습니다. 기적을 불러일으키는 법칙도 있습니다.

이러한 자연법칙 중 가장 중요한 것은 '마음 또는 생각이 현실을 창조한다.'라는 법칙입니다. 즉, '마음먹은 대로 된다.'[134]는 것입니다. 그러니까 된다는 마음(mind)을 먹으면 되는 것이고 안 된다는 마음을 먹으면 안 된다는 것입니다. 내가 생각 속에 어떤 현실을 품는 것이 실제 일어나는 현실보다 우선한다는 것입니다.

뉴에이지 인간관: 인간은 우주 에너지의 일부다

어떻게 사람이 말하는 대로 또는 상상하는 대로 이루어질 수가 있을까요? 이 질문에 대한 중요한 이론적 답을 우리는 뉴 에이지의 지도자 중의 한 명으로 추앙받는 삭티 거웨인(Shakti Gawain)의 책『간절히 원하면 기적처럼 이루어진다』(Creative Visualization)에서 찾을 수 있습니다.[135] 조금 길지만 인용하도록 하겠습니다.

몸은 에너지의 집합체

형이상학자들과 영적 스승들이 수 세기 전에 깨달은 사실들을 과학자들은 이제 막 발견해 내기 시작했다. 우리가 살고 있는 물질계가 결코 '물질'로 이루어져 있지 않다는 사실이 바로 그것이다. 물질계를 구성하는 기본 성분은 우리가 에너지라고 부르는 일종의 기운, 즉 영적인 실재다.

---

134) 한국의 자기계발 컨설턴트 가운데 한 명인 이내화 씨의 책들 중 한 권의 제목은 이 메시지를 전하고 있다. '마음먹은 대로 된다' (『마음먹은 대로 된다』, 디지털머니캡, 2001년).
135) 이 책은 20년이 넘도록 미국에서 꾸준히 팔리고 있는 뉴 에이지의 대표적 책 중의 하나다. 한국에서도 얼마 전 번역되었다.

우리의 감각기관이 인지해 낼 수 있는 차원에서 보면, 사물들은 단단하게 고정되어 있으며 따로따로 떨어져 있는 것처럼 보인다. 그러나 더 미세한 차원, 즉 원자나 원자를 구성하는 양자 및 전자의 차원에서 보면, 겉으론 단단한 것처럼 보이는 물질 안에도 수많은 입자들이 있으며, 그 입자들은 또다시 그보다 작은 무수한 입자들로 이루어져 있다. 이런 식으로 계속 관찰하다 보면, 마지막에 남는 것은 오로지 순수한 에너지뿐이다.

따라서 물리적인 면에서 볼 때, 우리는 에너지의 집합체일 뿐이다. 우리 내부와 주변의 모든 것들 역시 에너지로 이루어져 있다. 우리는 하나의 거대한 에너지 장을 이루는 일부분인 것이다. 서로 분리되어 있는 것처럼 보이는 사물들도 실제로는 누구에게나 있는 본질적인 에너지의 다양한 형태일 뿐이다. 따라서 우리는 모두가 하나인 것이다.

이 에너지는 다양한 진동률을 갖고 있다. 에너지들마다 서로 다른 특질을 보이는 것은 바로 이런 진동률의 차이 때문이다……중략……모든 에너지들은 서로 연결되어 있으며 영향을 주고받는 것이다.[136]

이 글의 내용은 존재하는 모든 세계가 하나의 거대한 에너지 세계 속에서 각자만이 가진 독특한 진동률을 매개로 서로 영향을 주고받으면서 살고 있다는 것입니다. 따라서 내가 내뱉는 말이나 머릿속의 상상이 현실 세계와 동떨어진 것이 아니라 현실 세계에 직접적인 영향을 미치는 에너지 파장의 원인이 된다는 것입니다. 그러므로 상상이 현실을 창조할 수 있으며, 나의 말이 나의 미래를 결정하게 됩니다. 내가 가진 나

---

136) 『간절히 원하면 기적처럼 이루어진다』, 삭티 거웨인 지음, 박윤정 옮김, 해토 출판사, pp. 22~23.

만의 파동 에너지 전달을 통해 주변을 변화시키고 내가 원하는 현실을 창조할 수 있다는 것입니다. 우리는 뉴 에이지 지도자 삭티 거웨인의 이 모든 주장의 배후에 '우리 모두는 하나다.' 라는 자연주의 종교의 핵심 사상이 자리잡고 있음을 잊어서는 안 됩니다. 뉴 에이지의 핵심 사상은 결국 우리 모두가 하나가 되어 거대한 에너지를 형성하고 있다는 것입니다. 이 거대한 에너지를 신, 하나님, 부처님, 알라 혹은 무엇이라고 부르든지 그것은 전혀 중요하지 않습니다. 중요한 것은 내가 그 거대한 에너지의 일부로서 연결되어 있다는 사실을 아는 것입니다. 그리고 그 에너지를 활용하면서 사는 방법입니다. 활용 방법에 있어서 핵심에 위치한 두 가지 원칙이 바로 말과 상상입니다.

기독교 인간관: 인간은 유한한 인격적 존재다

그렇다면 이러한 자연주의 종교가 주장하는 인간관과 비교해서 본 기독교의 인간관은 과연 무엇입니까? 『조나단 에드워즈처럼 살 수는 없을까』에서 백금산 목사는 성경이 말하는 인간관에 대해 다음과 같이 서술하고 있습니다.

> 우리 인간이 하나님의 형상으로 만들어졌다는 말은 하나님을 닮도록 만들어졌다는 말입니다. 인간이 하나님의 어떤 점을 닮았다는 것입니까? 인간이 지성과 감정과 의지를 가지고 있다는 점에서 바로 무한한 지성과 감정과 의지를 가지고 계신 하나님을 닮은 것입니다. 인간이 하나님을 닮은 지 · 정 · 의를 가지고 있다는 점에서 인간은 참으로 놀라운 존재요, 피조물 가운데서 유례를 찾을 수 없는 독특한 존재요, 하나님의 형상이라 불릴 수 있는 유일한 존재입니다. 인간이 지성

과 의지라는 인격적인 요소를 가지고 있다는 점에서 인간은 역시 지
성과 의지를 가지고 계신 하나님과 의사소통을 하며, 교제를 나눌 수
있습니다. 즉, 하나님과 더불어 지식을 나눌 수 있고, 사랑을 나눌 수
있습니다. 하나님과 서로 지식과 사랑을 함께 나눌 수 있다는 점에서
인간은 하나님과 교제가 가능한 존재요, 하나님과 연합하며 일치할
수 있는 존재입니다. 그러나 하나님과 인간은 무한성과 유한성의 차
이에서 그 격차가 생깁니다.[137]

이 글에는 기독교 인간관의 중요한 특징이 잘 나타나 있는데 그것은
바로 인간만이 영혼을 가진 특별한 피조물이라는 사실입니다. 다른 말
로 하면 인간만이 지·정·의로 대변되는 인격을 가진 존재라는 사실
입니다. 그리고 무엇보다 중요한 사실은 하나님이 인격체이시기 때문
에 우리 인간이 하나님의 형상을 닮아 인격이 있는 존재로 창조되었다
는 점입니다. 인격이 있다는 사실은 교제할 수 있다는 것을 말합니다.
성경이 창세기로부터 요한계시록까지 보여 주는 하나님과 인간의 관계
는 인격과 인격이 교제하며 소통하는 관계입니다.

기독교 하나님과 자연 종교 신의 가장 큰 차이점

그러므로 우리는 기독교에서 말하는 성경의 하나님과 자연종교에서
말하는 신이 결정적으로 어떤 차이점이 있는지를 알 수 있습니다. 자연
종교에서 말하는 신은 어떤 이름을 갖다 붙이더라도 결국 비인격체입니
다. 즉 한 마디로 거대한 에너지입니다. 이 거대한 에너지는 자연히 법칙
의 지배를 받습니다. 그러나 기독교의 하나님은 무한한 인격체이십니

---

137) 백금산 편저, 『조나단 에드워즈처럼 살 수는 없을까』, 부흥과개혁사, 2003, pp. 31~32.

다. 무한한 인격체이신 하나님은 자신이 만든 자연법칙에 종속되는 분이 아니십니다. 무한한 인격자이신 하나님은 자신이 만드신 자연법칙을 통해 우주를 통치하기도 하시지만, 자연법칙에 매이는 분이 아니라 자연법칙을 초월하는 분이십니다. 따라서 때로 우리가 자연법칙이라 부르는 것들을 초월하시는 하나님의 행동을 우리는 '기적'이라고 부르는 것입니다. 그러므로 우리가 마치 어떤 영적법칙을 사용하기만 하면 하나님이 반드시 우리가 사용하는 영적인 법칙에 따라 행동하는 분이라고 생각한다면 이는 바로 우리가 하나님을 거대한 에너지로 생각하는 자연종교의 신처럼 생각하는 것과 다름이 없습니다. 우리는 이러한 생각과 가르침과 싸워야만 합니다.

마음먹은 대로 현실을 만들어 내는 두 가지 방법: 말과 상상

그럼 현실을 만들어 내는 실제적인 힘을 가진 이 마인드를 잘 활용하기 위해 나는 어떻게 해야 할까요? 이를 위해서는 실로 다양한 방법이 법칙이라는 이름으로 존재하지만 그 모든 것을 관통하는 두 가지의 핵심 단어는 바로 '말'과 '상상'입니다. 이 두 가지는 매우 밀접하게 연결되어 있습니다. 마음 속의 상상이 밖으로 표출되는 것이 말이고 또 말에 따라 상상의 내용이 결정되기 때문입니다.

말과 상상을 지배한다는 것은 결국 생각을 다룰 수 있게 되는 것, 즉 자신의 마인드를 다룰 수 있게 되는 사람이 되는 것입니다. 이제 그 사람은 마인드를 통해 현실 그리고 더 나아가 미래의 실재까지 지배하는 능력, 마인드가 현실을 지배하는 '성공의 법칙'을 손에 넣은 사람이 되는 것입니다. 이 성공의 법칙의 핵심을 이루는 말과 상상을 차례로 살펴보겠습니다.

성공의 법칙 1: 말한 대로 된다

성경은 말에 대해 어떻게 가르치고 있는가

성경은 말의 중요성을 여러 곳에서 보여 주고 있습니다. 성경은 하나님이 태초에 천지를 '말씀'으로 창조하셨다고 합니다(창 1:1). 또한 성경은 우리가 '입으로 시인'하여 구원에 이른다고 합니다(롬 9:10). 예수님도 우리의 입 밖으로 나오는 말이 우리를 더럽게 한다고 하셨습니다(막 7:16).

개략적으로만 살펴보아도 성경은 '말'이 갖는 중요성에 대해 말하고 있습니다. 그러나 성경이 인간의 말을 중요시하는 이유를 잘 알아야 합니다. 성경이 인간의 말을 중요시하는 이유는 인간의 말이 인간의 마음을 반영하기 때문입니다. 성경은 말이 우리의 마음과 생각을 담는 그릇이라는 사실을 가르쳐 줍니다. 따라서 말을 조심하라는 것은 우리의 마음을 바로 지키라는 의미입니다. 성경이 말의 중요성을 강조하는 것은 인간의 말이 현실을 만들어 내는 힘이 있기 때문이 아닙니다. 그런데 요즈음 우리 기독교 안에서 말의 중요성을 가르치는 많은 가르침이 무에서 유를 창조하신 창세기 1장의 하나님의 창조 사건의 예를 들면서 마치 우리 인간에게도 이와 같은 능력이 있다는 식으로 잘못 가르치고 있습니다. 이는 매우 잘못된 가르침입니다. 우리는 말씀으로 인해 창조된 피조물이지 말로써 뭔가를 창조할 수 있는 창조자가 결코 아닙니다. '하나님의 형상을 따라 지음받았다.'는 말씀을 근거로 하나님의 능력을 우리 인간에게 그대로 적용하려는 시도는 매우 잘못된 것입니다.

마음과 관계 없이 말 자체에 힘이 있다는 성공의 법칙 가르침은 성경의 가르침과 정면으로 배치되는 가르침입니다. 성공의 법칙에서 강조하는, 영적 세계를 지배하는 힘을 가진 말은 크게 다음 두 가지로 나눌 수 있습니다.

현실을 창조하는 말의 법칙 1: 주문

현실을 지배하는 힘을 가진 말의 첫 번째 종류는 힌두교에서 흔히 만트라(mantra)라고 부르는 무의미한 말의 반복, 우리말로 하면 주문입니다. 이 만트라는 힌두교뿐 아니라 불교, 이슬람을 비롯하여 대부분의 종교 의식 속에 빠짐없이 스며들어와 있습니다. 물론 기독교 역시 예외는 아닙니다.

힌두교의 만트라

이 만트라를 통한 수행의 모습은 다음 글을 통해 잘 볼 수 있습니다. 다음의 글은 네 살 때부터 요가를 비롯한 힌두교의 각종 수행을 시작해 여덟 살 때에 이미 힌두교의 요기[138]로 인정받고 주변 사람들에게 안수를 하면서 스승으로 추앙받던 사람이 자신이 여덟 살 때 했던 전형적인 수행의 모습을 적은 것입니다.

> 아침 일찍 일어나, 나는 우리 집을 지키는 신이기도 한 비쉬누에게 할 주문(만트라)을 반복해서 읊으며 그에게 예배를 드린다……중략……그리고 나는 자신을 예배에 합당할 정도로 정결하게 하는 새벽 의식인 목욕을 한다. 난 가야트라 주문을 반복해서 외우는데 그 주문에는 세 단어의 이름으로 시작하는 옴, 부우, 부흐, 수반 등으로 구성되어 있다. 우리는 우리에게 생명을 주는 눈부신 사비타르를 또

---

138) 요가의 달인을 일컫는 말.

묵상하는데 이를 통해 우리의 지성을 일깨울 수 있다. 주문 중의 주문으로 인정되는 이 가야트라 주문은 (나와 같은) 브라민[139] 계층이 소유하는 영적 능력의 핵심이 되는데 나는 태양을 향해 이 주문을 외우기도 한다. 이 주문은 리그 베다[140]에서 유래한 것으로 나는 이 주문을 하루에도 수백 번씩 외웠는데 반드시 신들의 말로 간주되는 산스크리트어[141]로 암송했다. 주문의 핵심은 반복에 있었다. 많이 하면 할수록 좋은 것이었다. 나는 이 주문들이 무슨 의미인지도 차마 알기 전인 어린 아이일 때도 빠른 속도로 주문을 수천 번씩 암송하곤 했었다. 의미를 아는 것보다 더 중요한 것은 산스크리트어로 주문을 외울 때 정확한 발음으로 주문을 외우는 것이다. 정확한 발음 그 자체가 주문의 효과를 결정짓는 것이다. 나는 대부분의 정통 힌두교도와 마찬가지로 주문 그 자체 속에 어떤 신성이 들어 있다고 믿었다. 그리고 주문은 그 자체로 그 주문이 요구하는 현실을 만들어 낸다고 믿었다. 가야트리 만트라는 정확하게 반복함으로 또 매일 태양을 향해 바른 자세로 드리는 예배를 통해 주문은 현실이 된다고 믿었다.[142]

남묘호렌게쿄의 주문

주문에서 중요한 것은 의미보다 정확한 발음을 통한 효과적인 바이브레이션을 만들어 내는 데 있습니다. 주문과 관련해서 이와 비슷한 이

---

139) Brahmin. 힌두의 카스트 계층 중 최고의 계급이며 인간으로 힌두의 신인 브라만에 가장 가까운 형태를 소유하고 있는 것으로 간주된다. 그래서 다른 계급의 사람들은 카스트 계급으로부터 안수를 받는 것을 매우 중요시 여긴다.
140) Rigveda. 브라만의 성전인 네 권으로 구성된 베다의 하나다. 이 베다는 힌두교에서 성경과 같은 책이다. 리그베다는 10장으로 구성되어 있는데 각종 전설, 노래 등으로 짜여져 있다.
141) 고대 인도의 표준 고급 문장어다.
142) Rabi R. Maharaj *Death of a guru*, Harvest House, 1984, pp. 51~52.

론을 펴는 한국의 '남묘호렌게교(SGI-국제창가학회)'에 대한 기사를 한번 살펴봅시다.

"남묘 · 호렌 · 게쿄, 남묘 · 호렌 · 게쿄, 남묘 · 호렌 · 게쿄!"

19세기 말 집강소와 접소에 모여 들던 동학의 모임이 이러했을까? 이 모임은 40여 년 전 한국에 상륙한 일본 불교 남묘호렌게교의 좌담회였다. 좌담회 도중 이들이 모시는 일본 승려 '니치렌(日蓮, 1222~1282)' 대성인이 여러 차례 거명됐고, 니치렌 대성인이 한 말을 토대로 지혜와 용기를 나눠 갖자는 대화가 이어졌다. 그러나 이 좌담회에 일본인은 단 한 명도 참석하지 않았다. 모두가 토종 한국인이었는데 이들은 일본식 발음으로 일본식 어본존을 모시는 의식을 치른 것이다.

남묘호렌게교는 나무묘법연화경(南無妙法蓮華經)을 일본식 한자 발음에 가깝게 읽은 것이다. 그러나 이들은 '나무묘법연화경은 일곱 음절이지만 남묘호렌게교는 여섯 음절'이라며, 일본식 한자음만으로 읽은 것은 아니라고 강조했다. 산스크리트어 발음에 일본식 한자 읽기를 더하고 여기에 변화를 줘 새로운 염불을 만들어 냈다는 설명이었다. 이들은 제목 창제란, 나무묘법연화경(이것을 제목이라고 한다.)을 '남묘호렌게교'로 소리 내 읽는 것(이것을 창제라 한다.)이라고 설명했다……중략……토종 한국인들은 왜 SGI에 가입하는 것일까. 한국 SGI는 회원이 되는 것을 '입신(入信)'이라고 표현한다. 부산 배정고를 거쳐 서울대 법대(84학번)를 졸업한 서진천 씨가 밝힌 입신 경위다.

"어린 시절 나는 부모를 따라 울산에 있는 절에 다녔다. 고1 때 어머니가 돌아가셔서 불교식으로 장례를 치렀다. 그런데 창가학회 회원이던 작은 아버지와 작은 어머니께서 돌아가신 어머니를 성불(成佛)

시켜 드리겠다며 두어 시간 남묘호렌게교를 불렀다. 나도 좋은 뜻으로 알고 따라 불렀는데 얼마 후 보니 돌아가신 어머니의 얼굴색이 희어지고 표정도 편안해져 있었다.

그 때서야 숙부는 '만물은 생사를 불문하고 불성(佛性)을 갖고 있는데, 그 불성을 끌어 내는 것이 성불이다. 성불하게 되면 돌아가신 분일지라도 그 표정이 편안해질 수 있다.'라고 설명했다. 그 후 숙부께서 창가학회는 일본에서 만들어졌지만 일본을 숭배하는 게 아니라 스스로 깨달음을 얻는 불교라고 해서 관심을 갖게 되었다. 수년 간 과연 이 단체의 주장이 옳은지 나름대로 검증해 보고 사실이라고 판단돼 입신했다."

한국 SGI회원들은 하나같이 남묘호렌게교를 창제하면 소원이 이뤄진다고 믿고 있다. 남묘호렌게교를 소리 내 보면 비음(鼻音)이 많이 난다는 것을 알 수 있다. 이는 ㅁ과 ㄴ, ㅇ이 많이 들어가 있기 때문인데, 비음은 몸 속으로 부드러운 파장을 전달한다. 요가 수련자들은 수련 방법의 하나로 반복해서 '옴~' 음을 내는 경우가 많은데 이 또한 비음이다.

비음을 반복해서 내면 분노와 울분에 의한 긴장은 물론이고 너무 좋아서 생긴 긴장도 풀어 주는 효과가 있다. 기(氣) 수련을 하는 사람들은 '기라고 하는 에너지는 빛과 소리의 파장으로 전달되는데, 비음을 반복해서 내면 몸 속으로 기 에너지가 소리와 파장의 형태로 퍼져 나간다.'고 말한다. 에너지가 퍼진다는 것은 곧 잠재해 있던 생명 에너지가 일어나는 것인데, 소리를 낸 본인은 물론이고 옆에서 듣기만 한 사람에게서도 일어난다고 한다. 차경환 씨는 "이 음파는 니치렌 대성인이 산스크리트어 발음과 일본어 한자 발음을 융합하고 다시 변화를 줘서 만들어 낸 우주 본연의 리듬이다. 남묘호렌게교를 반복해서 창제하면 이 리듬을 타게 돼, 숨어 있던 생명력이 일어나 희망을 놓지 않고 도전해 볼 마음이 생겨난다."라고 설명한다. 그는 이를 이렇게도 설명했다.

"무도를 연마하면 나도 모르게 '얍-얍' 하고 기합을 넣게 된다. 반
대로 기합을 지르다 보면 기운이 일어나는 것도 경험하게 된다. 판매
회사 사원들이 목청 높여 '할 수 있다.' 등의 구호를 외치고 나가는 것
도 소리를 냄으로써 힘을 얻는 경우에 해당한다. 이와 마찬가지로 남
묘호렌게쿄를 반복해서 부르면 긴장이 풀리면서 할 수 있다는 생명력
이 일어나는 것을 경험할 수 있다."[143]

위의 글에서도 나오지만 엠(M)사운드는 만트라의 중심을 이루는 사
운드입니다. 비음이 주는 깊은 울림은 나의 내면을 포함하여 영적 세계
어딘가에 존재하는 어떤 힘, 불러 주기를 기다리며 잠자고 있는 그 힘
을 깨우는 사운드인 것입니다. 내가 일부를 형성하고 있는 그 거대한
에너지를 흔드는 사운드입니다. 그 사운드를 통해 내가 깨워 낸 그 힘
은 바로 내가 원하는 현실과 미래를 만드는 원천이 된다는 것입니다.
결국 힌두교든 남묘호렌게쿄든 자연주의 종교라는 테두리 안에서 본질
적으로 같은 속성을 가진 종교들이라는 사실을 잘 알 수 있습니다.

뉴 에이지의 주장

앞에서 살펴본 『간절히 원하면 기적이 이루어진다』라는 뉴 에이지의
가르침을 전파하는 책에서도 주문에 대한 이와 동일한 가르침이 등장
합니다.

———— 치료 도중 모든 사람들이 몇 분 동안 동시에 '옴' 소리를 내는 것

143) 신동아 2006년 3월호. "일본 흔든 한국 통일교, 한국 뚫은 일본 창가학회" 중에서.

도 아주 효과적이다. '옴' 소리의 진동음이 치료 과정에 큰 도움이 되기 때문이다. '오-오-오우-옴'하고 울려 퍼지는 '옴' 소리를 가능한 길게 여러 번 반복한다.[144]

즉 옴이라는 사운드를 통해 모두가 연결된 에너지 세계에 파동을 일으킴으로 몸 속의 질병까지도 고칠 수 있다는 것입니다. 그것도 합심해서 '옴' 소리를 내면 더 효과가 크다는 것입니다.

기독교 안에 스며든 주문

그런데 오늘 우리에게 심각한 것은 인격체이신 성경의 하나님을 믿는다는 교회 내에서도 이런 주문의 위력을 신봉하는 사람이 엄청나게 많다는 것입니다. 우리는 이런 위험 신호를 여러 곳에서 목격할 수 있습니다. 몇 달 전 참석했던 한 새벽기도회에서 강단에 혼자 앉은 담임목사는 30분이 넘게 "인 치시옵소서."라는 말만을 반복하는 것을 보았습니다. 특별한 억양과 발음을 포함한 이 구절을 수백 번, 수천 번 반복하는 것을 통해 우리는 주문 같은 기도의 모습을 보게 됩니다.

그러나 성경은 우리에게 무엇이 바른 기도인지 정확히 알려 주고 있습니다. 예수님이 기도와 관련해서 우리에게 가르쳐 주신 것 중에 가장 중요한 것 하나는 바로 중언부언하지 않는 것, 즉 기도를 의미 없는 반복, 주문처럼 하지 말라는 점이었습니다.

예수님이 말씀하신 중언부언하지 말라는 가르침은 단순히 말을 조리있게 잘 하라는 의미를 넘어서는, 기도의 본질을 천명하는 가르침입니

---

144) 삭티 거웨인 지음, 박윤정 옮김, 『간절히 원하면 기적처럼 이루어진다』, 해토 출판사, p. 142.

다.[145] 내가 기도를 주문으로 하는지 아니면 마음과 생각을 담아 하는지는 내가 생각하는 하나님이 어떤 분이신지를 보여 주는 중요한 척도이기 때문입니다. 나는 하나님을 비인격적 무슨 에너지로 보는지 아니면 나의 마음을 감찰하시는 인격적 하나님으로 믿는지를 보여 주고 있기 때문입니다.

주문을 사용하는 이방 종교가 예수님 시대에 만연했음을 우리는 예수님이 중언부언이라는 말 바로 앞에 "이방인과 같이"라는 수식어를 붙이신 것을 보아 확실히 알 수 있습니다. 예수님 당시에도 분명 존재했을 주문적 기도는 이단적(pagan) 기도임에 틀림없고 예수님은 이 부분에 대해 단단히 못을 박고 계십니다. 당시에도 분명히 마치 자신이 무슨 특정한 지식을 지닌 특별한 존재인 양 기도문을 중얼거리며 반복하는 사람들이 이방인이 아닌 유대인들 사이에서도 존재했다는 것을 우리는 잘 알고 있습니다. 바리새인으로 통칭되는 이 사람들 역시 구약을 통해 나름대로의 기도문을 만들어 순간순간 반복적으로 기도를 하는, 중얼거리며 주문을 외는 사람들이었습니다. 좁게는 바리새인, 넓게는 주문을 기도인 양 외우는 모든 사람을 향해 예수님은 분명히 '중언부언' 즉 주문 외우듯이 기도하지 말라는 가르침을 주고 계십니다.[146]

---

145) 기도의 또 하나의 본질은 하나님 앞에서 은밀히 드리는 것이다. 기도를 가지고 사람들 앞에서 자랑거리로 내세우지 말라는 것이다.
146) 기도와 관련하여 가장 황당한 사실은 중언부언하지 말라는 가르침 뒤에 우리가 해야 할 바른 기도로 예수님이 알려 주신 주기도문이 사실상 오늘날 교회에서 중언부언하는 기도의 가장 대표적 형태로 전락했다는 사실이다. "아이고, 목사님, 빨리 주기도문하고 예배 마칩시다." 라는 말을 우리는 소그룹 예배에서 얼마나 자주 들을 수 있는가? '예배가 끝났다.' 는 신호로 가장 흔히 사용되는 주기도문, 예배 시간에 한 번 외우지 않으면 뭔가 침침한 주기도문, 이 주기도문이 일종의 주문으로 사용되는 수준은 사도신경이 주문과 같이 사용되는 것과 비교도 안 되는 수준이다. 오래 신앙생활을 한 사람들이 주기도문을 빨리 외울 때 옆에서 들으면 이건 거의 방언에 가까운 '신비의 주문' 이다. 예수님은 '주기도문

현실을 만들어 내는 말의 법칙 2 : 긍정적이고 적극적인 말

현실을 만들어 내는 실질적인 힘을 가진 말의 두 번째 종류는 '긍정적인 말'입니다. 단순한 긍정에서 한 걸음 더 나아가 '이미 현실화된 것으로 간주하는' 적극적 말의 사용이 이 법칙의 핵심입니다.

믿음이라는 말로 둔갑되어 사용되는 긍정적인 말

웅얼거리는 주문과 같은 기도를 '영성 기도'라는 식으로 교회 내에서 잘못 사용되는 경우가 있듯이 '이미 현실화된 것으로 간주하는' 말의 사용은 교회 내에서 '믿음'이라는 단어로 둔갑되어 사용됩니다. 그리고 그 믿음의 개념을 증명하기 위해 사용되는 성경 구절은 그 유명한 히브리서 11장 1절입니다.

믿음은 바라는 것들의 실상이요 보이지 않는 것들의 증거니.

이 경우의 구체적인 모습은 이미 앞에서 조엘 오스틴의 책을 통해 살펴보았습니다. 그리고 그 믿음이라는 말 속에 사실은 하나님께 복종하는 피조물의 믿음이 아닌 성공의 법칙을 알고 활용하는 지배자의 믿음이라는 것도 우리가 잘 알 수 있습니다. 이미 앞에서 살펴본 오스틴의 글을 다시 보도록 하겠습니다. 자연주의 종교적 관점에서 살펴보기 바랍니다.

처럼' 기도하라고 하셨지 이 주기도문을 그대로 복사해서 주문처럼 외우라고 하지 않으셨다. 우리가 배워야 할 것은 그 주기도문 속에 들어 있는 기도의 요소들, 더 정확히 말하면 기도가 무엇인가를 배우는 것이지 그것을 가지고 혀 운동을 하라고 하신 것이 아니다. 주기도문에는 엠(M) 사운드가 몇 번밖에 없다. 주문으로 별 효과가 없는 바이브레이션에 주문치고는 너무 길다.

사가랴에게 자식을 허락하시고 9개월 간 벙어리로 만드신 이유는 무엇입니까? 바로 사가랴가 부정적인 말을 해서 하나님의 계획을 망칠지도 모르는 가능성을 제거하기 위해서였습니다. 하나님은 우리가 하는 말의 힘을 너무 잘 알고 계십니다. 하나님은 사가랴의 부정적인 말이 하나님의 계획을 멈추게 할 수 있음을 알고 계셨습니다. 우리가 말함으로 하나님은 우리를 축복할 수도, 그렇지 않을 수도 있습니다. 결국, 죽음과 삶은 당신의 혀에 달려 있습니다.[147]

말을 통한 성공의 법칙의 오묘함을 깨달은 오스틴은 다음과 같이 '내게 더 이상 불확실한 미래는 없다.' 라고 외칩니다.

기억하라. 우리의 하는 말은 바로 예언이 되고 바로 성취가 될 것이다. 우리의 말로 우리는 무엇이 닥칠지 알 수 있다. 왜냐하면 내가 하는 말이 나의 미래가 되기 때문이다. 우리는 미래를 예언하고 미래를 만들 수 있다. 당신의 말로 미래를 만들어야 한다. 좋은 것들을 부르라. 승리를 부르라. 건강을 부르라. 행복이 넘치는 삶을 부르라. 그것이 바로 당신의 미래, 당신의 현실이 될 것이다.

우리는 조엘 오스틴의 글 속에서 긍정적인 말, 적극적인 말이 믿음이라고 포장되고 있으나 사실은 하나님께 대한 불신앙의 모습을 어렵지 않게 볼 수 있습니다. 또한 우리는 긍정적, 적극적 말을 통해 미래를 창조하는 말 역시 그 속에는 여전히 주문적 요소를 포함하고 있음을 알 수 있습니다. '옴' 하고 웅얼거리는 것보다야 물론 내용과 형식이 갖추

---

147) Lakewood Community Church, 2005. 6. 28.

어진 문장이지만 여전히 기계적 반복을 중시한다는 점에서 주문과 별로 다르지 않습니다.

'말의 권세'를 주장하는 박필 교수의 〈말〉 시리즈

요즘 우리 나라에서도 이런 식의 긍정적인 말, 적극적인 말의 중요성을 가르치는 사람들이 넘쳐나고 있습니다. 지난 수십 년 동안 한국 교회에서 이런 가르침을 대표하는 목사는 조용기 목사라고 생각되지만 최근 호주에서 영성과 치유, 가정 사역을 하다가 귀국해 한국에서 활발한 활동을 하는 박필 교수의 예를 대표적으로 들어 보겠습니다. 박 교수는 현재 5권까지 낸 〈말〉 시리즈의 저서를 통해 한국 교회에서 '말의 위력'에 대해 가르치는 데 가장 앞장서고 있기 때문입니다. 여러 권의 책 중에서 박필 교수의 생각이 가장 체계적으로 정리된 것으로 보이는 시리즈 1권 『당신의 말이 기적을 만든다』의 몇 부분을 사례로 들어 보겠습니다. 지금까지 우리가 여러 차례 살펴보았듯이 자신의 주장을 하나님의 말씀으로 둔갑시키려고 하는 경우에 필연적으로 나타나는 것은 성경의 왜곡된 해석입니다. 이러한 오류는 박필 교수의 책에서도 반복적으로 나타납니다. 박필 교수가 말의 위력에 대한 자신의 가르침의 근거로 삼는 성경 말씀은 마가복음 11장에 등장하는 무화과나무에 대한 예수님의 저주입니다.[148]

---

148) 마가복음 11장을 통한 박필 교수의 주장은 이 책에만 등장하는 것이 아니다. 자신의 다른 책에서도 이 본문을 가지고 이 책과 동일한 주장을 하고 있다. 따라서 아마도 이 마가복음 11장에 등장하는 무화과나무에 대한 예수님의 저주는 박필 교수에게 있어서 자신의 이론을 형성하는 중요한 성경적 근거가 된다고 보인다. 그렇기에 여기서 길지만 자세하게 인용했다.

예수께서 예루살렘에 이르러 성전에 들어가사 모든 것을 둘러보시고 때가 이미 저물매 열두 제자를 데리시고 베다니에 나가시니라 이튿날 그들이 베다니에서 나왔을 때에 예수께서 시장하신지라 멀리서 잎사귀 있는 한 무화과나무를 보시고 혹 그 나무에 무엇이 있을까 하여 가셨더니 가서 보신즉 잎사귀 외에 아무것도 없더라 이는 무화과의 때가 아님이라 예수께서 나무에게 말씀하여 이르시되 이제부터 영원토록 사람이 네게서 열매를 따 먹지 못하리라 하시니 제자들이 이를 듣더라(막 11: 11~13).

그리고 날이 저물매 그들이 성 밖으로 나가더라 그들이 아침에 지나갈 때에 무화과나무가 뿌리째 마른 것을 보고 베드로가 생각이 나서 여짜오되 랍비여 보소서 저주하신 무화과나무가 말랐나이다 예수께서 그들에게 대답하여 이르시되 하나님을 믿으라 내가 진실로 너희에게 이르노니 누구든지 이 산더러 들리어 바다에 던져지라 하며 그 말하는 것이 이루어질 줄 믿고 마음에 의심하지 아니하면 그대로 되리라 그러므로 내가 너희에게 말하노니 무엇이든지 기도하고 구하는 것은 받은 줄로 믿으라 그리하면 너희에게 그대로 되리라"(막 11:19~24).

이 성경 본문에 대해 박필 교수는 다음과 같이 해석하고 있습니다.

마가복음 11장 12~23절에서 예수님은 사람이 가진 말의 권세에 대해 명확히 설명하고 있다. 예수님이 제자들과 아침 일찍 예루살렘 성전으로 올라가는 길이었다. 예수님은 무화과나무에 다가가셨다. 그리고 그 나무에게 말했다.

"예수께서 나무에게 말씀하여 이르시되 이제부터 영원토록 사람이 네게서 열매를 따 먹지 못하리라 하시니 제자들이 이를 듣더라."

우리는 이 사건에 주목해야 할 점이 있다.

첫째, 예수님은 나무에게 말씀하셨다는 것이다.

"나무에게 말씀하여 이르시되."

사람과 의사소통이 되지 않는 나무, 사람의 말을 들을 수 없다고 생각되는 나무에게 말씀하셨다. 이것은 이 세상에 존재하는 모든 것이 말의 지배를 받는다는 뜻이다. 예수님은 파도에게도 말씀하셨고, 사탄에게도 말씀하셨다. 여호수아는 태양에게도 말했다(수 10:12). 이 세상의 모든 것이 말의 지배를 받는다.[149]

여기서 '이 세상의 모든 것이 말의 지배를 받는다.'라는 박필 교수의 주장은 우리가 앞에서 살펴보았던 힌두교 지도자 삭티 거웨인이 한 말과 표현만 다를 뿐 사실상 같은 내용이라는 것을 알 수 있습니다.

서로 분리되어 있는 것처럼 보이는 사물들도 실제로는 누구에게나 있는 본질적인 에너지의 다양한 형태일 뿐이다. 따라서 우리는 모두가 하나인 것이다. 모든 에너지들은 서로 연결되어 있으며 영향을 주고받는 것이다.

이 세상의 모든 것이 서로 연결되어 있기 때문에 '나무도 인간의 말의 지배를 받는다.'라는 이론이 성립되는 것입니다.

박필 교수의 글을 좀더 살펴보겠습니다.

---

149) 박필 지음, 『당신의 말이 기적을 만든다』, 국민일보, pp. 30~31.

둘째, 무화과나무가 열매 맺을 때가 아니었다는 것을 예수님은 아셨다는 것이다.

"잎사귀 외에 아무것도 없더라 이는 무화과의 때가 아님이라."

무화과가 아직 열매 맺지 못한 것은 때가 아니기 때문이었다……중략……열매 맺을 때가 아닌데 어떻게 열매를 맺을 수 있겠는가? 그건 불가능하다. 그런데 예수님께서 그것도 모르고 열매 없다고 저주를 하셨단 말인가? 그렇지 않다. 예수님은 그렇게 무지막지한 분이 아니다. 예수님은 나무에 열매가 없는 것을 알고 그 나무에 다가가셨다. 그래서 "때가 아닌지라 열매가 없다."고 하셨다.

예수님은 이 무화과 사건을 통해 제자들에게 말하고자 하는 것이 있었다. 예수님께서 무화과나무에게 하는 말을 "제자들이 듣더라."라고 기록하고 있다. 예수님은 무화과나무에 열매가 없다고 저주하시려고 이 사건을 시작한 것이 아니라 예수님은 제자들에게 무언가를 가르치시고자 이 사건을 시작하셨던 것이다. 저주하신 후에 예수님은 제자들과 예루살렘 성전에 올라가셨다. 오후에 다시 그 길로 내려오는데 아침에 본 그 무화과나무가 뿌리부터 말라 있는 것을 보고 베드로가 말했다.

"베드로가 생각이 나서 여짜오되 랍비여 보소서 저주하신 무화과나무가 말랐나이다."

그 때 예수님께서 "이 나무는 열매가 없어서 저주받았다. 그러니 너희도 열매 없으면 저주받는다."라고 말씀하신 것이 아니다(물론 성경적으로 열매가 없으면 책망을 받지만 이 사건의 핵심은 열매가 아니었다).

"예수께서 그들에게 대답하여 이르시되 하나님을 믿으라 내가 진실로 너희에게 이르노니 누구든지 이 산더러 들리어 바다에 던져지라

하며 그 말하는 것이 이루어질 줄 믿고 마음에 의심하지 아니하면 그대로 되리라 그러므로 내가 너희에게 말하노니 무엇이든지 기도하고 구하는 것은 받은 줄로 믿으라 그리하면 너희에게 그대로 되리라."

(중략)

예수님께서 제자들이 듣도록 나무에게 말씀하시고 난 후 예수님이 말하신 대로 말라 있는 무화과나무를 보고 놀란 제자들에게 "내가 말로써 무화과나무를 마르게 한 것을 보았느냐? 이것은 나뿐만 아니라 누구든지 할 수 있다."라고 말씀하신 것이다. 누구든지 자신이 가진 말의 권세를 믿고 말하고, 그 말대로 될 것을 믿으면 그대로 이루어진다는 것을 보여 주시기 위해 연출한 사건이었다. 여기서 예수님은 세 가지를 강조하며 말씀하고 계신 것이다.

1. 말은 모든 것을 지배하는 권세가 있다.
2. 그 말의 권세는 하나님만 가지고 있는 것이 아니라 '누구든지' 가지고 있다.
3. 그 말의 권세를 믿고 말하면 그 말대로 이루어진다.

사람들은 하나님의 말씀만이 무화과나무를 마르게 할 수 있다고 생각한다. 그러나 예수님은 '진실로'라는 강조법을 사용하시면서 말씀하셨다. "누구든지 이 산이 들리어 바다로 들어가라 말할 수 있고, 그 말이 그대로 될 줄을 믿으면 이루어질 것"이라고 말씀하고 계신다.[150]

성경의 왜곡된 해석

우리는 마가복음 11장의 '무화과나무 저주 사건'에 대한 박필 교수의

---

150) 박필 지음, 『당신의 말이 기적을 만든다』, 국민일보, pp. 33~36.

이러한 해석과 주장을 어떻게 받아들여야 할까요?

사실 마가복음 11장의 말씀은 기독교 역사상 예수님의 신성과 관련해서 항상 그 논쟁의 중심에 있던 구절이었습니다. 마태복음 24장의 마지막 날의 때는 예수님도 모르신다는 말씀과 더불어 무화과나무에 열매가 있는지도 모르셨던 예수님에 대해 기독교의 많은 적들이 예수님을 공격하게 한 빌미가 되었던 말씀이기도 합니다. 또한 이뿐 아니라 본문에 분명히 등장하는 "(무화과나무의 열매가 열릴) 때가 아니다."라는 구절 때문에 많은 사람에게 더 큰 궁금증을 자아내게 하는 말씀이기도 합니다.

이제 위에 인용한 박필 교수의 글에서 지금까지 이 책에서 주장하는 논지와 관련하여 문제가 되는 몇 가지를 짚어 보도록 하겠습니다.

첫째, 박 교수는 자신의 주장을 뒷받침하기 위해 노골적으로 성경의 다음과 같은 자명한 내용을 부정하고 있습니다.

> 이튿날 그들이 베다니에서 나왔을 때에 예수께서 시장하신지라 멀리서 잎사귀 있는 한 무화과나무를 보시고 혹 그 나무에 무엇이 있을까 하여 가셨더니 가서 보신즉 잎사귀`외에 아무것도 없더라.

성경 본문은 분명 예수님이 배가 고프셔서 때가 아닌데도 불구하고[151] 열매가 열렸음을 표시하는 풍성한 잎사귀를 자랑하는 무화과나무를 보고 기대에 차서 그 나무를 향해 가셨다고 말씀하고 있습니다. 그런데 박필 교수는 위의 글에서 다음과 같이 말하고 있습니다.

---

151) 성경 학자들은 무화과가 일반적으로 열리는 6월을 기준으로 볼 때 이 사건이 일어난 시점이 무화과가 열리기에는 약 한 달 정도가 이른 시기라고 보고 있다.

예수님은 나무에 열매가 없는 것을 알고 그 나무에 다가가셨다. 그래서 "때가 아닌지라 열매가 없다."고 하셨다. 예수님은 이 무화과 사건을 통해 제자들에게 말하고자 하는 것이 있었다. 예수님께서 무화과나무에게 하는 말을 "제자들이 듣더라."라고 기록하고 있다.

여기서 "때가 아닌지라."와 "제자들이 듣더라."부분의 연결이 아무런 맥락도 없이 이루어지고 있습니다. 그러나 이것은 무시하더라도 박 교수가 말하듯이 예수님이 그 나무에 열매가 없는 것을 알고 계시면서 마치 열매를 찾는 듯이 그 나무를 향해 가셨다면 예수님이 제자들 앞에서 무슨 쇼를 하셨다는 말인가요? 배도 안 고프신데 배가 고픈 척하시면서 아주 고도의 연기를 하신 것인가요? 그리고 이렇게 연기하신 것은 제자들에게 '말의 위력'이라는 깊은 가르침을 주시기 위해서란 말인가요?

우리가 위의 본문을 통해 분명히 알 수 있는 것은 예수님이 무화과나무의 열매 여부에 대해 모르셨다는 사실입니다. 예수님도 인간의 몸을 입으시고 계셨기에 분명 모르시는 것이 있었다는 사실입니다. 성경은 예수님도 처음부터 완전한 상태에서 시작하신 것이 아니라 시간에 따라 지혜가 더 자라났다고(눅 2:52) 말씀합니다.

겉으로 분명히 드러난 메시지 외에 위의 본문에서 우리가 찾을 수 있는 숨겨진 메시지의 힌트는 분명히 "때가 아니다."라는 구절을 저자가 삽입했다는 사실에서 찾을 수 있습니다. 왜 마가는 그 구절을 넣었을까요? 그것은 분명 배가 고프셨던 예수님은 아직 열매를 맺기는 이른 시기인데도 불구하고 풍성한 잎사귀를 자랑하며 열매를 암시하는 그 나무의 열매에 대한 기대가 매우 크셨음을 강조하기 위함일 것입니다. 그렇기에 예수님의 분노도 더 크셨을 것입니다. 우리에게 이 본문이 전하는 메시지는 무엇일까요? 짧은 시간에도 불구하고 양적으로 급속한 성장을 통해 잎사귀가 풍성한 무화과나무와 같이 겉으로는 번지르르하나 그 속은 아무것도 없이 텅 빈 당시의 바리새인과 같은 오늘날의 우리 교회들에게 주시는 하나님의 경고로 받아들이는 것이 더 타당한 적용이 아닐까요?

둘째, 박필 교수는 예수님의 능력을 모든 사람에게 잘못되게 적용하고 있습니다.

박 교수는 "예수께서 그들에게 대답하여 이르시되 하나님을 믿으라 내가 진실로 너희에게 이르노니 누구든지 이 산더러 들리어 바다에 던져지라 하며"라는 성경 구절을 인용하면서 이렇게 말합니다.

예수님께서 제자들이 듣도록 나무에게 말씀하시고 난 후 예수님이 말하신 대로 말라 있는 무화과나무를 보고 놀란 제자들에게 "내가 말로써 무화과나무를 마르게 한 것을 보았느냐. 이것은 나뿐만 아니라 누구든지 할 수 있다."라고 말씀하신 것이다.

박 교수는 여기서 또 한 번 동일한 성경 해석의 오류를 범하고 있습니다. 베드로의 부족한 믿음을 향한 예수님의 책망을 "너희도 다 나처럼 말로써 무화과나무를 마르게 할 수 있다."라는 예수님의 격려의 말씀으로 둔갑시키고 있습니다. 그리고 예수님에게만 가능한 능력을 모든 사람에게 확대 적용하는 잘못을 범하고 있습니다. 말로써 무화과나무를 마르게 한 이런 능력이 예수님께만 있는 것이 아니라 '말을 할 수 있는' 모든 인간에게 가능하다고 말하고 있습니다. 이것이 정말일까요? 그렇다면 저는 이렇게 반문하고 싶습니다. "교수님은 말로써 남산에 있는 소나무를 죽일 수 있습니까? 정말 말로써 남산을 옮겨 동해 바다에 빠뜨릴 수 있습니까?"[152] 박필 교수가 자신의 주장을 액면 그대로 믿는다면 그렇게 할 수 있어야 할 것입니다. 그러나 저는 분명히 단언할 수 있습니다. 그분은 절대로 그렇게 할 수 없습니다. 박필 교수와 같은 믿음을 가지신 사람 백 만 명이 남산 밑에 와서 백 일 동안 "남산아, 동해로 옮겨져라."고 믿음으로 외치더라도 남산은 절대로 동해로 옮겨지지 않을 것입니다. 어떻게 그렇게 장담할 수 있냐고요? 왜냐하면 그것은 하나님의 뜻이 아니기 때문입니다. 우리가 바라는 것이 이루어질지 아닐지의 여부는 '말'에 달려 있는 것이 아니라 우리의 뜻이 하나님의 뜻과 일치하는가에 달려 있다고 성경이 분명하게 말씀하고 있기 때문입니다(요 15:7). 재미있는 점은 박필 교수도 책의 끝 부분에 가서 모든 것이 다 말로 되는 것이 아니라 하나님의 뜻과 맞아야 한다고 말하고 있기는 합니다. 그런데 이 말은 '말한 대로 이루어진다.'고 그가 책 전체를 통해 말하고자 하는 메시지의 비중에 비해 너무 초라하게 슬쩍 언급되고 있을 뿐만 아니라 오히려 자신의 논지와는 정반대 되는 모순된 주장이 됩니다.

셋째, 말의 권세에 대한 이론을 가지고 '기적을 만드는 기도의 법칙'을 말하는 박필 교수의 주장은 비성경적입니다.

세계적으로 이름이 난 한국의 어떤 유명 목사는 그의 책에서 기독교인도 아닌 타 종교 사람들도 영적 기적의 법칙을 알고 그 법칙을 활용해서 기적을 일으키면서 살고 있는데 그 법칙들을 몰라 기적이 무엇인

---

152) 여기서 예수님이 말씀하시는 '산을 바다에 던진다.'라는 표현은 당시의 랍비들이 '큰 믿음'을 표현할 때 상징적으로 쓰던 말이다. 우리는 성경 말씀에 대해 당시의 언어적, 문화적 상황을 고려하여 문자적 해석을 할지 아니면 상징적 해석을 할지를 판단할 수 있다.

지도 모르고 살고 있는 기독교인에 대해 한탄을 한 적이 있습니다. 다음의 박필 교수의 글도 이러한 한탄과 맥을 같이 하고 있습니다.

> 비신앙인 중에서도 말의 위력을 믿는 사람들이 있다. 이것은 자신을 믿는 것이요, 사상을 믿는 것이요, 경험을 믿는 것이다. 즉 신념이다. 하나님을 안 믿는 사람도 말의 권세를 아는 사람이 있다. 그래서 말의 권세가 나타나기도 한다. 말 속에는 이미 하나님이 넣어 두신 권세가 있으니 말의 권세가 나타나는 것이다.[153]

이러한 말의 권세에 대한 확신은 자연스럽게 '기적을 만드는 기도의 법칙'으로 연결됩니다.

> 예수님은 이렇게 기도하라며 주기도문을 가르쳐 주셨다. 주기도문은 기도의 모델이다
> (중략)
> 하나님의 영광을 구하는 기도 3번
> 하나님의 의를 구하는 기도 1번
> 신앙을 고백하는 기도 2번
> 용서를 구하는 기도 1번
> 삶의 필요를 구하는 기도 1번
> (중략)
> 나는 대전에서 두 번 교회를 건축했는데, 호주에서 귀국하여 처음 개

---

153) 박필 지음, 『당신의 말이 기적을 만든다』, 국민일보, p. 41.

척하여 13개월 만에 건축한 후 다시 1년 후 대지를 구입하여 교회를 건축했다. 이 두 번째 교회를 건축할 때(1999년도) 5단계 기도를 드렸다.

1단계: 하나님! 건축을 이루어 주시옵소서.

2단계: 이루어 주실 줄 믿습니다.

3단계: 이루어 주시니 감사합니다.

4단계: 땅 끝까지 하나님의 사랑과 생명을 전하겠습니다.

5단계: 하나님, 영광을 받으시옵소서.[154]

기도에 있어서도 어떤 법칙이 존재하며 그 법칙에 따라 기도하면 하나님이 반드시 들어 주신다고 말하는 박필 교수는 결국 '벙어리가 된 사가랴'에 대해 우리가 앞에서 살펴본 조엘 오스틴과 100% 동일한 결론에 도달하게 됩니다.

성경 누가복음 1장을 보면 하나님이 천사 가브리엘을 통해 세례 요한을 잉태할 것을 예고하신다……중략……왜 하나님은 사가랴를 벙어리로 만들었을까? 사가랴가 더 이상 불신의 말을 내어 놓으면 세례 요한을 낳을 수 없기 때문이다.[155]

과연 박필 교수나 조엘 오스틴의 말처럼 하나님이 사가랴가 말을 한 번 잘못하면 말라기에서 예언하신 세례 요한도 보내실 수 없는 그런 존재이십니까? 그렇지 않습니다. 하나님은 인간이 무슨 말을 하더라도 관계 없이 당신의 뜻을 이루어 가시는 창조주 하나님이십니다.

---

154) 앞의 책, pp. 67~68.
155) 앞의 책, p. 90.

말의 권세에 대한 이러한 박 필 교수와 조엘 오스틴의 주장은 구약의 모세의 경우에는 전혀 어울리지 않는 비성경적인 주장임을 우리는 금방 알 수 있습니다. 모세는 여호와 하나님의 부르심에 부정적인 말로 거부했던 사람입니다. 그것도 한 번이 아니라 수시로 '말의 위력(?)'을 통해 하나님의 계획을 망칠 뻔한 사람이었습니다.

> 모세가 여호와께 아뢰되 오 주여 나는 본래 말을 잘 하지 못하는 자 니이다 주께서 주의 종에게 명령하신 후에도 역시 그러하니 나는 입이 뻣뻣하고 혀가 둔한 자니이다(출 4:10).
>
> 모세가 여호와 앞에 아뢰어 이르되 이스라엘 자손도 내 말을 듣지 아 니하였거든 바로가 어찌 들으리이까 나는 입이 둔한 자니이다(출 6:12).
>
> 모세가 여호와 앞에서 아뢰되 나는 입이 둔한 자이오니 바로가 어 찌 나의 말을 들으리이까(출 6:30).

이런 모세의 부정적인 말 때문에 이스라엘을 이집트로부터 이끌어 내시려던 하나님의 계획이 좌절되었습니까? 우리는 그 답을 알고 있습니다. 왜냐하면 하나님은 인간의 혀에 놀아나는 그런 신이 아니시기 때문입니다.

왜 하나님은 인간에게 말을 주셨는가

성경의 가르침과 관계 없는 세상의 유치한 심리학적 기법을 가지고 성경을 끼워 맞추려고 하면 성경의 가르침을 필연적으로 왜곡하게 됩니다. 또 심리학의 주장을 성경에 맞추려고 하는 사람들의 책들에는 대부분 항상 등장하는 몇몇 성경 구절이 정해져 있습니다. 어느 책이든지 사실상 같은 이야기들을 몇 가지 사례만 바꾸어 이야기할 뿐입니다. 심리학적 주장에 맞게 사용할 수 있는 성경 이야기는 매우 제한되어 있기 때문에 같은 구절이 반복적으로 등장할 수밖에 없습니다.

하나님은 우리 인간에게 말을 주셨습니다. 당신의 형상을 따라 우리를 창조하시고 우리에게 말 또는 말하는 특권을 허락하셨습니다. 왜입니까? 이것은 무엇보다 우리를 하나님과 교제하는 인격체로 만드셨기 때문입니다. 우리의 말은 하나님과 교제하고 하나님을 예배하기 위해 있는 것이지 하나님을 조정하고 하나님을 망령되이 하라고 주어진 것이 아닙니다. 즉 우리가 하나님을 조정하고, 하나님께 명령하듯이 하는 말을 기도와 믿음이라는 단어로 아무리 포장해서 사용한다고 해서 '말한 대로 된다고 하는 말의 법'이 결코 성경적으로 정당화 될 수 없고, 기독교적인 것으로 인정될 수도 없습니다.

성공의 법칙 2: 상상하는 대로 된다

브라이언 트레이시가 주장하는 상상의 능력

말을 통한 영적 세계의 지배와 더불어 또 하나의 심리학이 주는 속임수는 상상을 통한 영적 세계의 지배입니다. 이 상상을 통한 현실과 미래의 정복은 우리가 일상생활 속에서 쉽게 접할 수 있는 가르침입니다. 미국의 대표적인 동기부여 연설가이자 저술가인 브라이언 트레이시 (Brian Tracy)[156]는 그의 대표적인 책인 『성취심리』(Maximum Achievement)를 오디오 북으로 만든 12개짜리 CD 강의에서 다음과 같은 자신의 사례

---

156) 우리 나라에도 『백만 불짜리 습관』을 비롯해 수십 권에 달하는 그의 책이 번역되어 있다.

를 들고 있습니다.

나는 항상 상상을 통해 자신이 어디를 가든지 내가 원하는 자리에 주차를 할 수 있습니다. 그러기 위해 나는 내가 주차하기를 원하는 자리를 미리 마음에 확실히 정해야 합니다. 그리고 나서 나는 내가 주차하기를 원하는 그 자리가 비어 있는 것을 끊임없이 머릿속에 그립니다. 그리고 그리고 또 그립니다. 그런 상상의 과정을 내가 그 주차할 목적지로 운전해서 가는 동안 내내 반복하는 것입니다. 반복은 확신을 낳습니다. 때로는 내가 그 자리에 도착하는 그 순간 바로 직전에 그 자리에서 그 때까지 주차되어 있던 차가 빠지는 장면을 상상합니다. 그러면 반드시 그렇게 됩니다. 필요하면 내가 주차하도록 빠지는 그 차의 종류와 색깔까지도 구체적으로 상상할 수 있습니다. 한번의 예외도 없이 나는 내가 원하는 곳에 주차를 합니다.

제가 몇 년 전 운전 중에 CD를 통해 이 얘기를 들었는데 듣는 순간 너무 황당무계해서 나도 모르게 벌어진 입이 잘 다물어지지도 않았습니다. 브라이언 트레이시의 말은 우리가 앞에서 살펴본 자연주의 종교의 가르침과 전혀 다르지 않습니다. 브라이언 트레이시는 우리 속에 작게는 우리 주변의 환경, 크게는 우주를 조정할 수 있는 힘이 있다고 결론을 내립니다. 내 자신이 의지적으로 그런 조정을 할 수 있는 주체라는 것이 아니라 그런 힘을 가진 어떤 주체, 원인과 연결됨으로 그런 힘을 발휘할 수 있게 된다는 것입니다. 끊임없이 반복하는 연상을 통해 내 속에 심어지는 확신이야말로 내가 그런 힘에 연결되도록 하는 중요한 키가 된다는 것입니다. 지금까지 앞에서 살펴본 내용들과 몇 개의 용어만 바뀌었을 뿐 같은 얘기라는 것을 쉽게 알 수 있습니다.

브라이언 트레이시가 현실을 만들어 내는 상상법과 관련해서 내린
원칙은 다음과 같습니다.

첫째, 내가 원하는 것이 무엇인지 확실히 규명할 것. 내가 원하는
것이 뭔지 모르면서 뭔가를 얻어 낼 수는 없다.

둘째, 내가 원하는 바로 그것을 최대한 구체적으로 상상할 것. 최대
한 세부적이고 자세하게 상상할 것. 내가 원하는 바와 관련하여 구체
적 시간과 장소, 그 주변 환경까지 세세하게 그릴 것.

셋째, 내가 원하는 바가 이미 실현되었다고 믿을 것. 그리고 그 이
루어진 상태에 대해 구체적으로 상상할 것. 여기서 중요한 것은 목표
가 달성되었을 때의 환희에 찬 감정까지도 느끼면서 상상할 것.

위의 세 가지 조건을 충족하는 상상이 가능한 순간 나는 무한한 에너
지의 원천과 결합되고 그 에너지는 내가 원하는 것을 이뤄 주는 원천이
된다는 것이 그의 결론입니다. 물론 브라이언 트레이시에게 있어서 그
에너지 원천이 하나님, 부처님, 알라, 아니면 또 무엇이라 불리든지 그
것은 전혀 중요한 문제가 아닙니다. 왜냐하면 그 에너지 원천은 자신을
인간이 뭐라고 부르든 그 호칭 때문에 화를 내는 그런 쩨쩨한 존재가
아니기 때문입니다. 쩨쩨한 것도 인격이 있기 때문에 가능한 것인데 인
격이 없는 이 에너지 원천에 무슨 쩨쩨함이 있겠습니까? '쩨쩨한 소나
무'가 존재하지 않듯이 말입니다.

상상을 통한 영적 지배의 방법은 오늘날 말을 통한 방법보다 더 각광을 받고 있습니다. 아마도 상상을 통한 방법이 요가 등의 동양 신비주의와 좀더 쉽게 접목이 가능하기 때문일 것입니다. 이 상상을 통한 현실 세계의 지배는 오늘날 미국을 중심으로 한 세일즈계에 아주 깊숙이 침투한 가르침입니다. 세일즈계에서 명상이라는 이름으로 이 상상을 아주 중요시 여깁니다. 앞에서 언급한 브라이언 트레이시는 지그 지글러(Zig Ziggler)와 더불어 세일즈계의 대부 중 한 명이기도 합니다. 말을 통한 구체적 상상 기법을 일반화시킨 또 한 명의 세일즈계 대부는 오그 만디노(Og Mandino)[157]입니다. 그가 제시하는 방법을 잠시 살펴보도록 하겠습니다. 제가 아무것도 모르던 시절, 저는 오그 만디노의 방법을 직접 오랜 기간 실천하기도 했었습니다.

오그 만디노의 가장 유명한 책은 『세계 제일의 위대한 상인』(The Greatest Salesman in the World)입니다. 이 책에는 책 속의 주인공을 이 세계에서 가장 위대한 세일즈맨이 되도록 만든 10가지의 비밀 두루마리에 대한 얘기가 나옵니다. 오그 만디노는 『세계 제일의 위대한 상인』을 출판한 이후 그 책의 후속편인 『위대한 상인의 비밀』(The greatest secret of the world)을 통해 그 10가지의 비밀 두루마리의 구체적인 내용이 무엇인지 소개하고 있습니다.

그런데 이 10가지의 비밀 두루마리의 구체적인 내용을 담은 이 책은 그냥 단순한 책이 아닙니다. 독자가 그냥 한번 읽고 놓도록 한 그런 책이 전혀 아닙니다. 이 책은 독자가 그 10가지의 내용을 정해진 시간에

---

157) 『위대한 상인의 비밀』을 비롯해 그의 많은 책이 한국에 번역되어 있다. 미국에서는 아직도 오래 전 사망한 그의 책이 한 달에 10만권 이상씩 팔린다고 한다.

하루에 세 번씩 소리를 내서 읽고 그 내용이 내 삶 속에서 이루어진 것으로 구체적으로 상상하도록 하는 책입니다. 그 세 번씩 하는 반복을 21일간 지속해야 비로소 다음 내용으로 넘어가도록 하는 책입니다. 21일을 10번, 즉 210일간 하루에 세 번씩 읽어야 비로소 그 책을 다 읽을 수 있도록 한 책입니다. 그래서 그 두루마리의 내용이 내 삶에서 이루어진 것을 확인하도록 하는 책입니다.

여기 그 첫 번째 두루마리의 내용 중 일부를 소개하겠습니다.

> 오늘 나는 새로운 삶을 시작한다.
>
> 그 동안 너무도 오랜 시간 동안 나를 둘러싼 실패와 평범함의 상처로 뒤범벅이 된 내 과거의 껍질을 나는 오늘 벗어 버린다.
>
> 나는 오늘 새로 태어나고 내가 새로 태어나는 이 장소는 성공의 열매로 가득 찬 곳이다.
>
> 오늘 내가 종사하고 있는 분야에서 나보다 앞서 들어와 지금의 나보다 훨씬 더 성공한 후 나보다 앞서 떠난 사람들이 남겨 놓은 지혜의 포도들을 지금 나는 따고 있다.
>
> 오늘 내가 그 지혜의 포도 속에 있는 성공의 씨앗을 내 몸 속으로 삼키는 순간 새로운 성공의 삶이 내 속에서 싹 트는 것을 느낀다
>
> (중략)
>
> 오늘로 내 과거의 모습은 이제 먼지가 되었다. 내가 오늘 자신 있게 걸을 때 사람들은 결코 나를 알아보지 못할 것이다. 왜냐하면 나는 새로운 삶을 가지고 새롭게 시작하는 새 사람이기 때문이다.[158]

---

158) Og Mandine, *The greatest secret in the world*, Bantam books, 1978.

이 내용은 실제 두루마리의 약 10분의 1정도입니다. 한 번 소리 내서 읽는 데 약 6~7분이 걸리는 이 두루마리를 하루에 세 번씩 반드시 소리 내서 읽고 하루의 반성을 적는 것은 꽤 시간이 들어가는 투자입니다. 오그 만디노가 왜 소리를 내서 읽도록 했는지 궁금하지 않습니까? 그것은 내 소리가 내 귀에 들리게 함으로 활용 가능한 최대한의 오감을 동원하기 위해서입니다. 그리고 더 효과를 내기 위해서는 그냥 앉아서 소리 내서 읽는 것보다 서서 거울을 보며 내가 나를 향해 모션을 취하면서 읽는다면 더 효과가 나기 마련입니다. 그리고 난 후 눈을 감고 상상 속에서 지금 막 내가 소리 내서 읽고 나의 오감을 동원해 체험한 이 내용들을 상상 속에서 재현합니다. 내가 성공의 열매를 입 안에서 삼키는 모습을 상상합니다. 성공의 열매가 내 속에서 나를 바꾸는 것을 상상합니다. 이제는 내가 길을 걸어도 사람들이 나를 알아보지 못할 정도로 놀랍게 바뀌어 있는 나를 상상하는 것입니다. 내가 소리 내어 읽은 내용의 단어 하나하나가 내게 실제로 이루어진 것이라고 다시 한 번 깊이 느끼는 것입니다.

나관호 목사의 『나는 이길 수밖에 없다』는 책에서 제시하는 상상기법의 문제점

이러한 상상기법은 오늘날 우리 기독교 안에 깊숙이 들어와 있습니다. 수없이 많은 사례를 들 수 있지만 앞에서 말과 관련해서 박필 교수의 글을 중심으로 살펴보았듯이 상상과 관련해서도 한 권의 책을 중심으로 살펴보겠습니다. 기독교 커뮤니케이션 분야를 중심으로 각종 다양한 사회 문화 분야에서 활발한 활동을 보이고 있는 나관호 목사의 책 『나는 이길 수밖에 없다』입니다. 이 책을 택한 것은 상상기법을 주장하

는 수많은 기독교 서적에 있는 한 예로서 선택한 것일 뿐, 이 책의 저자인 나관호 목사만이 이러한 주장을 하는 것은 아님을 기억해 주기 바랍니다. 또한 지금까지 제가 사례로 제시한 분들 또한 그분들이 가진 신앙 전체와 인격을 비판하는 것은 아닙니다. 단지 그분들이 쓴 책이나 글에 나타난 사상이 과연 성경적인 것인지에 대해 건설적으로 비평하는 것입니다.

이 책을 읽어 보면 앞서 살펴보았던 박필 목사에게 마가복음 11장이 중요한 의미를 가지듯이 나관호 목사에게는 다윗과 골리앗의 이야기가 매우 중요함을 알 수 있습니다.

나 목사는 그의 책 2부, 위대한 인생을 만드는 5가지 생각의 법칙 중 4번째 법칙을 "현실은 우리가 믿고 생각한 것의 결과다."라고 따로 제목을 붙일 정도로 상상의 중요성을 강조하고 있습니다. 저자가 이름 붙인 "믿음 상상력"의 모델로 선정된 다윗과 관련한 글 몇 군데를 보도록 하겠습니다. [159)]

긍정의 패러다임을 선택하라

다윗은 사울이 준 칼과 갑옷을 벗어 버렸다. 당시의 전쟁에서 칼과 창을 들고 갑옷을 입어야 하는 것은 당연한 일이었다. 그러나 다윗은 그것을 버렸다. 다윗의 선택은 패러다임의 전환이었다. 일반적인 무기인 칼과 창보다 자기에게 익숙하고 잘 맞는 물매를 선택했다. 다윗의 선택은 결국 골리앗을 넘어뜨리는 성공으로 나타났다. 만약 다윗

---

159) 바로 전에 살펴본 말과 관련해서도 나 목사는 박필 목사와 마치 복사기로 찍은 듯이 동일한 주장을 하고 있다. 어쩜 그렇게 같을 수가 있는지, 마치 두 사람이 함께 앉아 서로 의논을 하면서 공동 집필을 했다는 생각이 들 정도다.

이 갑옷을 입고 칼과 창을 선택했다면 골리앗에게 패했을 것이다. 칼과 갑옷은 고정관념이었고 물매는 패러다임 전환이 낳은 신무기였다.

영화 "포레스트 검프"에 이런 대사가 나온다. "인생은 초콜릿 상자에 있는 초콜릿과 같다. 어떤 초콜릿을 선택하느냐에 따라 맛이 틀려지듯이 우리의 인생도 어떻게 선택하느냐에 따라 결과도 달라질 수 있다." 선택된 생각은 그 자리에 멈추는 것이 아니라 결과를 낳게 하는 힘으로 작용한다.[160]

우리는 여기서도 심각한 성경 해석의 오류를 볼 수 있습니다. 성경은 그 어느 곳에서도 나관호 목사가 말하듯이 다윗의 승리가 이 초콜릿과 저 초콜릿 사이에서 한 초콜릿을 고른 다윗의 선택된 생각의 결과였다고 말하지 않습니다. 다윗은 처음부터 이 싸움의 주인은 하나님이심을 알고 있었습니다. 그는 그 긴박한 상황에서도 모든 결과는 하나님께 달려 있음을 고백합니다.

> 또 여호와의 구원하심이 칼과 창에 있지 아니함을 이 무리에게 알게 하리라 전쟁은 여호와께 속한 것인즉 그가 너희를 우리 손에 넘기시리라(삼상 17:47).

그렇습니다. 여호와의 구원하심은 일반적인 인간의 상식에 있지 않습니다. 그것은 오로지 하나님의 뜻에 달려 있습니다. 그렇다면 다윗은 어떻게 자신이 이긴다는 것을 확신했을까요? 다윗은 어린 시절부터 전

---

160) 나관호 지음, 『나는 이길 수밖에 없다』, 두란노, pp. 67~68.

사로 자라난 골리앗과는 다른, 목동에 불과했습니다. 그런데 어떻게 자신이 이길 것이라고 확신했을까요? 그것은 저 골리앗을 향해 나아가 싸우는 것이 자신의 의지나 선택이 아닌 하나님의 뜻임을 알았기 때문입니다. 하나님의 강권하심을 알았기 때문입니다.

> 이 할례 받지 않은 블레셋 사람이 누구이기에 살아 계시는 하나님
> 의 군대를 모욕하겠느냐(삼상 17:26).

다윗은 하나님의 이름이 모욕받는 것을 견딜 수가 없었습니다. 자기 아버지의 이름이 모욕을 당하는데 옆에서 웃고 있을 자식이 어디 있겠습니까? 다윗의 마음에 생긴 하나님의 이름이 모독받는 것에 대한 거룩한 분노는 성령 하나님께서 그에게 부어 주신 것입니다. 하나님의 이름을 지키고자 하는 하나님에 대한 다윗의 사랑은 골리앗과의 전투가 그의 선택이 아닌 하나님의 뜻임을 알게 하는 가장 중요한 이유가 됩니다. 어쩌면 다윗은 골리앗이 두렵지는 않았지만 자신이 죽을 수도 있다고 생각했을지 모릅니다. 아니, 골리앗을 보는 순간 다윗에게 공포가 밀려왔을 수도 있습니다. 그러나 다윗에게 정작 중요한 문제는 이기고 지는 문제가 아니었습니다. 다윗에게 있어서 가장 중요한 문제는 하나님의 이름의 가치를 지키는 것이었습니다. 그리고 자신에게 그 마음을 주신 하나님이 자신과 함께 하실 것을 알고 있었습니다. 그러기에 그는 "하나님의 마음에 합한 자"라는 칭찬을 들을 수 있었습니다. 그는 하나님을 사랑했기 때문입니다.

또한 나관호 목사는 이 책에서 이렇게 말합니다.

개처럼 죽을 것을 생각한 골리앗

자아상이 긍정적인 사람은 어떤 환경 속에서도 살아날 수 있고 부정적인 사람은 그 모습대로 추락한다. 토크쇼의 여왕으로 불리는 오프라 윈프리는 "인생의 가능성을 믿기 때문에 지금 여기 있다."고 말했다. 그녀는 열다섯 살 때 사촌 오빠에게 강간을 당해 미혼모가 되기도 했고 가난으로 인해 좌절의 길에 있었다. 그녀의 자화상은 흑인, 가난뱅이, 미혼모 등 실패 그 자체였다. 그러나 그녀에게 유일한 희망은 아버지가 사다 주는 책이었다. 그녀는 어린 시절부터 수많은 책을 읽었고 책 속에서 자신의 가능성을 발견했다. 성공자의 자화상으로 바뀐 것이다. 지금의 윈프리는 어린 시절 독서가 만든 인물이다.

골리앗의 패배는 자화상의 추락에 기인한다. 골리앗의 자존심이 상한 이유는 다윗이 막대기를 들고 나왔기 때문이다. 골리앗은 다윗이 갑옷으로 무장하고 날카로운 칼을 가지고 나와도 상대가 될까 말까 한데, 겨우 짐승을 쫓을 때나 쓰는 막대기를 들고 나온 것을 보고 기가 막혀 이렇게 말했다. "네가 나를 개로 여기고 막대기를 가지고 내게 나아왔느냐"(삼상 17:43).

골리앗은 흥분하기 시작했다. 그는 자기 생각처럼 막대기로 다스림받는 성난 개가 되어 있었다. 이렇게 골리앗의 패배는 생각에서부터 시작되었다. 골리앗은 다윗의 전략에 말려들었고 흥분한 감정의 불은 더욱 타올랐다. 사람이 흥분하면 판단력이 흐려지고 서두르게 된다. 골리앗은 다윗이 들고 있던 막대기를 보고 자신을 성난 개 수준으로 낮추어 생각했다. 그 순간 골리앗은 평소의 거인 장수가 아니라 성난 개가 되었다. 자기를 비하한 골리앗의 패배는 어쩌면 당연한 것이었다. 왜 하필 개란 말인가? 반면 다윗은 항상 믿음을 기초로 자화상을

관리했다.[161]

이 글을 읽어 보면 골리앗의 자아상에 문제가 있었다는 아주 새로운 주장이 등장합니다. 다윗을 맞이하는 골리앗의 다음 말을 들어 보면 골리앗의 말 중 어디에 골리앗이 가진 열등감의 힌트가 있는지 도무지 알 수가 없습니다. 나는 오히려 골리앗에게서 방심에 가까운 지나친 자신감만을 느낄 뿐입니다.

> 그 블레셋 사람이 둘러보다가 다윗을 보고 업신여기니 이는 그가
> 젊고 붉고 용모가 아름다움이라 블레셋 사람이 다윗에게 이르되 네가
> 나를 개로 여기고 막대기를 가지고 내게 나아왔느냐 하고 그의 신들
> 의 이름으로 다윗을 저주하고 그 블레셋 사람이 또 다윗에게 이르되
> 내게로 오라 내가 네 살을 공중의 새들과 들짐승들에게 주리라 하는
> 지라(삼상 17:42~44).

그러므로 골리앗의 패배가 생각의 변화로 인한 자존감의 추락 때문이라는 나 목사의 주장은 너무 지나친 성경 해석입니다. 만약 다윗이 개 막대기 대신 개구리를 잡는 더 작은 막대기를 들고 나갔으면 골리앗은 더 심각한 자존감의 추락을 맛보았을까요? 자신이 개도 아닌 개구리라고 느끼고 바로 그 자리에 주저앉지는 않았을까요? 우리가 성경을 통해 분명히 알 수 있는 사실은 인간의 생각의 변화가 보장된 결과를 가져다 주지 않는다는 것입니다. 생각과 태도에 따라 결과가 결정난다면 왜 이스라엘은 그 큰 여리고를 무너뜨린 후에 당연히 이길 것이라고

---

161) 나관호 지음, 『나는 이길 수밖에 없다』, 두란노, pp. 151~152.

'생각' 하고 나가 싸운 아이 성의 전투에서는 대패했습니까? 아니, 당연히 이긴다는 패러다임으로 나간 전투에서는 지고 당연히 질 것이라는 패러다임으로 나간 전투에서는 이기는 결과가 이스라엘의 역사에 왜 그렇게 자주 반복되는 것일까요? 그 답은 하나님의 주권에 있습니다. 인간의 생각과 말과 관계 없이 피조물 너머에 홀로 완전히 존재하시는 하나님의 주권에 그 답이 있습니다.

오늘날 교회 안에서도 널리 사용되고 있는 상상을 통한 시각화의 기법
생각한 대로 된다고 하는 심리학의 상상기법은 어느 특정한 몇 사람만이 주장하는 것이 아니라 사실 오늘날 교회 안에서 너무 널리 유통되고 있습니다. '상상으로 그림을 그리라! 그러면 그린 대로 된다.', '꿈을 꾸라! 그러면 꿈대로 된다.', '분명한 목표를 설정하라. 그러면 목표한 대로 이루어진다.' 라는 식의 내용이 오늘 우리 교회 안에서 버젓이 성경적인 것처럼 설교되고 있습니다. 심리학의 상상기법을 마치 성경에서 말하는 '믿음' 인 것처럼 오해하면서 상상기법을 사용하라고 가르치는 설교가 비일비재합니다. 한 실례로서 얼마 전 여호수아 18장 1~10절을 바탕으로 국민일보에 "축복 그림을 그려라."라는 제목으로 실린 설교의 일부분을 소개합니다. 아마도 독자들은 이런 비슷한 설교를 수없이 많이 들었을 것입니다.

미국에서 최고의 영향력 있는 여성 중 1위로 꼽히며 토크쇼의 여왕으로 불리는 오프라 윈프리라는 사람이 있습니다……중략……(그녀는) 실패하고 깨어진 슬픈 인생이었습니다. 그런 그녀가 오늘 최고의 성공자가 된 것은 성경을 통해 꿈을 갖게 됐고 긍정적인 사람으로 성

공의 그림을 그리기 시작했기 때문입니다. 축복의 그림을 그리면 됩니다. 행복하기를 원하는 사람은 행복의 그림을 그리고, 성공하기를 원하는 사람은 성공의 그림을 그리고, 축복받기를 원하는 사람은 축복의 그림을 그리면 됩니다……중략……성도 여러분! 이 세상에서 승리하고 성공하며 자신 있게 살고 있는 사람들은, 멋지게 인생을 살고 있는 사람들은 마음 속에 믿음과 신념을 가지고 살고 사업 계획을 그리고 꿈꾸며 이루었습니다……중략…….성도 여러분, 행복을 결단 하십시오. 축복의 그림을 마음 속에 그리십시오. 하나님은 약속대로 주실 것을 믿습니다. 하루하루 주님이 함께 하는 신앙의 삶을 사시기를 기원합니다.[162]

여기서 이 설교를 한 목사는 '성공의 그림을 그리면 성공한다.'는 이러한 공식의 사례를 오프라 윈프리에게서 찾고 있습니다. 그리고 오프라 윈프리가 이러한 성공의 공식을 발견한 것은 '성경을 통해' 서였다고 주장하면서 마치 오프라 윈프리가 성경을 통해 위대한 성공자가 된 크리스천인 것처럼 말하고 있습니다. 그러나 '축복받기를 원하는 사람은 축복의 그림을 그리면 됩니다.'라는 공식은 성경 어디에도 없습니다. 이것은 심리학의 상상기법의 공식일 뿐입니다.

또한 여담으로 여기서 이 설교의 예화로 사용되고 있는 오프라 윈프리에 대해 한 가지 꼭 짚고 넘어 갈 점이 있습니다. 제가 언급한 나관호 목사의 예에서나 이 국민일보에 실린 설교의 예에서와 같이 요즘 많은 신앙 서적에서 마치 위대한 크리스천인 것처럼 소개되는 오프라 윈프리는 크리스천이 아닙니다. 오프라 윈프리는 자신의 쇼와 잡지를 통해

---

162) 국민일보 2007년 3월 6일자 31면.

뉴 에이지 사상의 주요 사상가들을 미국인의 일상 삶 속에 '영성'이라는 이름으로 자연스럽게 파고들도록 만들고 있는 인물입니다. 미국인들이 기독교와 뉴 에이지가 무엇이 다른지 전혀 구별하지 못하도록 혼동시키는 데 가장 중요한 역할을 하고 있는 사람으로서 우리 기독교인으로서는 사실 가장 경계해야 할 인물입니다. 그런데 오프라는 미국에서 성공한 사람의 대명사처럼 떠오르고 있고, 방송에서의 영향력은 물론 많은 기부를 하면서 각종 사회 활동을 활발하게 하기 때문에 많은 사람에게 경계보다는 존경과 찬사를 받고 있습니다. 오늘날처럼 영적으로 혼탁한 세상에서 오프라 윈프리는 우리가 두 눈 똑바로 뜨고 있으라고 하나님이 보내신 경고입니다. 우리는 오프라 윈프리가 한 말보다 하나님이 하시는 말씀에 더 귀를 기울여야 합니다. 왜 성경을 믿는다는 사람들이 프로이트나 나폴레온 힐과 같은 사람들의 가르침을 진리인 양 떠드는 오프라 윈프리의 말을 성경보다 더 중요시 여깁니까? 참으로 가슴 아프고 통탄할 일입니다.

성경이 말하는 바른 비전은 하나님에 대한 열망이다

오늘날 교회에서 가장 자주 사용되는 상상기법과 관련해서 가장 오용되거나 남용되고 있는 단어는 '비전' 또는 '꿈'이라는 단어일 것입니다. 상상기법에서 '상상력으로 그림을 그리라.'라는 내용이 요즘은 교회에서 '꿈을 가지라.', '비전을 품으라.'라는 말로 많이 유통되고 있습니다. 오늘날 교회가 얼마나 비전과 꿈을 좋아하는지 꿈과 비전이 들어가는 교회 이름이 많이 생기고 있을 정도입니다. 물론 꿈과 비전이라는 말 자체가 잘못된 것은 아닙니다. 꿈과 비전을 품는다는 것 자체도 문제는 아닙니다. 문제는 교회의 '꿈과 비전'이 무엇인가 하는 것입니다. 너무 많은 기독교인들의 비전은 세상 사람들이 말하는 '성공'과 별로 다를 바 없는 자신의 욕구와 욕망입니다. 개인의 꿈은 불신자들이 가지고 있는 '세속적 성공'과 별로 다르지 않고, 교회 성장의 비전은 기업 확장의 비전과 별로 다르지 않습니다. 그리고 자신이 비전을 품기만 하면 하나님이 당연히 자신의 비전대로 이루어 주시는 분인 것처럼 하나님을 자신의 비전 달성의 수단으로 사용하고 있습니다.

물론 참된 교회, 참된 크리스천도 비전과 꿈을 가집니다. 그러나 참된 성도의 비전은 성경에서 하나님이 말씀해 주시는 비전입니다. 그렇다면 성도들이 가지고 있는 참된 비전, 참된 꿈은 무엇일까요? 우리는 미국 교회의 가장 위대한 크리스천으로 평가받고 있는 조나단 에드워즈를 통해 성도들이 가지고 있어야 할 참된 비전이 무엇인지를 보게 됩니다. 조나단 에드워즈는 거듭난 이후 자신에게 생긴 가장 큰 변화는 인생의 목표가 바뀐 것이라고 말했습니다. 회심한 그에게 생긴 새로운 목표가 어떤 것인지 다음 글이 잘 말해 주고 있습니다.

> 에드워즈에게 있어서 신앙이란 무엇보다 개인적이고 인격적인 하나님과의 만남 즉, 실존적인 하나님 체험입니다. 에드워즈는 하나님을 체험하고 하나님의 하나님 되심을 아는 것을 자기 신학의 핵심 내용으로 삼고 있습니다. 에드워즈가 체험한 하나님은 영광의 하나님이시고 거룩하신 하나님이셨습니다. 이러한 하나님의 영광과 거룩은 에드워즈에게 있어서 아름다움의 절정이었습니다.[163]

---

163) 백금산 편저, 『조나단 에드워즈처럼 살 수는 없을까』, 부흥과개혁사, 2003, p. 154.

우리는 에드워즈가 가지고 있었던 이러한 하나님의 영광, 하나님의 거룩에 대한 비전을 가지고 있는지 자문해 보아야 합니다. 하나님에 대한 열망은 껍데기만 남은 채 완전히 사라지고 그 속은 오로지 나 자신의 욕망으로만 가득 차 있는 우리의 모습은 아닌지 살펴보아야 합니다. 자신의 욕망을 꿈과 비전이라는 이름으로 말하면서 말과 상상이라는 기법을 통해 이 비전을 이루려고 하는 것은 성경이 말하는 죄인의 가장 큰 특징입니다. '말한 대로 된다.' 혹은 '상상한 대로 된다.'는 성공의 법칙을 주장하면서 자기의 욕망을 달성하려고 하는 사람은 사실 자기 자신을 우상숭배하고 있는 것입니다.

하나님은 마징가 제트가 아닙니다

심리학에 물이 들어 자신들이 사용하는 말이나 상상의 법칙을 통해 하나님께로부터 어떤 원하는 결과를 마음대로 얻어 낼 수 있다고 생각하는 사람들이 믿는 하나님은 마치 제가 어린 시절 즐겨 보던 일본 만화 마징가 제트 같은 존재입니다. 마징가 제트는 엄청난 힘을 지닌 로봇이기는 하지만 자기 혼자는 아무것도 할 수 없습니다. 쇠돌이가 비행선을 타고 올라와 마징가 제트의 머릿속으로 들어가 조종을 해야 비로소 마징가 제트는 자신이 소유하고 있는 그 엄청난 힘을 발휘할 수 있게 됩니다. 자연주의 종교가 가르치는 하나님은 이러한 마징가 제트와 같은 존재입니다. 쇠돌이가 마징가 제트를 조종하듯이 인간이 성공의 법칙을 활용해서 하나님의 엄청난 힘을 끄집어 내지 않는 한 하나님은 무력하게 계속 서서 기다리실 뿐입니다. 인간에게 주고 싶은 것이 너무 많지만 줄 수가 없는 가련한 존재입니다. 쇠돌이가 빨리 와서 조종해 주기만을 기다릴 뿐입니다.

성공의 법칙이라는 이름으로 자연주의 종교에 깊게 물든 기독교

말과 상상력이라는 성공의 법칙을 가르치는 사람들에게는 앞에서 살펴본 힌두교 구루의 말처럼 이 세상에 '기적'은 존재하지 않습니다. 병이 나은 사람에게 겉으로는 "기적입니다. 하나님이 고쳐 주셨습니다."라고 말할지도 모릅니다. 그러나 사실 병이 치료되는 성공의 법칙을 알고 적용한 사람에게 '병 고침'이란 하나님이 고쳐 주신 것이 아니라 하나님이 당연히 반응한 것일 뿐 그 이상도 이하도 아닐 것입니다. 즉, 믿음을 발휘하는 인간에게 수동적으로 반응하는 존재에 불과한 하나님을 부르는 이들에게 무슨 기적이 있을 수 있겠습니까? '인간의 깊은 무의식 속에 잠재되어 있는 가능성의 공식들을 꺼내 쓰기만 하면 네가 신이 된다.'는 노골적인 자연주의 종교의 가르침이나 '믿음을 발휘해서 원하는 것을 얻으라.'는 식의 잘못된 기독교 가르침은 포장만 다를 뿐 내용은 같습니다.

만일 내가 믿으면 반드시 들어 주어야 하는 법칙의 지배를 받는 하나님이 기독교의 하나님이라면 자연 종교에서 믿는, 세상에 숱하게 존재하면서 일정한 법칙에 따라 인간을 도와 주는 각종 다른 신들 또는 영들과 기독교의 하나님이 무엇이 다르겠습니까?

자연주의 종교 신봉자들이 자연법칙을 주장하면서도 상대주의 가치관을 절대 신봉하는 것은 모순이다

자연주의 종교 신봉자들이 보여 주는 재미있는 모순이 하나 있습니다. 분명한 자연법칙이 존재한다고 주장하는 이들이 동시에 상대적 가치관을 절대 신봉한다는 사실입니다. '법칙'이라는 의미와 '제각각'이라는 개념의 '상대주의'가 어떻게 공존할 수 있는지 참으로 신기할

따름입니다. 앞에서 잠깐 언급한 사이언탈러지(Scientology)의 홈페이지를 보면 이 부분을 매우 명확히 하고 있음을 알 수 있습니다.

> 사이언탈러지에서는 그 누구도 어떤 것을 믿음 또는 신앙으로 받아
> 들이라고 말하지 않습니다.[164]

뭔가를 받아들이고 믿을 대상이 없는 상황에서 이들이 하고자 하는 것이 무엇인지 이해하기 어렵습니다. 왜 홈페이지를 만들고 사이언탈러지 교회들을 만들어 사람들을 '돕겠다고' 할까요? 무슨 자격으로, 무슨 권리로요? 내가 다른 사람의 믿음에 대해 전혀 관여할 자격이 없다고 주장하는 이상, 이 사람들이 할 일은 단 하나입니다. 그냥 조용히 혼자 살면 되는 것입니다.

자연주의 종교는 인간이 만든 종교다

종교는 인류 전체에 퍼진 '신경증'인 동시에 인간이 스스로의 필요 때문에 만든 창작물이라고 말한 프로이트의 말은 일리가 있습니다. 왜냐하면 앞에서 살펴본 자연주의 종교야말로 인간이 '창조한' 종교이기 때문입니다.

인간을 한 마디로 표현한다면 '자존심으로 시작해서 자존심으로 끝나는 존재다.'라고 말할 수 있을 것입니다. 왜 하와가 범죄했습니까? 자신이 하나님의 지배 아래 있다는 사실에 자존심이 상했기 때문입니다. 사탄이 하와의 그 자존심을 자극했을 때 그녀는 그 자리에서 넘어졌습니다. 사탄은 인간 속에 숨어 있는 그 점을 참으로 기가 막히게 꿰

---

164) http://www.scientology.org

뚫어 보고 공격했습니다.

우리 인간 모두의 자존심을 상하게 하는 한 가지가 있다면 그것은 불확실성의 불안일 것입니다. 불확실성이 주는 불안을 해결하기 전까지 인간은 결코 스스로에게 독립적이고 주체적인 존재가 아니라 수동적이며 반응적인 존재일 뿐입니다.

이 불확실성의 고통을 타파하기 위해 인간이 만들어 낸 방법 가운데 하나가 바로 이 자연주의 종교가 공통으로 가지고 있는 속성인 자연의 법칙 개념입니다. 이 법칙이 분명 존재한다는 가정 아래 그 법칙을 나의 것으로 만듦으로 나는 나를 둘러싼 불확실의 세계를 확실의 세계로 전환할 수 있는 존재가 됩니다. 이제 나는 과거 불확실성의 불안에서 떨던 존재에서 내가 원하는 방향으로 나의 삶을 만들어 가는 존재로 탈바꿈할 수 있게 됩니다. 그것을 자아실현이라 부르든 해탈이라 부르든 구원이라 부르든 관계 없습니다. 이제 나는 장기판의 말과 같이 이리저리 내 의지와 관계 없이 끌려다니던 존재에서 장기판 위의 말을 원하는 대로 움직일 수 있는 존재가 된 것입니다.

심리학은 대표적인 자연주의 종교의 하나다

내가 나의 주인이 되고자 하는 인간의 이 원초적인 욕망에 이론적 토대를 놓은 것은 앞에서 살펴본 카를 융을 비롯한 심리학자들입니다. 심리학은 자연주의 종교와 떼어 생각할 수 없습니다. 이것은 "이제 인간과 자연 사이의 (단절되었던) 균형이 정상적으로 복원되어야 하고 이 과정에서 심리학이 영적 깨달음에 필요한 공헌을 할 필요가 있다."[165]라고 말한 융을 통해 잘 알 수 있습니다. 엄밀히 말해 심리학은 예전부터 존

---

165) Gerhard Wehr, *Jung, A Biography*, Shambhala Publications, 1988, p. 13.

재하던 동양의 신비주의 사상들을 과학적으로 들리도록 그럴듯한 이름을 붙여 준 것 이상도 이하도 아닙니다.

옛날 우리 나라에서도 무당이 사람을 앞에 앉혀 놓고 그 주위를 빙빙 돌면서 굿 하는 것이 앞에서 살펴본 시먼스와 같은 사람이 시행한 최면술과 다를 것이 무엇이 있겠습니까?

이런 측면에서 볼 때 사실상 프로이트와 융의 정신 분석을 주축으로 하는 심리학은 가장 대표적인 자연주의 종교 가운데 하나라고 할 수 있습니다.

뉴 에이지는 다가오는 시대의 가장 무서운 자연주의 종교가 될 것이다

그리고 이 심리학의 이론적 토대에 크게 의지하고 있는 뉴 에이지야말로 앞으로 다가오는 시대의 가장 무서운 자연주의 종교가 될 것입니다. 그 이름을 '새로운 생각(New Thought)'[166]이라고 부르든 '사이언탈러지(Scientology)'[167]라고 부르든 관계 없이 이 뉴 에이지 사상들은 인간 속에 있는 신성을 깨우는 데 그 목적을 두고 있습니다. 그렇기에 하나같이 이들은 겉으로 '사랑'을 내세웁니다. '나도 신, 너도 신 그러니 우리 신끼리 서로 사랑해야지 어떻게 싸울 수가 있나?'라는 전제가 깔려 있기 때문입니다

비과학적 사고가 주는 폐해에 진저리를 치던 사회가 과학이 주는 미

---

166) New Thought describes a set of religious ideas that developed in the United States during the late 19th century, originating with. Followers of New Thought also find inspiration in the philosophy, as it was developed by and other 19th century American thinkers. See also. From Wikepidia.

167) http://www.scientology.org/ Scientology is a body of teachings and related techniques developed by science fiction author. It began in 1952 as a self-help philosophy, an outgrowth of his earlier self-help system, Dianetics, and later described itself as a new religion. From Wikepidia.

래에 희망을 걸었던 것이 고작 200여 년 전입니다. 그러나 더 나은 사회를 가져다 주리라 믿었던 과학은 인간에게 오히려 더 큰 실망을 남겼습니다. 아니 실망보다 더 큰 굶주림을 남겼습니다. 과학이 아니었다면 그렇게까지 비참하지 않았을 20세기의 전쟁들을 겪으면서 인간은 이제 과학에 대한 기대를 버리고 또다시 비과학의 세계로 눈을 돌리고 있습니다. 그러나 과거와 달리 지금은 이 비과학의 세계도 아주 그럴듯한 '과학적' 용어들과 '종교적' 용어들로 포장되어 인간을 안심시키고 있습니다. 그리고 그 꿈을 실현시킬 힘은 인간의 말과 상상에 있다고 가르칩니다. 인간의 말과 상상 속에 있는 그 위대한 힘을 각종 그럴듯한 용어들과 이론들을 동원해서 포장하고 치장합니다. 과거 인간은 몸으로 돌을 날라서 바벨탑을 쌓았지만 이제는 말과 상상만으로 하나님께 도달하는 바벨탑을 쌓을 수 있게 되었습니다. 이 바벨탑을 향해 하나님의 말씀을 바로 선포해야 할 우리 교회가 도리어 이 바벨탑을 세상과 함께 쌓고 있지는 않습니까?

For those who take Christianity seriously

05
성경은 참으로 충분한가

성경은 하나님이 누구시고 인간이 어떤 존재인지를 말해 줄 뿐 아니라 우리 인간이 지금 어떠한 상태에 있는지를 우리에게 명확히 알려 주고 있습니다. 성경은 이 세상이 어떻게 시작되었으며 또 인간이 왜 지금과 같은 상태가 되었으며 또 우리 인간이 하나님과 관계를 회복하기 위해 필요한 길과 앞으로 인류에게 어떤 일이 생길지에 대해 명확히 보여 주고 있는 책입니다.

05

성경은 참으로 충분한가

지금까지 우리가 심리학에 대해 살펴본 이유는 성경이 알려 주는 이러한 진리들에 대해 심리학은 전혀 다른 주장을 펴고 있기 때문입니다. 심리학은 성경이 말씀하는 인격적인 창조주 하나님 대신 알 수 없는 미지의 에너지로서의 신 또는 내 속에 존재하는 무의식이라는 이름의 또다른 나의 모습으로 바꿔치기 했습니다. 또한 심리학은 성경이 말하는 인간의 죄성 대신 무한한 가능성을 가진 인간을 주장하고 있습니다. 이렇듯 심리학은 노골적으로 성경의 진리에 대해 공격하고 있는데 이에 대해 성경 말씀을 토대로 믿음을 지키고 싸워야 할 교회가 도리어 심리학을 마치 성경 외에 하나님이 주신 또 하나의 계시인 양 모시고 있는 현실은 매우 안타깝기 그지없습니다.

그렇다면 어떻게 해서 이렇듯 성경의 말씀과 극단으로 배치되는 다른 주장들에 대해 교회가 제대로 대응하지 못하는 것일까요? 여러 가지 이유가 있을 수 있겠지만 가장 큰 이유는 성경의 가르침을 깊이 있게 이해하지 못하고 있기 때문이라 생각합니다. 이것은 비단 심리학과 관련해서만이 아니라 이 책 전체에서 제기하는 문제들의 근본 원인에 해당합니다. 그리고 우리가 이렇게 말씀의 진리에 무지한 이유는 성경의 충분성을 확신하지 못하고 있기 때문입니다. 사실 이것은 닭이 먼저인가 달걀이 먼저인가를 묻는 것과 마찬가지이기도 합니다. 성경을 모르니까 성경의 충분성을 믿지 못하는 것이며, 반대로 성경의 충분성을 믿지 않으니까 성경을 깊이 있게 연구할 생각을 하지 않음으로써 성경을 잘 모르게 되는 것입니다.

우리가 성경에 대해 가지고 있는 일반적인 3가지 오해

우리가 성경에 대해 무지하기 때문에 생겨나는 성경에 대한 몇 가지 오해를 살펴보겠습니다.

오해 1. 나한테 확 필이 꽂혀야 한다. 그 때야 비로소 말씀은 단순히 문자에서 살아 역사하는 '하나님의 말씀'이 된다

고속도로를 운전하는 데 오늘따라 왠지 시속 100킬로로 달려도 속도감이 잘 오지가 않아 약 160킬로로 달렸다. 속도를 마구 내도 경찰에 잡힐 것이라는 느낌은 전혀 들지 않았고 마음은 평안하기만 했다. 어떤 날은 80킬로로 달리면서도 왠지 경찰이 잡지 않을까 불안한 날이 있는데 오늘같이 이렇게 필이 좋은 날에는 160킬로로 달려도 절대

로 아무 일이 생길 것 같지 않다. 이런 날이 자주 오는 것은 아니다.

운전하는 사람의 느낌이 좋든 좋지 않든 과속은 과속입니다. 마찬가지로 하나님의 말씀이 느낌이 팍 살아서 내게 꽂히든 꽂히지 않든 하나님의 말씀은 우리에게 여전히 변함없는 하나님의 말씀입니다. 우리가 성경을 대할 때 가지는 가장 잘못된 자세 중의 하나가 바로 '느낌' 중심으로 성경을 읽으려는 것입니다. 우리가 너무 감정적으로 성경을 대하려고 하기 때문에 성경을 제대로 알지 못하는 것입니다. 우리는 성경 전체의 내용을 바르게 알려 하기보다 '올해의 말씀'이니 '이 달의 말씀'이니 하는 이름을 붙여 성경 한두 구절을 마치 주문처럼 취급하려 합니다. 이렇게 우리가 성경을 단편적이며 즉흥적으로 대하려고 하는 한 우리는 성경 말씀이 살아서 우리를 온전케 하는 능력을 결코 알지 못할 것입니다. 우리가 성경 말씀의 온전한 능력을 알지 못하면 우리는 우리의 귀를 즐겁게 만들어 주는 세상의 소리에 더 귀를 기울이고, 세상의 이론에 따라갈 수밖에 없게 됩니다.

오해 2. 말씀을 많이 알면 알수록 머리만 커지고 가슴은 차가워져서 기도를 열심히 안 하게 된다

아마도 이것은 성경에 대한 가장 무지한 오해이고, 해로운 태도가 아닐까 합니다. 이런 말을 하는 사람은 도무지 '성경 말씀이 주는 깊이와 넓이'를 모르는 사람입니다. 또한 자신이 성경 말씀에 무지한 것을 부끄러워할 줄은 모른 채 도리어 '나는 머리는 좀 비었어도 가슴은 뜨거운, 진실한 사람'이라고 자신을 포장하는 것과 같습니다. 어떻게 성경을 깊이 아는 사람이 가슴이 차가울 수 있습니까? 어떻게 하나님의 말

씀을 다윗과 같이 사모하는 사람이 하나님께 자신의 마음을 열어 기도하는 것을 즐기지 않을 수 있습니까?

말씀과 기도와 관련된 또다른 위험한 생각은 '말씀은 몰라도 기도는 잘 할 수 있다.'는 생각입니다. 이것은 참으로 성경이 금하는 것 가운데 하나입니다. 성경은 하나님의 말씀을 모른 채 기도하는 것에 대해 경고하고 있습니다.

> 사람이 귀를 돌려 율법을 듣지 아니하면 그의 기도도 가증하니라
> (잠 28:9).

우리가 성경을 통해 하나님을 제대로 모르면 어떻게 하나님께 제대로 기도할 수 있겠습니까? 하나님을 바르게 알지 못한 채 기도하면 오히려 하나님의 뜻과 반대 되는 자기 욕심으로 기도할 수 있습니다. 이는 부모의 마음을 모르면서 부모를 기쁘게 해 드린다고 하는 자식의 노력이 오히려 부모를 노엽게 할 수도 있는 것과 마찬가지입니다. 하나님께서 우리에게 위로부터 아래로 주시는 것이 말씀이라면 기도는 그 말씀에 반응하여 우리가 아래로부터 위로 보내는 인간의 반응입니다. 우리가 기도로 하나님께 드리는 반응은 죄의 회개에서 간절한 요청에 이르기까지 다양할 것입니다. 이 전형적인 하나님의 계시와 인간이 기도로 반응하는 모습을 우리는 '기도의 사람' 다니엘을 통해 잘 볼 수 있습니다.

> 메대 족속 아하수에로의 아들 다리오가 갈대아 나라 왕으로 세움을 받던 첫 해 곧 그 통치 원년에 나 다니엘이 책을 통해 여호와께서 말씀으로 선지자 예레미야에게 알려 주신 그 연수를 깨달았나니 곧 예

루살렘의 황폐함이 칠십 년 만에 그치리라 하신 것이니라 내가 금식
하며 베옷을 입고 재를 덮어 쓰고 주 하나님께 기도하며 간구하기를
결심하고 내 하나님 여호와께 기도하며 자복하여 이르기를 크시고 두
려워할 주 하나님, 주를 사랑하고 주의 계명을 지키는 자를 위하여 언
약을 지키시고 그에게 인자를 베푸시는 이시여(단 9:1~4).

여기 기록된 다니엘의 기도는 다니엘이 바벨론 포로로 끌려오면서
들고 온 예레미야서를 읽고 난 후였습니다. 다니엘의 간절한 간구는 하
나님의 말씀을 통해 하나님의 뜻을 바르게 깨달은 결과였습니다. 다니
엘은 말씀을 통해 하나님의 계획을 알게 되었고, 그 하나님의 계획이
이루어지기를 위해 믿음으로 기도한 것입니다. 비단 이것은 다니엘의
경우만이 아닙니다. 우리 성도들의 기도는 근본적으로 나의 뜻을 하나
님이 이루어 주시기를 구하는 것이 아니라 하나님의 뜻이 이루어지기
를 바라는 것입니다. 그러므로 우리는 말씀을 모르고 기도를 열심히 하
는 오류를 범해서는 안 될 뿐 아니라 말씀은 모른 채 기도를 열심히 하
는 자신의 '의지력'을 마치 무슨 신앙의 훈장이라도 되듯이 자랑하는
잘못은 더더욱 범하면 안 됩니다. 기도를 요가와 같은 무슨 수행의 하
나로 생각하는 것은 잘못된 것입니다.

오해 3. 성경의 가르침 중 상당수는 오늘의 현실과 맞지 않는다
많은 사람이 성경은 고대에 우리와는 다른 문화권에서 기록된 것이
기 때문에 오늘 우리 현실과는 잘 맞지 않는다고 생각합니다. 그리고
현재의 유행하는 사조대로 살면서 성경의 내용을 무시하는 경우가 많
습니다.

대표적인 사례로 동성애에 대한 문제를 들 수 있습니다. 성경이 동성애에 대해 뭐라고 얘기하고 있습니까? 로마서 1장은 분명하게 하나님의 자리에 우상을 갖다 놓은 인간의 대표적인 죄로 인간의 동성애를 지적하고 있습니다. 동성애는 하나님의 창조 질서에 대한 인간의 노골적인 반역이기 때문입니다.

> 이를 인하여 하나님께서 저희를 부끄러운 욕심에 내어 버리셨으니 곧 저희 여인들도 순리대로 쓸 것을 바꾸어 역리로 쓰며, 이와 같이 남자들도 순리대로 여인 쓰기를 버리고 서로 향하여 음욕이 불일듯 하매 남자가 남자로 더불어 부끄러운 일을 행하여 저희의 그릇됨에 상당한 보응을 그 자신에 받았느니라(롬 1:26~27).

그러나 오늘날 성경의 가르침과 달리 동성애를 허용하는 풍조가 점점 세상의 대세로 자리잡아 가고 있습니다. 오늘날 미국에서 동성애로 인해 에이즈에 걸린 사람은 더 이상 부끄러운 병에 걸린 사람이 아니라 '인권'을 위해 투쟁하는 운동가의 모습으로 등장하고 있습니다. 동성애와 동성 결혼을 위해 너무 자랑스럽게 데모를 하며 소리치는 그들의 모습이 얼마나 당당히 신문 지상에 소개되고 있습니까? 만약 어떤 식당에서 감염의 위험이 높은 '에이즈 환자 출입금지'라는 팻말이라도 붙인다면 그 식당은 아마 당장 인터넷에 의해 전세계적으로 '이지매'를 당하며 비인격적, 비인권적 장소로 낙인찍힐 것입니다. 동성애는 죄가 아닐 뿐 아니라 죄는 고사하고 병도 아니라 이제 개인의 선호라는 이름 아래 '개인의 권리'로 인정받는 시대가 되었습니다.[168] 커피가 싫

---

168) 동성애의 죄에 해당하는 이 사람들을 '부당하게 피해를 받는 약자'의 모습으로 전세계에

어서 홍차를 마시겠다는 사람을 커피를 마시지 않는다는 이유로 왜 괴롭히느냐는 논리입니다.

그러나 오늘날 교회는 이러한 동성애에 대해서조차 '이것은 죄다.'라고 말할 권위와 확신을 점점 잃어 가고 있습니다.[169] 동성애를 반대하는 것은 세상의 거대한 반대에 직면하기 때문입니다. 그러나 교회가 성경 말씀의 권위에 목숨을 거는 믿음의 싸움을 포기할 때 세상은 그 기회를 놓치지 않습니다. 이 추세대로 간다면 우리는 조만간 "시카고의 겨울"이라는 영화를 통해 강간범의 강간 뒤에 숨은 기막힌 사연들을 접하게 될지도 모르겠습니다. 또 "뉴욕 거리의 개 거품들"이라는 영화를 통해서는 연쇄 살인범의 그 살인 뒤에 숨은 가슴 아픈 사연들을 접하게 될지도 모릅니다. 우리는 왜 누구는 강간을 할 수밖에 없었고 왜 누구는 연쇄 살인을 하면서 살 수밖에 없었는지에 대해 깊은 성찰과 함께 그들에 대해 '정의'라는 이름으로 지금까지 단죄했던 지난 인류의 잔혹한 역사에 대해 부끄러움을 느끼게 될 것입니다. 왜 그들을 있는 그대로 받아들이고 사랑하지 못했는가? 왜 그들이 타고 난 특별한 성향들, 즉 '사람을 죽이고 강간하고 싶은 성향에 대해 우리는 존중하지 못

보급한 1등 공신은 아마도 1993년도에 개봉한 영화 "필라델피아"가 아닐까 싶다. 이 영화를 통해 사람들은 영화의 주인공 톰 행크스에게 얼마나 연민과 애처로움을 느꼈을 것인가? 잔잔한 스프링스틴의 음악은 말할 것도 없고! 그 연민 뒤에는 이 때까지 동성연애자들을 향해 갖고 있던 부정적 생각들에 대한 가책이 아른거리며 왜 나는 인간에 대하여 있는 모습 그대로 받아 주고 사랑하지 못하는가에 대한 안타까움을 함께 느끼게 될 것이다. 톰 행크스는 이 영화 이후 얼마 전 개봉한 "다빈치 코드"를 통해 자의든 타의든 기독교의 가르침과 정면으로 부딪히는 대표적 영화들의 주연이 되었다. 그의 다음 영화는 무엇일까? 이런 의미에서 톰 행크스는 우리 크리스천이 영적인 경계심을 가지고 주목해야 할 배우라는 생각이 든다.

169) 이 부분은 미국 교회가 특히 더 그렇다. 미국에서는 담배를 피우는 사람은 점점 더 사람 취급을 받지 못하고 있다. 담배는 나쁜 것이지만 동성애는 결코 나쁜 것으로 보지 않는 사람들이 나날이 늘어 가는 이상한 사회가 되고 있다.

했는가? 그들이 그러고 싶어서 그런 게 아닌데!' 라고 생각하면서 말입니다. 우리가 성경의 진리를 하나하나 포기할수록 죄와 책임은 사라지고 병과 치료가 등장합니다. 그리고 병과 치료가 가득한 사회가 주는 고통의 대가를 우리의 자녀들이 고스란히 받아야 할지도 모릅니다. 그것은 우리가 성경의 진리를 현대의 주장들과 바꾸고 있기 때문입니다. 이 진리의 맞바꿈은 미국을 기점으로 한국의 사회와 교회 속으로 더 빨리 파고들고 있습니다.[170]

우리가 동성애를 왜 죄라고 불러야 합니까? 창세기 2장 24절에 하나님은 이 질서에 대해 분명히 말씀하셨기 때문입니다.

> 이러므로 남자가 부모를 떠나 그의 아내와 합하여 둘이 한 몸을 이룰지로다.

남자는 여자와 한 몸을 이루라고 하셨지 남자가 남자와 여자가 여자와 한 몸을 이루라고 하시지 않으셨습니다. 하나님이 정하신 질서에 반하는 행동은 하나님에 대한 반역과 같습니다. 죄가 무엇입니까? 수많은 정의가 있을 수 있지만[171] 궁극적으로 피조물인 내가 창조주 대신 나 자신의 주인이 되어 창조주가 정한 질서에 거스르는 삶을 사는 것입니다.

---

170) 한국에서도 이제는 소위 말하는 커밍아웃을 한 연예인 또는 성전환을 한 연예인에 대한 소식을 자주 접할 수 있다. 자신이 동성애자임을 고백한 홍석천 씨는 얼마 전 어떤 대학에서 강연까지 했다는 기사를 읽었다. 언론에 의해서도 '편견' 이라고 불리는 사회적 장벽 때문에 당사자들이 겪는 어려움도 많겠지만 분명한 것은 그들의 동성애 또는 성전환이 '죄' 라고 불리지 않고 '편견' 이라고 불리는 한, 홍석천 씨를 비롯한 이에 해당하는 사람들의 앞에 놓인 것은 밝은 미래다. 왜냐하면 '편견' 은 반드시 부수고 극복해야 할 '나쁜' 대상이기 때문이다. 내가 우려하는 것은 행여나 '연예인들' 을 모시고 '간증 집회' 하는 것을 즐겨하는 교회 가운데 위에 해당하는 사람들 중 기독교인임을 자청하는 사람이 있다면 그를 초청해서 간증 집회를 하지 않을까 하는 점이다
171) 로마서 1장을 참조하자.

동성애를 죄라고 말하는 것은 살인을 죄라고 부르는 것과 마찬가지입니다. 왜 우리는 살인을 죄라고 부릅니까? 창세기 9장 6절에 보면 다음과 같은 구절이 등장합니다.

> 다른 사람의 피를 흘리면 그 사람의 피도 흘릴 것이니 이는 하나님이 자기 형상대로 사람을 지으셨음이니라.

살인이 창조주의 형상대로 지음 받은 인간을 해함으로 궁극적으로 창조주에 대한 반역 행위이기 때문에 죄라고 한다면 동성애는 창조주가 만드신 남녀의 질서에 대하여 인간이 행하는 반역이기 때문에 죄인 것입니다.

오늘날 교회에서 동성애를 죄라고 분명하게 말씀하신 성경의 말씀을 무시하고, 동성애를 합법적으로 허용하는 데 찬성하거나 동성애자라고 공공연하게 공개하는 사람을 교회의 사역자로 삼고 있는 것은 "성경의 일점일획도 빼거나 더하지 말라."(참고. 계 22:18~19)는 엄중한 성경의 경고를 우리가 교회에서 얼마나 가볍게 여기고 있으며 동시에 성경의 진리를 현실의 풍조보다 가볍게 여기는지를 잘 보여 주는 한 예라 할 수 있습니다.

성경으로 돌아가자

우리가 간단하게 살펴본 이상의 3가지 사례는 성경이 얼마나 오해될 수 있으며, 무시될 수 있는지를 잘 보여 주는 많은 사례 중 일부분일 뿐입니다. 교회가 성경, 즉 하나님의 말씀을 굳게 붙잡지 못하는 것은 사실상 배후에 더 큰 이유가 도사리고 있습니다. 그것은 바로 성경에 대한 사탄의 공격 때문입니다. 지금까지 인류 역사를 통해 진행된 사탄의 모든 공격은 사실상 성경에 대한 공격이라 할 수 있습니다. 에덴 동산에서도, 예수님이 기도하셨던 광야에서도 사탄은 하나님의 말씀을 인용하면서도 사실상 하나님의 말씀을 왜곡시켰습니다. 사탄은 거짓말로 하나님의 말씀이 진리임을 불신하도록 조장하며 하나님의 말씀을 불순종하도록 유도했습니다. 사탄의 이러한 공격에 대해 아담과 하와는 실패했고, 예수님은 승리하셨습니다. 그러나 사탄의 공격은 그 때만이 아니라 역사를 통해 계속 진행되고 있습니다. 사탄은 시대 시대마다 성경만이 진리라는 성경의 주장에 대한 무서운 공격을 가하고 있습니다.

그러나 성경만이 진리라는 주장을 공격하는 사탄의 방법은 시대마다 지역마다 다릅니다. 성경에 대한 사탄의 이 공격은 이종격투기에서 상대에게 펀치를 휘두르는 것과 같이 무모하고 거칠지만은 않습니다. 때로 이 공격은 무하마드 알리가 전성기 시절 상대에게 스트레이트와 같은 위력으로 날리던 잽과 같이 정교하기도 합니다.

특히 우리 시대에 가해 오는 사탄의 이 공격이 얼마나 교묘하고 무서운지는 우리가 조금만 눈을 뜨면 잘 알 수 있습니다. 우리가 매주일 듣는 교회의 설교에서는 성경 말씀이 장식품으로 사용될 뿐 2006년 최고의 화제 '하인즈 워드'를 비롯한 각종 이야기들로 설교의 내용이 가득 차 있는 것을 보게 됩니다. 벌써 사탄의 공격에 교회가 얼마나 무너져 내렸는지를 보여 주는 단적인 예입니다. 사탄의 공격에 넘어진 시대에는 교회가 깊은 영적 암흑에 빠져 들어갑니다. 그러나 교회가 다시 각성되고 부흥될 때는 하나님의 말씀이 회복됩니다. 대표적으로 16세기 종교개혁이 일어날 때 가장 중요한 표어는 바로 '성경으로 돌아가자.'는 것이었습니다. 오늘 우리 교회 위에 얼마나 깊은 영적인 어두움이

짙게 드리워져 있는지요? 그러므로 오늘 우리가 다시 외쳐할 것은 우리 16세기 종교개혁의 선배들처럼 다시 '성경으로 돌아가자.'는 것이어야 합니다.

성경으로 돌아가는 데 방해가 되는 것은 성경의 충분성을 믿지 못하는 불신이다

우리가 성경으로 돌아가는 데는 실로 많은 장애가 가로막고 있습니다. 무엇보다 교회에서 성경을 가르치는 사람이 성경에 대해 충분성을 믿지 못할 때 성경으로 돌아가는 길은 참으로 요원해 보입니다. 예로서 교회 안에 다음과 같은 생각을 갖고 있는 분들이 많은 한 성경으로 돌아가는 것은 큰 방해를 받게 됩니다.

스미스 박사는 나에게 매우 친절하게 이렇게 말했다.

"데이비드, 오늘 같은 설교는 처음 들어보는군. 내가 자네에게 할 말이 있다네."

그의 눈에는 눈물이 고였다. 그분이야말로 수천 명을 그리스도께 인도한 뛰어난 전도자와 설교가로서 수년 간 일하신 분이다. 그분은 참으로 위대한 분이다. 그러한 그분이 자신의 사역을 돌아보면서 이렇게 말하는 것이었다.

"여보게, 내게는 결코 나의 도움을 받을 수 없던 사람들이 있었다네. 아주 신실한 사람들이었지. 그 중 많은 사람들은 성령충만도 경험한 사람들이었을 거야. 그러나 그들의 문제는 해결되지 않았다네. 내게 문제를 가져오면 나는 도와 주려고 애를 썼지. 그러나 아무리 충고를 하고 성경 말씀과 기도로써 도우려 해도 그들은 자신의 문제로부

터 완전한 해방을 받지 못하더군."[172]

우리는 참으로 성경이 나를 하나님의 사람으로 '온전하게' 할 수 있
는 책이라는 사실을 확신하고 있습니까? 아니면 혹시 '성경은 일단 나
를 구원받도록 하는 데는 필요한 책이지만 그 이후의 현대 사회가 주는
다양한 문제와 관련해서는 그다지 관련이 없는 오래된 책이다.'라고
생각하지는 않는지요? '성경이 참으로 내가 하나님의 사람으로 온전
하게 되는 데 충분한가?'라는 이 질문에 답하기 위한 방법은 오로지 한
가지밖에 없습니다. 그것은 내가 먼저 성경을 알아야 한다는 것입니다.
성경을 알기 위해서는 일단 성경을 읽는 것부터 시작해야 합니다.

성경의 충분성을 알기 위해 우리는 성경을 깊고 넓게 그리고 간절히
읽어야 한다

우리가 성경의 충분성을 깨닫기 위해서는 현재 큐티라는 이름으로
하루에 몇 구절 정해진 본문을 읽은 후 적용거리를 찾기 위해 애쓰는
수준만으로는 안 됩니다. 우리가 성경이 말하는 내용의 전체를 바로
깨닫기 위해서는 성경을 진지하고 깊게 읽어야만 합니다. 미국의 어떤
교회는 그 교회의 상당수의 성도가 성경의 바른 의미를 알기 위해 히
브리어와 그리스어를 공부한다고 합니다. 우리 모두가 그런 수준까지
는 아니라 하더라도 성경의 본문이 원래 전하고자 하는 의미를 알기
위해 성경을 깊고 넓게 읽어야만 합니다. 성경을 이처럼 읽지 않는 한,
아래의 시편 저자가 말하는 하나님의 말씀이 나의 생명 그 자체라는
말씀을 우리는 도저히 이해할 수 없을 것입니다.

172) 데이비드 A. 시먼스, 『상한 감정의 치유』, 두란노, 2000, pp. 17~18.

주의 법이 나의 즐거움이 되지 아니하였더면 내가 내 고난 중에 멸
망하였으리이다 내가 주의 법도들을 영원히 잊지 아니하오니 주께서
이것들 때문에 나를 살게 하심이니이다(시 119:92~93).

시편에 등장하는 다윗의 시들을 자세히 읽어 보면 우리는 다윗의 시
를 관통하는 두 가지의 큰 주제를 발견할 수 있습니다. 하나는 말씀을
향한 갈증이며 또다른 하나는 말씀 앞에 비추어 드러나는 다윗 자신의
죄에 대한 괴로움입니다. 그러나 다윗에게 하나님의 말씀은 자신의 내
면을 드러나게 하면서 고통만을 주는 회초리가 아니라 동시에 자신을
살리고 자라게 하는 생명 그 자체였습니다. 그렇다면 우리는 하나님의
말씀을 어떻게 대하고 있습니까? 나는 하나님의 말씀을 '생명'처럼 여
기고 있습니까? 아니면 내가 참고할 여러 자료 가운데 하나에 불과한
것으로 취급하고 있습니까?

우리가 영적으로 성장하려면 하나님의 말씀을 어떻게 대해야 할지에
대해 베드로 사도는 이렇게 말하고 있다

갓난아이들같이 순전하고 신령한 젖을 사모하라 이는 그로 말미암
아 너희로 구원에 이르도록 자라게 하려 함이라(벧전 2:2).

분명 베드로는 우리에게 하나님의 말씀을 갓난아이가 엄마의 젖을
찾는 것처럼 사모하라고 명령하고 있습니다. 갓난아이는 본능적으로
그리고 살기 위해 필사적으로 엄마의 젖을 사모합니다. 우리의 영혼이
하나님의 말씀을 사모하는 것도 마찬가지라는 것입니다. 우리의 영혼

이 살기 위해, 우리의 영혼이 성장하기 위해 우리는 하나님의 말씀 앞에 갓난아이처럼 되어야 합니다. 혹시나 갓난아이가 엄마의 젖을 갈구하는 것과 같이 말씀을 사모하라는 이 말씀이 너무 과장되다고 생각하면서 그냥 흘려듣는 분은 없는지 모르겠습니다. 정말 우리는 성경 말씀을 갓난아이가 엄마의 젖을 사모하는 것처럼 사모하라는 하나님의 말씀에 어느 정도 순종하고 있는지요? 이 하나님의 말씀에 비추어 우리의 말씀에 대한 태도를 솔직하게 그리고 진지하게 점검해 보아야 할 때라고 생각합니다.

하나님의 말씀을 깊이 추구하려는 사람들에게 우리 시대는 복받은 시대다

만일 우리가 하나님의 말씀을 진지하게 읽기 시작하려고 마음먹는다면, 그리고 하나님의 말씀을 갓난아이가 엄마의 젖을 사모하듯이 사모한다면 이런 분들에게 오늘의 시대는 얼마나 복받은 시대인지 모릅니다. 오늘날 우리는 하나님의 말씀을 가장 풍요롭게 접할 수 있는 시대에 살고 있기 때문입니다. 예수님의 시대나 종교개혁 당시만 하더라도 사람들은 성경을 쉽게 읽을 수도 없었고, 성경을 개인적으로 소유할 수도 없었습니다. 성경이 아직 자국의 언어로 번역되지 않았기 때문에 성경을 읽고 싶어도 읽을 수 없었습니다. 그러나 오늘날에는 지구상의 대부분의 언어로 성경이 번역되었기 때문에 언어상의 문제로 인해 말씀을 이해할 수 없는 어려움에서 많이 벗어났습니다.[173]

---

173) 물론, 번역만으로 언어상의 문제가 완전히 해결된 것은 아니다. 성경을 구성하는 고대 히브리어와 그리스어는 사실상 지금의 히브리어, 그리스어와 많은 차이가 있고 이 차이가 주는 이해의 어려움을 단순한 언어의 번역으로 완전히 극복할 수 있다고 볼 수는 없다. 2천 년의 간격을 지닌 '다른 언어' 그 자체가 주는 장벽 외에도 문화적 차이에 대한 이해와

또한 우리는 아브라함, 모세, 다윗 같은 분들이 살았던 구약 시대나 베드로나 바울 같은 분들이 살았던 신약 시대의 초기와 달리 성경의 내용 면에서 볼 때도 풍성함을 누리고 있습니다. 성경이 1,600년이라는 세월 동안 완성되는 과정에서 성경의 내용을 부분적으로밖에는 볼 수 없는 하나님의 백성이 많았지만 지금 우리는 '완성된' 하나님의 말씀을 가지게 되었기 때문입니다. 그래서 우리는 하나님의 충분한 계시 속에서 하나님의 계획과 뜻을 알 수 있습니다. 그러나 이뿐만이 아닙니다. 우리가 성경 속에 담긴 의미를 깨달으려고 할 때, 우리는 이전 사람보다 얼마나 더 유리한 고지에 있는지 모릅니다. 지금 우리 곁에는 그 동안 우리 신앙의 선배들의 피땀 흘린 수고로 말미암아 만들어진 다양한 좋은 성경 주석들과 사전들이 있습니다. 이런 참고 자료들이 없거나 부족했던 시대의 사람들이 성경을 이해하는 데 겪었던 어려움을 지금 우리는 아주 쉽게 극복할 수 있습니다. 우리는 이런 좋은 참고 자료들을 통해 성경 말씀을 바로 이해하는 데 장애를 주는 문화적, 지리적 문제들을 포함한 많은 어려움을 더 쉽게 극복할 수 있기 때문입니다. 사실 성경을 이해하는 데 있어 관주 성경이라도 한 권 있는 것은 얼마나 큰 도움이 됩니까? 관주 성경의 도움 없이 성경과 성경의 구절을 비교하는 것은 얼마나 큰 수고가 따르는 것이겠습니까? 그러나 오늘날은 관주성경만이 아니라 친절한 도움을 주는 여러 가지 수많은 스터디 바이블이 있습니다. 그런데 우리는 이런 좋은 참고 자료를 넘치도록 가지고 있으면서도 왜 하나님의 말씀 속에 담긴 더 깊은 진리를 파내지 못하고 있을까요? 왜 자꾸만 성경이 아니라 성경 밖의 가르

___

역사 지리적 이해가 동반되지 않는 한 성경 말씀을 바로 이해한다는 것은 결코 쉬운 문제가 아니다. 그렇기에 우리 교회에는 성경을 바로 가르쳐 주는 바른 선생이 필요한 것이다.

침에 대해 귀를 기울이고 있는 것일까요? 왜 우리에게 '풍요 속의 빈곤'이라는 말이 딱 들어맞는 시대가 되어 가고 있을까요? 저는 가장 큰 이유가 한 마디로 우리가 성경의 충분성을 제대로 믿지 않기 때문이라고 생각합니다.

성경의 충분성을 알기 위해 우리는 성경에 순종해야 한다

나는 성경을 '의심하지 않고 다 믿는다.'라고 쉽게 이야기하는 분들도 있을 것입니다. 그러나 너무 쉽게 '믿는다.'고 얘기하지 말아야 합니다. 많은 경우 '의심하지 않고 다 믿는다.'라는 말은 '별 관심이 없다.'는 말과 크게 다르지 않기 때문입니다. 누군가가 나에게 이집트의 피라미드를 하나 만드는 데 커다란 돌 2만 개가 들어갔다고 말했습니다. 피라미드를 만드는 데에 돌이 몇 개 소요되었는지는 내게 별 중요한 것이 아니기 때문에 나는 그 말에 의심할 이유가 없습니다. 혹시 성경 말씀의 많은 사실에 대한 나의 태도도 그런 것은 아닐까요? 진짜 관심을 가진다면 '건전한 의심 또는 회의'를 갖는 것은 당연합니다. 최소한 그 정도의 진지함을 가지고 하나님의 말씀을 대하는 것이 우리의 자세가 되어야 하지 않을까요? 왜냐하면 하나님의 말씀은 우리의 영원을 결정하는 진리를 담고 있기 때문입니다. 그러나 우리는 '건전한 회의'를 넘어 온 마음을 다해 성경이 하나님의 말씀이라고 믿어야 할 뿐만 아니라 성경은 우리가 하나님의 사람으로 온전케 되는 데 충분하다고 믿어야 합니다.

우리는 성경을 단순히 읽는 것에서 끝나지 않고 믿고 순종을 해야 합니다. 우리가 말씀에 더 순종할수록 하나님의 말씀만이 '진짜 진리 true truth'[174]이며 그 말씀이 정말로 우리의 모든 문제를 해결하는 데 충분하다는 것을 알 수 있게 됩니다. 우리의 순종은 하나님께 대한 우리의 사랑과 믿음과 결코 분리되지 않습니다. 우리가 하나님을 사랑하면 하나님의 말씀을 순종하게 됩니다. 이것은 반대로 하나님의 말씀을 순종하지 않는 것은 하나님을 사랑하지 않기 때문이라는 말이 됩니다. 예수님은 요한복음에서 이렇게 말씀하셨습니다.

> 나의 계명을 가지고 지키는 자라야 나를 사랑하는 자니 나를 사랑하는 자는 내 아버지께 사랑을 받을 것이요 나도 그를 사랑하여 그에게 나를 나타내리라(요 14:21).

> 사람이 나를 사랑하면 내 말을 지키리니 내 아버지께서 저를 사랑하실 것이요 우리가 저에게 와서 거처를 저와 함께 하리라 나를 사랑하지 아니하는 자는 내 말을 지키지 아니하나니 너희의 듣는 말은 내 말이 아니요 나를 보내신 아버지의 말씀이니라(요 14:23~24).

그렇습니다. 우리가 성경의 충분성을 믿지 못하고 자꾸만 세상의 이론에 귀를 기울이는 것은 예수님의 말씀에 따르면 결국 하나님을 사랑하지 않기 때문이요, 하나님의 말씀에 순종하지 않기 때문입니다. 현재 나는 얼마나 하나님을 사랑하고 있는지요? 그리고 하나님의 말씀에 순종하려고 얼마나 노력하는지요? 하나님을 믿고, 하나님을 사랑하고, 하나님을 순종하는 자에게 성경은 참으로 우리 영혼을 위해 충분한 책입니다.

---

174) 어떻게 보면 잘못된 말처럼 보이는 이 말은 프란시스 쉐퍼 박사가 처음 사용한 말이다. 이 말은 우리의 시대가 얼마나 진리 아닌 진리들로 가득 찬 시대인지를 잘 반영하고 있다.

> 모든 성경은 하나님의 감동으로 된 것으로 교훈과 책망과 바르게
> 함과 의로 교육하기에 유익하니 이는 하나님의 사람으로 온전하게 하
> 며 모든 선한 일을 행할 능력을 갖추게 하려 함이라(딤후 3:16~17).

이 말씀에 따르면 성경은 분명 하나님의 감동으로 씌어진 하나님의 말씀이며 완전한 책입니다. 뿐만 아니라 성경은 우리로 하여금 온전한 하나님의 사람이 되도록 하는 데 아무런 부족함이 없는 책이라고 스스로 증언하고 있습니다.

그러나 우리가 아무리 말로 성경이 하나님의 말씀이며 성경은 우리 인생에 필요한 답을 모두 가지고 있는 책이라고 고백하더라도 실상 앞에서 살펴본 것과 같이 성경이 차지해야 할 곳에 세상의 다른 것으로 채우는 한 우리의 고백은 헛것에 지나지 않습니다. 우리는 성경으로 충분하다고 확신하지 못하고 있는 것입니다. 물론 성경을 읽음으로 인수 분해 방법을 알게 되거나 신체 구조를 알게 되지는 않습니다. 왜냐하면 그런 자연 과학 분야는 성경 말씀이 다루는 분야가 아니기 때문입니다. 따라서 위에서 온전히 되도록 한다는 것도 하나님의 사람으로 하여금, 다른 말로 하면 구원받고 예수 그리스도 안에서 영적으로 성장하게 하는 데 성경이 부족함이 없다는 말이지 성경이 이 세상 모든 부분에 대해 답을 주는 백과사전이라는 의미가 아닙니다.

성경이 다루고 있는 주제는 용어에 따라 조금씩 차이가 있을 수 있겠지만 크게 다음의 다섯 가지로 나눌 수 있습니다.

1. 하나님은 어떤 분이신가?
2. 죄의 결과 그리고 인간의 불순종(인간은 어떤 존재인가?).

3. 예수 그리스도의 구원하심.

4. 믿음과 순종으로 얻는 구원의 축복.

5. 앞으로 이 세상은 어떻게 되는가?

성경은 하나님이 누구시고 인간이 어떤 존재인지를 말해 줄 뿐 아니라 우리 인간이 지금 어떠한 상태에 있는지를 우리에게 명확히 알려 주고 있습니다. 성경은 이 세상이 어떻게 시작되었으며 또 인간이 왜 지금과 같은 상태가 되었으며 또 우리 인간이 하나님과 관계를 회복하기 위해 필요한 길과 앞으로 인류에게 어떤 일이 생길지에 대해 명확히 보여 주고 있는 책입니다.

그러므로 우리는 인간의 심리 문제에 대해 성경과 정반대 되는 진리를 가르치는 심리학의 이론에 따라 살아갈 것이 아니라 성경의 충분성을 믿고, 성경이 말하는 인간에 대한 진리를 받아들이며, 성경이 말하는 인간에 대한 진리대로 살아가야 합니다.

글을 닫으며

저는 오늘의 기독교를 한 마디로 '부족한 기독교'라고 말하고 싶습니다. 오늘날 많은 교회가 심리학이나 마케팅이나 엔터테인먼트의 도움으로 살아가고 있기 때문입니다. 교회가 성장하기 위해서는 심리학과 경영학과 엔터테인먼트의 기법들을 적극적으로 사용해야만 한다고 믿고 또 그렇게 행동하고 있기 때문입니다. 그리고 이런 방법으로 교인 수를 많이 모은 교회들이 자신들의 노하우를 상품으로 만들어 아직 교인이 많지 않은 절대다수의 한국 교회 목회자들을 고객으로 삼고 판매하고 있는 현실을 보기 때문입니다. 그리고 앞다투어 개척교회나 소형 교회 목회자들은 이런 매력적인 상품을 찾아 오늘도 이 교회, 저 교회를 벤치마킹 하려고 하는 안타까운 현실을 보기 때문입니다. 이제 오늘의 기독교는 심리학과 경영학과 연예 오락의 도움 없이는 스스로의 힘으로 지탱할 수 없는 수준까지 전락한 듯합니다. 그래서 저는 이러한 오늘의 현실적인 기독교 모습을 '부족한 기독교'라고 불렀던 것입니다.

저도 한때 이런 '부족한 기독교' 안에서 생활하면서 그것이 기독교의 전부인 줄 알고 그 안에서 즐기며, 그 안에서 안주하며 살던 때가 있었습니다. 그러나 성경의 진리를 점점 깊이 깨달아 가면서 오늘 우리의 '부족한 기독교'는 사실 '왜곡된 기독교'이며 '잘못된 기독교'라는 충격적인 사실을 발견하게 되었습니다. 갑자기 깊은 잠에서 깨어난 것 같았습니다. 그래서 더욱 본격적으로 하나님의 말씀을 공부하기 시작했습니다. 그리고 기독교는 본래 하나님의 말씀만으로 기독교다운 기독교, 교회다운 교회가 될 수 있다는 사실을 확인하게 되었습니다. '충분한 기독교'가 '부족한 기독교'가 된 근본적인 원인이 바로 성경을 하나님의 말씀으로 믿기는 하지만, 하나님의 말씀이 우리 교회의 영적 삶에 대한 충분한 진리라는 것을 믿지 못하기 때문이라는 사실을 발견했습니다. 그래서 저는 부족하지만 제가 발견한 이 사실을 옛날 저와 같은 모습 속에서 지금도 살고 있는 분들과 함께 나누는 것이 매우 필요하다고 생각되어 두려움과 부족함을 무릅쓰고 이 글을 쓸 수 있는 용기를 냈던 것입니다.

저는 앞으로 오늘의 우리 교회가 성경과 반대 되는 여러 가지 사상을 가진 세상의 이론을 추종하지 않고, 또 적극적으로 이런 세상의 이론을 성경의 진리로 굴복시켜서 교회 안에서 추방하게 되기를 소망합니다. 그래서 저는 현재 우리 시대 교회가 가장 강력하게 영향을 받고 있고, 또 전폭적으로 의지하고 있는 세상의 대표적인 3가지 이론 내지 사상인 심리학, 마케팅, 엔터테인먼트로부터 교회가 자유와 해방을 얻고 성경만을 의지하는 교회다운 '충분한 기독교'가 되는 데 작은 불씨라도 되고자 '부족한 기독교'에 대한 원인과 해결책을 제시하는 3부작의 책을 쓰고자 한 것입니다.

이 책은 이런 3부작 프로젝트의 첫 번째 과제로서 '심리학에 물든 부족한 교회'를 다루었습니다. 지금까지 우리가 살펴본 것처럼 제가 이 책에서 언급한 것은 크게 다섯 가지입니다. 첫째, 심리학이 과학이 될 수 없으며 오히려 하나의 종교라는 사실을 밝혔습니다. 둘째, 교회가 심리학을 기독교 안으로 받아들이게 된 것은 심리학을 과학으로 오인했기 때문이며, 교회가 받아들여 사용하고 있는 심리학을 일반 심리학과 차별하기 위해 '기독교 심리학'이라는 이름을 사용하고 있지만 본질적으로 기독교 심리학은 존재하지 않으며, 일반 심리학과 동일하다는 점을 밝혔습니다. 셋째, 심리학은 본질적으로 인간 중심이며, 인간을 선하다고 보는 입장이기 때문에 하나님 중심적이며, 인간은 현재 타락한 죄인이라고 말하는 성경의 근본적인 주장과 반대 된다는 점을 말씀드렸습니다. 즉 심리학은 근본적으로 반기독교적인 것을 주장했습니다. 넷째, 심리학이 오늘날 교회 안에 자기 사랑, 긍정적 사고방식, 성공의 법칙이라는 가면을 쓰고 활동하고 있음을 폭로했습니다. 그리고 마지막 다섯째로 기독교는 성경만으로 '충분한 기독교'임을 말씀드렸습니다.

저는 아직도 제가 성경 전체에서 말하는 하나님의 진리를 모두 아는 데는 너무 부족하고 또한 제가 아는 진리를 표현하는 데도 너무 미숙하다는 점을 잘 알고 있습니다. 그래서 혹시라도 이 책에 담긴 진리를 전달하는 데 있어 성경을 해석하거나, 심리학의 여러 주장을 검토하거나 비판함에 있어서, 그리고 오늘 우리 교회의 현실을 분석하는 과정에서 실수를 범하거나 너무 과격하게 표현한 부분이 있을지도 모릅니다.

이 책을 읽으시다가 혹시라도 저의 이러한 연약함을 지적해 주는 분이 계시다면 검토하여 그것이 더 옳다고 판단되면 얼마든지 수용하겠습니다.

그러나 이 책의 주장이 참으로 성경이 말하는 진리라고 생각되신다면 이러한 부분을 더욱 연구함으로써 심리학에 물든 오늘의 '부족한 기독교'가 하나님의 말씀으로 '충분한 기독교'가 되도록 여러분이 몸담고 있는 사역 현장에서 노력해 주기를 부탁드립니다.

저는 이제 다음처럼 말씀하신 예수님의 말씀을 믿으면서 이 책을 읽는 분들에게 진리의 성령이 역사하셔서 우리 모두를 진리 가운데로 인도해 주시기를 기도드립니다.

> 내가 아버지께로부터 너희에게 보낼 보혜사 곧 아버지께로부터 나오시는 진리의 성령이 오실 때에 그가 나를 증언하실 것이요(요 15:26).

1) 2005년 6월 1차 인터뷰

KING: But don't you think if people don't believe as you believe, they're somehow condemned?

OSTEEN: You know, I think that happens in our society. But I try not to do that. I tell people all the time, preached a couple Sundays about it. I'm for everybody. You may not agree with me, but to me it's not my job to try to straighten everybody out. The Gospel called the good news. My message is a message of hope, that's God's for you. You can live a good life no matter what's happened to you. And so I don't know. I know there is condemnation but I don't feel that's my place.

KING: You've been criticized for that, haven't you?

OSTEEN: I have. I have. Because I don't know.

KING: Good news guy, right?

OSTEEN: Yeah. But you know what? It's just in me. I search my heart and I think, God, is this what I'm supposed to do? I made a decision when my father died, you know what? I'm going to be who I feel like I'm supposed to be. And if it doesn't work, it doesn't work. Not the end of the world if I'm not the pastor….

KING: Our guest, Joel Osteen. Why do you think "Your Best Life Now" did as well as it did?

OSTEEN: It surprised me.

KING: There's a lot of books about improving yourself.

OSTEEN: Yeah. I don't know. I think coming from the Christian base, and I think the fact that I don't know, it's a book of encouragement and inspiration. And to me it seems like there's so much pulling us down in our society today. There's so much negative. Most of my book is about how you can live a good life today in spite of all that. So I think that had a big part of it.

KING: But it doesn't quote a lot of biblical passages until the back of the book, right?

OSTEEN: It doesn't do a whole lot of it. My message, I wanted to reach the main stream. We've reached the church audience. So I just try to, what I do is just try to teach practical principles. I may not bring the scripture in until the end of my sermon and I might feel bad about that. Here's the thought. I talked yesterday about living to give. That's what a life should be about. I brought in at the end about some of the scriptures that talk about that. But same principle in the book.

KING: Is it hard to lead a Christian life?

OSTEEN: I don't think it's that hard. To me it's fun. We have joy and happiness. Our family—I don't feel like that at all. I'm not trying to follow a set of rules and stuff. I'm just living my life.

KING: What if you're Jewish or Muslim, you don't accept Christ at all?

OSTEEN: You know, I'm very careful about saying who would and wouldn't go to heaven. I don't know....

KING: If you believe you have to believe in Christ? They're wrong, aren't they?

OSTEEN: Well, I don't know if I believe they're wrong. I believe here's what the Bible teaches and from the Christian faith this is what I believe. But I just think that only God would judge a person's heart. I spent a lot of time in India with my father. I don't know all about their religion. But I know they love God. And I don't know. I've seen their sincerity. So I don't know. I know for me, and what the Bible teaches, I want to have a relationship with Jesus.

KING: I want to get to the seven steps. But when the people call you cotton candy theology. Someone said you're very good but there's no spiritual nourishment. I don't know what that means....

OSTEEN: I think, I hear it meaning a lot of different things. One I think a lot of it is that I'm not condemning people. And I don't know, but Larry I talk, I mean every week in our church we're dealing with people that are fighting cancer, that have their lost loved ones. That are going through a divorce. I mean, I talk about those issues, and to me I don't see how it can get anymore, you know, real than that. So I don't know what the criticism is.

KING: What is the prosperity gospel?

OSTEEN: I think the prosperity gospel in general is—well I don't know. I hear it too. I don't know. I think what sometimes you see is it's just all about money. That's not what I believe. It's the attitude of your heart, and so you know, we believe—but I do believe this, that God wants us to be blessed. He wants us to be able to send our kids to college, excel in our careers. But prosperity to me, Larry, is not just money, it's having health. What good is money if you don't have health?

KING: Also many in the Christian belief are wary of too much material, aren't they?

OSTEEN: Yeah, I think some of them are. But to me, you know, I hope people get blessed if they can handle it right. Because it takes money to do good. You know to do things for people. To spread the good news. So I think it's all a matter of your heart.

KING: Don't you ever doubt?

OSTEEN: No. I don't. I wouldn't say that I do. I guess I do and I don't think about it too much.

KING: Well, 9/11.

OSTEEN: Well, yeah.

KING: Didn't you say what? Why?

OSTEEN: You do. You definitely do.

KING: And how do you answer?

OSTEEN: To me it comes back and God's given us all our own free will. And it's a shame but people choose….

KING: The people in the building didn't have free will.

OSTEEN: But the thing is, people can choose to do evil with that will. And that's what's unfortunate. But you know, of course you always doubt. I mean, you have to override it. But we see in the church every week, somebody's coming up and my baby was not born properly and you know, all these other things. You just….

KING:But don't you want to know, why would an omnipotent—assuming he is omnipotent—God permit that?

OSTEEN: I don't know, Larry. I don't know it all.

KING: A deformed baby had nothing to do with free will.

KING: Do you ever involve politics in the sermons?

OSTEEN: Never do. My father never….

KING: Never mention President Bush?

OSTEEN: Well, only to pray. Only to pray. We prayed for President Bush, Clinton, all of them. But I've never been political. My father hasn't. I just, I have no···.

KING: How about issues that the church has feelings about? Abortion? Same-sex marriages?

OSTEEN: Yeah. You know what, Larry? I don't go there. I just···.

KING: You have thoughts, though.

OSTEEN: I have thoughts. I just, you know, I don't think that a same-sex marriage is the way God intended it to be. I don't think abortion is the best. I think there are other, you know, a better way to live your life. But I'm not going to condemn those people. I tell them all the time our church is open for everybody.

KING: You don't call them sinners?

OSTEEN: I don't.

KING: Is that a word you don't use?

OSTEEN: I don't use it. I never thought about it. But I probably don't. But most people already know what they're doing wrong. When I get them to church I want to tell them that you can change. There can be a difference in your life. So I don't go down the road of condemning.

KING: You believe in the Bible literally?

OSTEEN: I do, I do.

KING: Noah had an ark and Adam and Eve?

OSTEEN: I do. I do. I believe that. I believe it all.

KING: Isn't it hard to accept that one day appeared two people and they ate an apple and···.

OSTEEN: It is. But it's also hard, too, to look at our bodies and say, my brother's a surgeon, how could our bodies be made like this? We couldn't have just come from something. It's just hard, when my child was born I thought seeing him in the little sonogram I thought look at that. He's got eyes. How is that developing? It's just, I don't know. I look at it like that.

KING: What do you wonder about the most? Now, I mean, you accept things as they are: He gets cancer, she doesn't. What do you—what though, boggles your mind about this world?

OSTEEN: What do I wonder about? You know what, Larry?

I don't know. I don't know. Nothing comes to the forefront of my mind. I just….

KING: There's no great searching?

OSTEEN: There's no great thing

KING: Or on going problem?

OSTEEN: No, no. I just….

CALLER: Hello, Larry. You're the best, and thank you, Joe—Joel—for your positive messages and your book. I'm wondering, though, why you side-stepped Larry's earlier question about how we get to heaven? The bible clearly tells us that Jesus is the way, the truth and the life and the only way to the father is through him. That's not really a message of condemnation but of truth.

OSTEEN: Yes, I would agree with her. I believe that….

KING: So then a Jew is not going to heaven?

OSTEEN: No. Here's my thing, Larry, is I can't judge somebody's heart. You know? Only god can look at somebody's heart, and so—I don't know. To me, it's not my business to say, you know, this one is or this one isn't. I just say, here's what the bible teaches and I'm going to put my faith in Christ. And I just I think it's wrong when you go around saying, you're saying you're not going, you're not going, you're not going, because it's not exactly my way. I'm just….

KING: But you believe your way.

OSTEEN: I believe my way. I believe my way with all my heart.

KING: But for someone who doesn't share it is wrong, isn't he?

OSTEEN: Well, yes. Well, I don't know if I look at it like that. I would present my way, but I'm just going to let god be the judge of that. I don't know. I don't know.

KING: So you make no judgment on anyone?

OSTEEN: No. But I···.

KING: What about atheists?

OSTEEN: You know what, I'm going to let someone—I'm going to let god be the judge of who goes to heaven and hell. I just-again, I present the truth, and I say it every week. You know, I believe it's a relationship with Jesus. But you know what? I'm not going to go around telling everybody else if they don't want to believe that that's going to be their choice. God's got to look at your own heart. God's got to look at your heart, and only god knows that.

KING: You believe there's a place called heaven?

OSTEEN: I believe there is. Yes. You know, you've had a lot of the near-death experiences and things like that. Some of that is very, to me, not that you need that as proof, but it shows you these little kids seeing the angels and things like that.

2) 2006년 12월 2차 인터뷰

KING: Now, let's discuss some of the recent allegations dealing with hypocrisy and the Christian church. Mr. Haggard. He rails against homosexuality and homosexual marriage and turns out to be one. How do you explain that or deal with it?

OSTEEN: You know, it's hard. You just-I don't know-we know Ted and his family. It just—it show me, I guess, Larry, that all of us have things that we struggle with and you have to stay open. I read where Ted said that he felt like he lost his battle when he kept it all inside. You have to have, you know, people around you to help you when you're dealing with things like that and, you know, integrity is the name of the game. You know, I'd rather get up and say you know what? I'm struggling with this issue. I need some help. But I don't know, it's a difficult thing.

KING: But don't you get angry at the hypocrisy of railing against something that you're doing?

OSTEEN: Well, I don't know if angry is the right word, but it's sad. You know, it's really sad that you see that happen and just sad for him, sad for others. But I don't know. That's just the word that hits me is a sadness.

KING: Where do you—what's your view of homosexuality?

OSTEEN: Well, to me, Larry, it's not god's best. It's not, you know, the scripture clearly defines that it's not—it's considered a sin. And—but you know what? There's a fine line. So is lying, so is cheating, so is having an adulterous affair. So I think we have to be careful not to beat people up. Our church has always been open to everyone that wants to come, regardless of who you are. And so we've seen people overcome things like that. So I don't like to take the easy way out and people say well, that's just me. I think there's, you know, we all have struggles and I think that we can overcome things like that.

KING: But, Joel, how could something be a sin if you don't choose it?

OSTEEN: Well, I think that's the debate and I don't know. I don't have all the answers. I think sometimes—I don't think we can say everybody doesn't choose it. I think sometimes we do choose things. But we have to, you know, maybe— for instance, Larry, maybe I have a—or just a male has a— and I'm married and I have tendencies toward another female. You know that? I have to say you know what? I can't do that. That's not right. That's, you know, the bible teaches, you know, that I have to be disciplined in those areas. I think some—many times it's in that same (UNINTELLIGIBLE).

KING: What do you say to the gay person who might be in your congregation who says, you know, you preach about family and family values. I like that idea. Family is wonderful. I'd like to marry my partner.

OSTEEN: Well, I just never encourage it because, you know, our—I didn't make the rules. But if you go back to the scripture, it talks about, you know—it's all-seen throughout the whole bible that marriage is between a man and a woman. So I just wouldn't encourage it. I couldn't in good faith, you know, letting the bible be my guide, you know, encourage them in that.

KING: But the bible isn't Texas' guide or Louisiana's guide.

OSTEEN: Sure. Well, that's the thing, Larry, like kind of like you said. You know, I don't believe in pushing stuff down people's throat. I mean different people have different callings. My calling is love, forgiveness, mercy, let me help you be the best that you can be through the scriptures. And so⋯.

KING: You don't preach much about sin. You don't talk about Satan a lot. Why?

OSTEEN: Well, I think I do in a sense. I don't maybe—I don't maybe—I don't know if I necessarily call it sin per se, but I'll talk about being faithful in relationships and living a life of integrity and things like that. And then, you know, some things people don't see at the end of the broadcast and at the end of the services, where I give a salvation call like Billy Graham every week, you know, for us to repent of our sins and—I mean it's the foundation of our faith, but I do feel like, as a pastor, I'm called to help teach people live their everyday lives and I feel like my greatest gift is in encouraging them, you know, helping them become all god's great(UNINTELLIGIBLE).

KING: And being in the public eye causes people to—some people call your Christianity lite(light), that you're just, you know, easy.

OSTEEN: Yes. Well, you know, it's interesting, Larry, I just don't–I'm not into condemning people and knocking them down. And it's just who God made me to be on the inside. Before I was ever a minister, I was the same way. I was positive. I was hopeful. When I used to play sports, I'd be the one cheering the team on, come on, we can beat these guys. That's just in me. So when I get up, if I'm dealing about staying faithful to your marriage, I'm going to say you know what? You guys can do it. We can do this or here's how–here's some steps to do it. So, you know, they talk about it being lite, but as I said, Larry, every service we deal with people that are facing cancer and death and divorce and, you know, I talk about the real issues of life–forgiveness, letting go of your past, moving on. So to me it's not lite. It's just I don't beat them down.

KING: What gets you angry?

OSTEEN: You know, it's funny because···.

KING: Come on, you've got to get angry.

OSTEEN: Well, my mother–you're going to think this is odd, but my mother said she's never seen me angry in a day of my life. I'm very easygoing. I mean if anything gets me–I don't know, what gets me angry?

Mrs. OSTEEN: Well, you know, he's good at–he's very focused and very disciplined. And he's able to control, if anything···.

KING: (UNINTELLIGIBLE)···.

Mrs. OSTEEN: ···he's able to control it. And the truth is he is the most kind person. He doesn't judge people. He somehow, some way, he always sees the best. And he's always been that way. He really has. In fact, he always had this uncanny way of just making things seem much easier than they really are, I mean in our minds.

KING: It must be frustrating if you argue, because you don't···.

Mrs. OSTEEN: Well, you can't argue with somebody that won't argue back.

KING: That's what I mean. You don't argue back.

Mrs. OSTEEN: See, that's good. That's good, though.

OSTEEN: I think there's a lot of negativity in the world, a lot of things pulling people down. And when you get on there and say, you know what? God is a good God, he's for you. You may have made mistakes, you may have some stuff in the past you want to leave behind, but you can do that.

So I believe, I hope that every time people get through listening to me, they feel better, they can go further, they can go closer to God now. I think it's just the negativity is so strong today.

Mrs. OSTEEN: And he is simple.

KING: He's simple?

Mrs. OSTEEN: No, God's not complicated, he's really not. And he helps people in their everyday life so that they can get better in relationships, in their job situations, in getting through grief. It's amazing the people he's helped where a loved one has died, but it's not a complicated thing. He just gives it to you in an easy way. I just think that people don't —they want to complicate things and they want it to be hard, and it's not that difficult.

KING: We're back. On this program you angered some evangelicals two years ago when you did not say that accepting Jesus is the only way to heaven. This is the birth of Jesus coming up Monday. You still believe that?

OSTEEN: No. I believe that Jesus is the only way to heaven.

KING: So you misspoke?

OSTEEN: I thought that I said that. I said I believe in a personal relationship with Christ. You go back and pull things out of the transcript, it could look like that, but the foundation of the Christian faith is that Christ came as a sacrifice so that we can receive forgiveness.

KING: So you don't believe, you don't go to heaven?

OSTEEN: I believe it's true what you're saying, that you have to have a relationship with Christ. I mean, the "Scripture" is so clear. The most famous "Scripture" is God sent his son to, you know, forgive the world and if you believe in him, you will have everlasting life. And another place it talks about Jesus said, you can't get to the father unless through me. So I do believe that. It's the foundation of our faith.

KING: So was that out of context two years ago⋯.

OSTEEN: I think that being young and⋯.

KING: Did I trick you?

OSTEEN: No, I never felt like that whatsoever. I just think—and I was first to admit, if anybody took it like that, I'll admit an oversight.

KING: You also have been criticized for inclusiveness. Some find it suspect that your congregations include Jews and Muslims as well as Christians, and your book has been sold to atheists and agnostics. What does that tell you?

OSTEEN: That tells me that the message of hope and God's love and forgiveness resonates with people. I have people all the time that stop me from different faiths just like you mention. It doesn't bother me that they listen to our message and get help. The principles in the Bible are for anybody. They can help anybody. So, you know, I'm glad. I'm trying to plant a seed of hope in people's lives. If I can make somebody live a better life, no matter what religion or faith they come from, that's good. Jesus went about doing good to all people. He didn't say let me see what religion you are first, he just helped people.

KING: Christians believe he's coming back, right?

OSTEEN: That's right.

KING: When?

OSTEEN: I don't know. There's a big debate about when and—or did I don't know Larry, I can't answer all that. But we believe he's coming back, the second coming of Christ. But I'm not an expert in the Book of Revelations and I try to stay in the fields I know.

KING: Do you know, Victoria?

Mrs. OSTEEN: No, but he's coming back, though. On a white horse.

심리학 관련 서적

1. Adams, J. E. | The biblical view of self-esteem, self-love, self-image | Harvest House | 1986

2. Arthur Janov | The primal Scream | Dell Publishing Co | 1970

3. Bobgan, Martin | Prophets of Psychology 1 and 2 | Eastgate Publisher | 1989

4. Bobgan, Martin | The end of Christian theology | Eastgate Publisher | 1997

5. Brownback, Paul D. | The danger of self love | Moody press | 1982

6. Collins, Gary R. | Can You Trust Psychology? | IVP | 1988

7. Darwin, Charles | The Origin of Species: By Means of Natural Selection or the Preservation of Favoured Races in the Struggle for Life | J. W. Burrow ed., Penguin Books Ltd | 1968

8. Fromm, Erich | Man for Himself | Routledge | 1964

9. Hanegraaff, Hank | Christianity in crisis | Harvest House | 1997

10. Hill, Napoleon | Grow Rich With Peace of Mind | Fawcett Crest | 1967

11. Hill, Napoleon | Think and grow rich | Dallantinebooks | 1983

12. Hunt, Dave | Beyond seduction | Harvest House | 1987

13. Hunt, Dave | Seduction of Christianity | Harvest House | 1985
14. Hunt, Dave and McMahon, T. A. | America, The Sorcerer's New Apprentice | Harvest House | 1988
15. Jacobi, J. | The Psychology of C. G. Jung | Yale University Press | 1973
16. James, William | The varieties of religious experiences | Elibron Classics | 2005
17. Jampolsky, Gerald G. | Teach Only Love: The Seven Principles of Attitudinal Healing | Bantam Books | 1983
18. Jeans, James | The Mysterious Universe | The MacMillan Company | 1930
19. Jung, Carl | Modern Man in Search of a Soul | Harcourt | 1933
20. Jung, Carl | Psychology of Religion | Yale | 1973
21. Jung, Carl. By Jaffe, Aniela | Memories, Dreams, Reflections | Pantheon | 1963
22. Maharaj, R. | Death of a guru by Rabi | Havest House | 1984
23. Maltz, Maxwell | Psycho-Cybernetics | Pocket books | 1969
24. Mandino, Og | The greatest secret in the world | Bantam | 1978
25. Mandino, Og | The greatest salesman in the world | Bantam | 1982
26. Murray, Iain | The old evangelicalism | Banner of Truth | 2005
27. Noll, Mark A. | The Scandal of the Evangelical Mind | Eerdmans | 1994
28. O'connor, Joseph | Introducing NLP | Thorsons | 1995
29. Rogers, Carl R. | On Becoming a Person | Houghton Mifflin | 1961
30. Schuller, Robert | Daily Power Thoughts | Harvest House Publisher | 1977
31. Shuller, Robert | Living Positively one day at a time | Revell | 1981
32. Schuller, Robert | My Journey: From an Iowa Farm to a Cathedarl of Dreams | Harper San Francisco | 2001
33. Shuller, Robert | Self-esteem | Jove inspiration | 1985
34. Szasz, Thomas S. | The myth of mental illness | Harper & Row Publisher | 1974
35. Thornton, E. M. | Freud and Cocaine | Bond & Briggs | 1983
36. Tracy, Brian | Maximum Achievement | Fireside book | 1993
37. Vitz, Paul C. | Psychology as Religion | Eerdmans | 1994
38. Walsch, Neale Donald | The New Revelation: A conversation with God | Atria Publishing | 2004
39. Wehr, Gerhard | Jung, A Biography | Shambhala Publications | 1988

40. Ziggler, Zig | Confessions of a happy Christian | Pelican | 1978

41. 게리 콜린스 | 기독교와 상담 윤리 | 두란노 | 2003

42. 게리 콜린스 | 심리학과 신학의 통합 전망 | 솔로몬 | 2003

43. 게리 콜린스 | 왜 그리스도인이 상담을 받아야 하는가? | 솔로몬 | 1997

44. 나관호 | 나는 이길 수밖에 없다 | 두란노 | 2006

45. 데이비드 A. 시먼스 | 상한 감정의 치유 | 두란노 | 2000

46. 박필 | 당신의 말이 기적을 만든다 | 국민일보 | 2006

47. 삭티 게웨인 | 간절히 원하면 기적처럼 이루어진다 | 해토 | 2005

48. 이내화 | 마음먹은대로 된다 | 디지털머니캠 | 2001

49. 정태기 | 숨겨진 상처의 치유 | 규장 | 2002

50. 조엘 오스틴 | 긍정의 힘 | 두란노 | 2005

51. 조용기 | 4차원의 영성세계 | 서울말씀사 | 2005

52. 주서택 · 김선화 | 내 마음 속에 울고 있는 내가 있어요 | 순출판사 | 2005

53. 지그문트 프로이트 | 정신분석 강의 | 열린책들 | 2006

성경 및 신학 관련 서적

54. Hallesby, O | Why I am a Christian | Augsburg | 1977

55. Horton, Michael | In the face of God | Word | 1996

56. Lloyd Jones, M. | God the father, God the son (vol 1) | Crossway | 2003

57. Lloyd Jones, M. | Old Testament evangelical sermons | Banner of Truth | 1995

58. Lloyd Jones, M. | Preaching and Preachers | Zondervan | 1972

59. MacArthur, John | Ashamed of the Gospel | Crossway | 1993

60. MacArthur, John | Hard to believe | Nelson | 2003

61. MacArthur, John and others | The coming evangelical crisis | Moody | 1996

62. Moreland, J. P. | Love your God with all your mind | Navpress | 1997

63. Murray, Iain | The first 40 years of Dr. M. L. Jones | Banner of Truth | 2002

64. Packer, J. I. | Keep in step with the Spirit | Revell | 1984

65. Piper, John | Brothers, we are not professionals | Broadman & Holman | 2002

66. Sproul, R. C. | The consequences of ideas | Crossway | 2000

67. Spurgeon, C. H. | The Metropolitan Tabernacle Pulpit | vol. 20 | Pilgrim | 1981

68. Spurgeon, C. H. | The Metropolitan Tabernacle Pulpit | vol. 44 | Pilgrim | 1976

69. Tozer, A. W. | Man the Dwelling Place of God | Christian Publication | 1976

70. White, James R. | Pulpit Crimes | SGCB | 2006

71. 백금산 편저 | 조나단 에드워즈처럼 살 수는 없을까 | 부흥과개혁사 | 2003

예일대 결정판
조나단 에드워즈 전집 시리즈

에드워즈의 모교인 예일대에서 2003년 에드워즈 탄생 300주년 기념으로 야심적인 에드워즈 결정판 전집 27권을 기획하여 1957년 제1권을 시작으로 지금까지(2007년 3월 현재) 25권이 발간되었다. 기존의 부분적인 에드워즈 전집과는 비교할 수 없는 엄청난 분량과 에드워즈 전문학자들의 수십 년간의 편집 노력과 상세한 해설이 함께 수록되어 있는 예일대 결정판 에드워즈 전집의 발간으로 이제 에드워즈 연구가 새로운 전기를 맞게 되었다. 부흥과개혁사는 예일대 에드워즈 결정판 전집을 본격적으로 한국 교회에 소개함으로써, 한국 교회에 새로운 에드워즈 연구의 붐이 일어나기를 기대하고 있다. 먼저 1차로 발간된 2권은 다음과 같다.

(1) 예일대 결정판 조나단 에드워즈 전집 1

신앙감정론 *Religious Affections*
조나단 에드워즈 지음/ 정성욱 옮김/ 신국판 양장 720쪽/ 값 30,000원

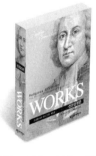

본서는 구원 얻는 참 신앙이란 무엇인가, 참 그리스도인의 특성은 무엇인가를 다룬 교회사 최고의 걸작 가운데 하나다. 에드워즈는 이 책에서 참 신앙과 거짓 신앙, 참 그리스도인과 거짓 그리스도인을 분별하는 기준이 될 수 없는 12가지 증거와 바른 분별 기준이 되는 12가지 증거를 제시한다. 교회사 최고의 영혼의 의사인 에드워즈는 이 책을 통해 교회 안에는 들어왔지만 아직 회심하지 못한 사람들의 영혼과 참된 회심을 경험한 사람들의 영혼에서 발생하는 일들에 대한 심층 분석을 시도한다. 하버드와 옥스퍼드에서 수학한 정성욱 박사의 믿을 만한 번역으로 한국 교회에 정식으로 소개되는 이 책은 모든 목회자, 신학생, 성도들의 필독 목록 제1순위의 명저다.

(2) 예일대 결정판 조나단 에드워즈 전집 2

부흥론 *The Great Awakening*
조나단 에드워즈 지음/ 양낙흥 옮김/ 신국판 양장 752쪽/ 값 30,000원

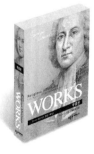

에드워즈는 생애 동안 두 번의 부흥을 경험했다. 첫 번째는 다소 규모가 적은 코네티컷 계곡 부흥(1734~1735)이고, 두 번째는 오늘날 우리가 제1차 대각성이라고 부르는 뉴잉글랜드 부흥(1740~1742)이었다. 조나단 에드워즈는 교회사에서 최초로 대규모적으로 발생한 이러한 부흥 사건을 기록한 부흥 역사가이자 부흥 현상을 성경적으로 분석한 부흥 신학자였다. 편집자 고언(Goen)의 상세한 해설과 함께 본서에 들어 있는 3권의 책, 『놀라운 부흥과 회심 이야기』(A Faithful Narrative), 『성령의 역사 분별 방법』(The Distinguishing Marks), 『균형잡힌 부흥관』(Some Thought concerning the revival)은 모두 부흥이라는 주제에 있어 가장 고전적이며 가장 표준적인 에드워즈의 명저다. 부흥에 대한 참된 지식을 얻고자 하는 모든 사람에게 이 책의 발간은 희소식이 될 것이다.

300주년 기념작 시리즈
조나단 에드워즈

제1탄

하나님의 영광을 위한 **하나님의 열심**

조나단 에드워즈 · 존 파이퍼 지음/ 백금산 옮김/ 신국판 양장 368쪽/ 값 12,000원

하나님의 영광을 위해 산다는 말의 의미를 명쾌하게 밝혀 주는 교회사 최고의 명저인 조나단 에드워즈의 『하나님의 천지창조 목적』과 존 파이퍼의 탁월한 해설과 백금산 목사의 믿을 만한 번역이 만나서 이루어 낸 우리 시대의 새로운 고전.

제2탄

체험과 부흥의 신학자
조나단 에드워즈 생애와 사상

양낙흥 지음/ 신국판 양장 757쪽/ 값 30,000원

한국인 학자가 국내 최초로 소개하는 조나단 에드워즈 생애와 사상에 대한 본격적인 입문서. 에드워즈의 회심론, 부흥론, 교회론 저서들이 충실히 요약, 설명, 적용되고 있다. 제7회 복음주의 신학자 대상 수상 작품!
제21회 한국 기독교 출판 문화상 국내 신학 부분 최우수도서!

제3탄

조나단 에드워즈처럼 살 수는 없을까?

조나단 에드워즈 지음/ 백금산 편저/ 신국판 양장 279쪽/ 값 12,000원

영적 거인 중의 거인 조나단 에드워즈 이해의 입문서! 에드워즈의 심오한 영적 체험과 철저한 영적 성숙의 노력이 담긴 자서전, 결심문, 일기와 더불어 백금산 목사의 탁월한 분석과 적용의 길잡이 글이 글이 함께 담겨 있다.

심리학에 물든

부족한 기독교

발 행 일 | 2007년 4월 10일
15쇄발행 | 2008년 5월 1일
지 은 이 | 옥성호
펴 낸 이 | 백금산
편 집 인 | 이민연·임선경
펴 낸 곳 | 부흥과개혁사
판권 ⓒ부흥과개혁사 2007

주소 | 서울시 서대문구 연희 3동 88-33
전화 | Tel. 02) 332-7752   Fax. 02) 332-7742
홈페이지 | http://rnrbook.com   e-mail | rnrbook@hanmail.net

ISBN 978-89-6092-008-8

등록 | 1998년 9월 15일 (제13-548호)

값 **12,000**원